中南财经政法大学出版基金资助出版

中南财经政法大学
青年学术文库

湖北省社会科学基金一般项目（后期资助项目）“刑事证据能力研究”
（项目编号：2021081）最终成果

政策分析视角下的刑事证据能力研究

张威 著

法律出版社 LAW PRESS·CHINA
北京

图书在版编目(CIP)数据

政策分析视角下的刑事证据能力研究 / 张威著. --
北京 : 法律出版社, 2023
ISBN 978 -7 -5197 -7814 -9

Ⅰ. ①政… Ⅱ. ①张… Ⅲ. ①刑事诉讼－证据－研究
－中国 Ⅳ. ①D925.213.4

中国国家版本馆 CIP 数据核字(2023)第 065055 号

政策分析视角下的刑事证据能力研究
ZHENGCE FENXI SHIJIAO XIA DE XINGSHI
ZHENGJU NENGLI YANJIU

张 威 著

责任编辑 郑怡萍
装帧设计 贾丹丹

出版发行 法律出版社
编辑统筹 法律教育出版分社
责任校对 王晓萍
责任印制 刘晓伟
经　　销 新华书店

开本 A5
印张 9.5　**字数** 292 千
版本 2023 年 1 月第 1 版
印次 2023 年 1 月第 1 次印刷
印刷 北京建宏印刷有限公司

地址:北京市丰台区莲花池西里 7 号(100073)
网址:www. lawpress. com. cn
投稿邮箱:info@ lawpress. com. cn
举报盗版邮箱:jbwq@ lawpress. com. cn

销售电话:010 - 83938349
客服电话:010 - 83938350
咨询电话:010 - 63939796

书号:ISBN 978 - 7 - 5197 - 7814 - 9　**定价**:45.00 元

凡购买本社图书,如有印装错误,我社负责退换。电话:010 - 83938349

“中南财经政法大学青年学术文库”
编辑委员会

目　　录

绪　论

人类存活于由事实构筑的社会家园之中,却无时不被事实问题所牵绊。自然科学和社会科学在深邃的事实时空里孜孜以求;然而,在人类认知能力的屏障前,每一次向前都耗尽心血。尽管科学在事实探知层面取得了长足的进步,但诉讼中的事实问题依然困扰着这场人对人的审判。在刑事诉讼历史上,为了解决事实难题并促进纠纷解决,人类发明了诸多审判方式,这主要有证人审判、誓言审判、神判和决斗审判。〔1〕证据法的历史就是在不同时代对具体问题作出的一系列基本上彼此独立之回应的历史。〔2〕证据制度的萌芽肇因于公元1215年的欧洲天主教第四次拉特兰会议(Fourth Council of the Lateran),该次会议明令禁止了宗教法庭实施的神明裁判制度。在教会法院的影响下,欧洲大陆国家的普通法院在此后相继废除了神明裁判制度并随之推行纠问式诉讼。在这次会议的影响下,当时的英国国王亨利三世于1219年通过法令明确废除了神明裁判制度,〔3〕为其过渡到不知情陪审团审判埋下了伏笔。也正是在此时,大陆法系和英美法系的证明制度走上了不同的道路。〔4〕非理性裁判方式逐渐退出历史舞台,证据裁判兴起。也正是在这种历史背景下,"限制某类证据进入法庭接受调查资格"的证据能力思想得以孕育和萌芽;"证据进入法庭接受调查的资

---

〔1〕 See James Bradley Thayer, *A Preliminary Treatise on Evidence at the Common Law*, Little, Brown and Company, 1898, p. 16.

〔2〕 参见[英]威廉·特文宁:《证据理论:边沁与威格摩尔》,吴洪琪、杜国栋译,中国人民大学出版社2015年版,第1页。

〔3〕 See John H. Langbein, *Torture and the Law of Proof*, University of Chicago Press, 1992, p. 75.

〔4〕 See Barbara Shapior, *Origins of Reasonable Doubt: Evidentiary Standards from Christian Theology to Guantánamo*, Cardozo Journal of International and Comparative Law, Vol. 17, p. 261 (2009).

格”是证据能力概念的核心内涵，这一概念预示着证据制度开始摆脱蒙昧的绝对真实而逐渐重视正当程序对诉讼事实的建构作用。与之相比，中国的神判法消失较早，到了周朝时期虽有残迹，但基本上已不流行。西周鉴于商朝乱杀无辜进而造成民情激愤的教训，强调明德慎罚；慎罚的一个关键就是强调以证据定罪，以此防止错误审判。[1] 中国古代司法在神判法消失后并未走上形式证据制度的道路，判断事实和证据主要靠法官个人决断。[2] 第四次拉特兰会议时，我国的南宋王朝依然延续着从西周就实行的自由心证的证据裁量传统：据证定谳，法官可以根据案件的具体情况，以自己的认识对各种证据进行取舍与自由判断。[3] 法官自由判断证据的传统注重追求实质真实的诉讼目的，未能给证据能力理论的孕育和成长留下多少空间；但是，据证裁判的理念已经深入人心，这为我国证据规则的产生和发展埋下了伏笔。

证据裁判代替神明裁判，回答了以什么样的方式证明事实的问题。紧接着需要追问的是：以何种质量和多少数量的证据来证明案件事实？废除神明裁判的欧洲大陆开始着力回答这一问题，先后经历了法定证据制度和自由心证制度的剧烈变革。与之不同的是，英吉利海峡另一岸的英国开始了以限制证据进入法庭接受调查资格为中心的证据制度的探索，并逐渐在证据能力方面演化出庞大、精细的规则体系，为其他国家的证据制度改革提供了重要的参考。第二次世界大战之后，资产阶级革命时期的改革者提出的自由、平等、人权等理念被迅速植入审判程序之中，并对西方世界的证据法产生了重大影响，证据能力规范因被视为一个实现这些价值理念不可或缺的手段而受到特别的关注。[4] 诉讼证据制度也随着清末西学东渐和改革派的倡导而进入中国民众的视野，民众和官方开始反思我国的诉讼制度立法，沈家本等修律大臣上

---

〔1〕 参见李交发：《论中国古代神判法到人判法的历史嬗变》，载《求索》1992 年第 2 期。

〔2〕 参见陈光中、沈国峰：《中国古代司法制度》，群众出版社 1984 年版，第 90 ~ 91 页。

〔3〕 参见魏文超：《宋代证据制度研究》，中国政法大学出版社 2013 年版，第 288 页。

〔4〕 参见孙远：《刑事证据能力导论》，人民法院出版社 2007 年版，第 2 页。

奏陈述,“刑律不善不足以害良民,刑事诉讼律不备,即良民亦罹其害”[1],特别强调了诉讼制度的重要性。在此背景下,《大清刑事诉讼律草案》应运而生,其立法意旨开始强调直接审理原则。关于证据能力的赋予是以证据经过法定调查为标准,同时设定了一些例外情况。[2] 证据能力规范在中国这片古老的大地萌芽并随着时代的进步而不断发展。由于我国的法律现代化进程起步较晚,刑事证明在古代和近代长期实行委由裁判官自由判断的模式,且诉讼过程漠视人权,刑讯逼供盛行;[3]因此,现代法律政策通过证据能力规范进入中国法治体系的过程面临诸多文化阻碍和理论困境。2010 年《关于办理死刑案件审查判断证据若干问题的规定》和《关于办理刑事案件排除非法证据若干问题的规定》(以下简称“两个证据规定”),确定了大量的证据能力规范,统一并规范了法院自由评价证据的权力,并对其他办案机关的证据收集、证据出示和证据认定产生了深远影响。“两个证据规定”对后续的立法和司法解释起到了示范作用。在 2012 年,《刑事诉讼法》引入了非法证据排除规则,2017 年《关于办理刑事案件严格排除非法证据若干问题的规定》(以下简称《严格排非规定》)更是细化、拓展了非法证据的内涵和排除程序。这些新的发展大多都被 2021 年最高人民法院《关于适用〈中华人民共和国刑事诉讼法〉的解释》(以下简称《刑诉法司法解释》)所吸纳。随着立法和司法解释的不断拓展,虽然证据能力规范的数量和质量都得到了较大的提升,但是,证据能力规范仍集中于非法证据排除规则和验真法则方面;其他方面的规范仍然相对短缺,甚至在一些领域仍存空白。由于缺乏一种政策分析的视角,现有证据能力规范仅仅把限制证据能力的证据排除规则视为发现真实的手段;因而其体系性和理论性都存在较大不足,并且存在诸多混淆和误解之处,仍不足以在诉讼领域贯彻现代法治政策并保障人的基本权利。

---

〔1〕 沈家本等:《奏〈刑事诉讼律草案〉告成装册呈览折》,载吴宏耀、种松志主编:《中国刑事诉讼法典百年:1906 年—2012 年》(上册),中国政法大学出版社 2012 年版,第 108 页。

〔2〕 参见蒋铁初:《中国近代证据制度研究》,中国财政经济出版社 2004 年版,第 101 页。

〔3〕 参见陈光中、沈国峰:《中国古代司法制度》,群众出版社 1984 年版,第 130 页。

在中国特色社会主义进入新时代的历史节点上，有必要从政策实施这一基础视角对承载现代法治理念的证据能力进行理论归纳和制度研究，并结合我国国情提出刑事证据能力规范立法和司法的中国模式。

第一章　刑事证据能力研究的缘起与进路

第一节　为何研究刑事证据能力

法律是一种地方性知识，它把所发生事件的本地知识和可能发生事件的本地想象联系在一起。[1] 证据能力的理论既有对证据普遍原理的适用，也包含着对该地区文化和经验的总结。在正式进入证据能力理论场域前，本书有必要回答以下问题：在当下的中国，为何要研究刑事证据能力，现有研究的状况如何？本部分拟结合当下现实，从事实认定的准确性和正当性两个方面来回答这个问题。

一、研究缘起

（一）助力事实认定方法的现代化转型

限定证据进入法庭接受调查资格的一个潜在前提是：并非所有的材料都能作为法庭调查的对象和裁判者认定事实的依据。该假设背后代表了一种事实认定的方法，即把审判作为刑事诉讼中事实认定的中心，通过堵截部分不适格的证据材料进入法庭调查程序来规范事实认定，比较法学家达马斯卡把这种证据能力规范称为定罪的证据障碍。[2] 证据能力规范是现代刑事司法在接纳控审分离和证据裁判理念后，所采取的一个重要立法行动，其代表事实认定从裁判者依职权探知的纠问模式转向裁判者居中判断控辩双方事实主张的对抗模式。这

---

〔1〕 参见［美］克利福德·吉尔兹：《地方性知识：事实与法律的比较透视》，邓正来译，载梁治平编：《法律的文化解释》，生活·读书·新知三联书店1994年版，第126页。

〔2〕 参见［美］米尔吉安·R. 达马斯卡：《比较法视野中的证据制度》，吴宏耀、魏晓娜等译，中国人民公安大学出版社2006年版，第95～111页。

种转变意味着事实认定方法论的转型，即从裁判者自由发现真相的模式转变到通过设置定罪障碍来规范事实认定的模式；这是证据制度现代化的基本路径。证据能力制度的中国式现代化也需要尊重诉讼事实的特点和证据制度的发展规律；诉讼事实观应从客观事实的本体论转向正当程序的建构论，更加强调正当程序在诉讼事实发现过程中的决定性作用。

一方面，让裁判者自由发现真相的模式根植于客观真实哲学，其是一种为发现客观事实真相而漠视公民基本权利和正当法律程序，且更多寄希望于裁判者个人的智识和不受限制的调查方法。因此，在古代司法中，民众皆寄希望于"包青天"式的裁判者，司法公正的理念也被概括为"清官""清明""青天"三位一体的司法公正观，[1]程序正义的思想并未受到足够重视；而一旦遇到了"葫芦僧"式的裁判者，冤案就会随之而生，现实制度对其毫无招架能力。另一方面，证据能力概念的产生是法律人对本体论意义上的客观真实哲学的彻底反思：事实发现的程序从虚无缥缈的客观真相中解放出来，而更加注重人的基本权利和事实认定的正当程序，政策实施的目的开始受到重视，并通过承载各项法律政策的正当程序来确保事实认定的准确性、正当性和可接受性。这是一种事实认定方法论的转型。当法官不再亲自、主动去侦查事实，而退缩为一个居中听审的角色时，必须设定一项制度来规范控辩双方的举证和裁判者的事实裁判，进而贯彻国家的法律政策，非经法定的举证和裁判不得定罪。这些制度构成了现代诉讼中定罪的证据障碍。在当今刑事诉讼中，裁判者依职权自由探知真相的时代已经远去。虽然职权主义诉讼模式保留了一些法官的查明义务；[2]但是，这种查明义

〔1〕 参见陈景良、吴欢：《清明时节说包公：包公"司法之神"形象的形成动因与观念基础》，载《法学评论》2014 年第 3 期。

〔2〕 例如，《德国刑事诉讼法》第 244 条第 2 款就规定：法院为查明事实真相，应依职权将证据调查涵盖所有对裁判具有意义的事实和证据材料。在德国，只有法官履行了查明义务，才能够有自由心证，才能适用"疑虑有利于被告"的原则。即便法官基于现有证据已经形成确信，即便现有证据收集形成的案情被改变的可能性非常小，法院也不能对可以运用的其他证据不加以运用。参见宗玉琨译注：《德国刑事诉讼法典》，知识产权出版社 2013 年版，第 194 页。

务只是对控审分离原则的补充,而非以法官调查取代控辩双方的举证。通过设置定罪证据障碍的方式来规范事实认定并实现其他诉讼价值,成为现代法治国家审判活动的一种主流。

(二)促进庭审实质化的改革

长久以来,在公安机关、检察机关和法院互相配合、互相制约的流水作业式的线性诉讼构造的作用下,我国刑事诉讼形成了侦查中心主义的特色。无论是审判还是公诉和辩护,都是围绕侦查卷宗展开的,由此造成了"事实认定的中心并不在法院"的怪相,法院审判只是对侦查案卷笔录的确认。侦查中心主义的弊端是显而易见的,它直接导致法庭审判的形式化、刑事误判的发生、程序正义的牺牲以及诉讼效率的下降。[1] 鉴于侦查中心主义的危害,党的十八届四中全会提出以审判为中心的诉讼制度改革,同时把庭审实质化作为该项改革的着力点。以审判为中心的改革牵涉诉讼权力的配置和诉讼制度的现代化,其最终会带来诉讼模式的转型,是一个系统、长期的改革工程。由于受到历史传统和制度现实的左右,这项改革不宜直接变更权力配置结构;而宜以证据制度的变革为切入点,利用证据制度的变革带动诉讼权力向审判阶段集中,并倒逼诉讼权力配置结构的改变。在这一领域,最为关键的是证据能力制度的现代化。由于这一制度属于技术性较强的规则范畴,其尚处于探索阶段,且部分规则仍属于空白地带;因此对其进行"另起炉灶"式的改革面临的阻力会相对较小,应当先行、先试。这是以审判为中心的诉讼制度改革的基础性工程,也是关键性一步。在证据制度对原有诉讼权力配置的撬动下,以审判为中心的诉讼制度改革应再进一步,完成对涉及权力配置的诉讼制度的现代化改造。其中关键性的改造是:法院审判权提前介入审前程序,法院内部权力分工和制约的精细化,辩护权在审前制度中的实质化,以及检警关系的科学化调整。从这个层面上讲,证据能力的研究是以审判为中心的诉讼制度改革的基础性工程,它将促使刑事事实的认定从以侦查为中心转向以审判为中心的现代模式。

---

[1] 参见陈瑞华:《论侦查中心主义》,载《政法论坛》2017 年第 2 期。

（三）强化证据的前端控制

证据能力是定罪证据障碍的一个关键闸口；从某种意义上讲，其对证据资格的审查程序，可视为在证据裁判原则之下规范事实认定的方法。该方法的核心内涵是，设定不同类型的证据能力规范，所有证据都必须经过该规范的检验。通过检验的证据才能进入法庭调查程序调查其证明力，否则应排除在法庭调查程序之外；只有有资格进入法庭调查的证据才能最终影响事实裁判者的心证。这种方法是通过控制证据进入法庭调查的通道，来决定事实裁判者接触证据的范围，进而规范事实认定的方法。这种前端控制的方法意味着无证据能力的材料无法进入法庭调查程序，如此便在事实裁判者接触该证据之前就把其排除掉，以避免影响事实裁判者的心证。而且，即便无证据能力的材料不小心被事实裁判者知悉，事实裁判者也应刻意把其忽略掉。例如，在英美法系，法官可指示陪审团对于不可采的证据材料应当不予考虑；[1]在大陆法系，裁判者则会被要求在裁判理由中开示心证。从上述层面讲，证据能力的审查路径是现代法律确保事实认定准确性和正当性的方法。与证明责任和证明标准对刑事证明的终端控制相比，证据能力是对刑事证明的前端控制，属于防患于未然的制度安排，其功效在一定程度上更优于终端控制。试想，如果没有证据能力规范对证据准入的控制，所有有资格和无资格的证据材料一拥而入，即使有严格的证明责任和证明标准的终端控制，也难以阻挡大量材料对事实心证的影响。而且，这种影响往往是不可逆的，很难保证裁判者不会受这些庞杂材料的影响而错判。从这个意义上讲，问题的关键不是“要不要刑事证据能力”，而是“是否有”以及“如何设计”证据能力规范。

二、研究现状

证据能力的研究主要集中在证据能力的原理、内容和运用条件。

---

〔1〕 美国法律界对该规则的效用一直存在争议。有实验或问卷表明该规则对陪审团并没有什么效用。也有法官认为这是美国法律体系对陪审制信任的表达；除非我们依照“陪审团应当遵从法庭”的指示，否则，陪审制就变得毫无意义。See Note, *The Limiting Instruction—Its Effectiveness and Effect*, Minnesota Law Review, Vol. 51, p. 265 – 268 (1966).

具体包括:证据能力的概念是什么;其发生原理和基础理论为何;其主要内容包括哪些;需要哪些条件来保障其有效运行。现有研究多围绕上述问题进行阐释。

(一)英美法系精细化的研究

在英美法系,证据能力或称可采性的研究已趋于成熟,其主要表现为一套汇聚证据能力规范的证据法典和精细化的理论研究成果。与大陆法系更重视实体真实的发现相比,英美法系更重视正当程序,证据能力的概念是从"证据能否进入法庭接受调查"的角度来讲的,这区别于大陆法系"证据能否作为判决的基础"这一角度。也就是说,英美法是以审判为中心来考虑证据能力问题的,而大陆法则是以判决的形成为中心考虑证据能力问题的。[1] 证据能力被视为证据应否被法庭采纳并予以调查的资格。只有可采的证据,陪审团才能进一步判断证据的可信性或证明效力。英美法系把证据能力的发生条件归因于陪审制和对抗制。赛耶以相关性为中心理顺了普通法以往存在的诸多证据规则和理论,其学生约翰·亨利·威格摩尔(John Henry Wigmore)在赛耶的基础上对证据规则进行了体系化分析。在内容方面,证据法学家威格摩尔把证据能力规范划分为两类:一类是证明政策规则(rules of probative policy)。该类规则是以保障证据的证明品质为目的而设置的证据能力规范,其主要包括了关联性及其限制规则、验真法则、传闻证据规则、意见证据规则等。此类规则由于具有较强的技术性,也可称为技术性规则。另一类是外部政策规则(rules of extrinsic policy)。外部政策规则是以贯彻独立于证明价值的外部政策为目的而设定的证据能力规范。其主要包括为了贯彻人权保障和阻吓违法侦查的政策而设置的非法证据排除规则,以及为了保护交流秘密而设置的特免权证据规

---

〔1〕 庭山英雄「刑事訴訟における証拠能力に関する一問題」中京法学 15 巻 4 号(1966 年)189 頁参照。

则,等等。[1] 美国证据法学家威格摩尔建立起可采性的理论体系后,可采性理论成为英美证据法一个牢固的中心。

威格摩尔之后,很少有学者再集中探讨证据能力的基础理论。尽管评论家们认为"在相关性、可采性的一般理论以及法官与陪审团的角色问题上,詹姆斯、摩根和赛耶的观点已经战胜了威格摩尔的观点"[2],但之后的证据法学家对可采性的论述都无法绕开威格摩尔这座"山头"。美国 1978 ~ 1999 年引证率最高的法学教科书中,[3] 威格摩尔的专著赫然在列,另两部在榜的证据法专著是《麦考密克论证据》(*McCormick on Evidence*)和《温斯坦的联邦证据》(*Weinstein's Federal Evidence*);这两部著作也深受威格摩尔的影响。在后来的编辑者和理论家的传播下,威格摩尔的证据法思想迅速影响世界各法治地区的证据理论。正如证据法学家特文宁所言,"无论威格摩尔的统领性地位是单一的还是主要的缘由,20 世纪的前 50 年代表着一个相当萧条的阶段,其标志是在具体的主题上开展了许多杰出和成熟的工作,但更具标志性的是没有努力发展出一般性理论或系统性专论以取代威格摩尔的专论"。[4] 可采性的研究也延续了这一状态。威格摩尔之后,很少有学者再集中探讨可采性的基础理论;但对具体证据的可采性的研究异常繁荣,证据可采性的研究呈现原子化的倾向和片面深刻的景观。学者们在具体证据的可采性或具体的可采性规则方面进行了卓有成效的探索。例如,弗里德曼对关联性的研究,[5] 斯宾塞对传闻证据规则

---

[1] The foregoing rules (rules of probative policy) all aim to improve the probative quality of evidence offered. But there remain some rules based on policies independent of probative value; i. e. ,rules which are willing to sacrifice useful evidence for the sake of maintaining the integrity of other polices(rules of extrinsic policy). See John H. Wigmore, *A Students' Textbook of the Law of Evidence*, The Foundation Press,1935, p.30.

[2] [英]威廉・特文宁:《证据理论:边沁与威格摩尔》,吴洪淇、杜国栋译,中国人民大学出版社 2015 年版,第 168 页。

[3] See Fred R. Shapiro, *The Most – Cited Legal Books Published since* 1978, Journal of Legal Studies,Vol. 29,p. 397 – 404(2000).

[4] [英]威廉・特文宁:《证据理论:边沁与威格摩尔》,吴洪淇、杜国栋译,中国人民大学出版社 2015 年版,第 13 页。

[5] See Richard D. Friedman, *Irrelevance*, *Minimal Relevance and Meta – Relevance*, Houston Law Review,Vol. 34,p. 55 – 72(1997).

的研究,[1]吉安耐利对科学证据可采性的研究,[2]电子证据可采性的研究,[3]DNA 证据的可采性研究,[4]等等。概括而言,英美证据法学界对证据可采性(证据能力)的理论研究,已经由“系统构建”转向“内部精细化的发展和打磨”,这种趋势源于可采性在英美法系的历史进程、立法现状和其国内的实践需求。

(二)大陆法系的替代理论的研究

在大陆法系,由于其更重视实体真实发现的理念,其证据能力的研究多集中于外部政策规则,而在证明政策规则方面投入较少;为弥补证明政策规则的缺失,大陆法系发展出了一套证明政策规则的替代措施。大陆法系的证据能力概念与英美法系相同,但在精细化方面不如英美法系。大陆法系证据能力研究出现向外部政策规则一边倒的态势,这主要归因于对法定证据制度的忌惮以及自由心证原则对证据能力规范的排斥,陪审制的缺乏和职权主义的诉讼模式有时也被视为解释这种现状的原因。随着资产阶级革命后人权观念的兴起,外部政策规则得以突破传统的束缚而在大陆法系国家得到长足发展。

一方面,大陆法系国家普遍确立了类似于非法证据排除规则和作证特免权的制度。例如,德国对证据禁止理论的阐发与非法证据排除规则有一定的相似之处。但需要看到的是,《德国刑事诉讼法》原则上为了发现真相而对一切有意义的证据都要进行证据调查,因此不存在英美法所见的广泛的证据排除的概念;其证据能力概念与其说是可采性,不如说是能否作为判决资料使用的定案根据的问题。[5] 德国学者

[1] See JR Spencer, *Hearsay Evidence in Criminal Proceedings*, 2014, Hart Publishing.

[2] See Paul C. Giannelli, *Admissibility of Scientific Evidence*, Oklahoma City University Law Review, Vol. 28, p. 1 - 16(2003).

[3] See Olivier Leroux, *Legal Admissibility of Electronic Evidence*, International Review of Law, Computers & Technology, Vol. 18, p. 193 - 220(2004).

[4] See Jennifer Callahan, *The Admissibility of DNA Evidence in the United States and England*, Suffolk Transnational Law Review, Vol. 19, p. 537 - 558(1996).

[5] 庭山英雄「刑事訴訟における証拠能力に関する一問題」中京法学 15 巻 4 号(1966 年)164 頁参照。

一般把证据禁止划分为证据取得禁止和证据使用禁止,〔1〕而证据使用禁止又划分为依附性证据使用禁止和自主性证据使用禁止。〔2〕围绕证据禁止的理论,德国联邦最高法院和学术界发展出了诸多判断应否禁止证据的学说。其一,在非自主性证据使用禁止领域,德国最高法院和学界提出了权利领域理论、规范目的保护理论、信息分配理论、自我设限理论和权衡理论,德国最高法院近年判决常以权衡理论的名义解决证据应否禁止使用的问题。〔3〕其二,在自主性证据使用禁止领域,证据禁止与宪法基本权紧密相连。该类证据禁止并不基于取证行为的违法性;即使是合法的取证,如果侵害了具有优先性的法律原则和其他权利,也可对该证据予以排除。此类证据禁止考虑重心不是“取得证据行为”,而是“法院调查并使用证据的行为是否会构成一次自主性的基本权侵害”。〔4〕德国的学术界和司法界对“自主性证据使用禁止”达成的共识不多,多数集中在德国基本法对人格权的保护问题上。例如,对秘密录音、录像和扣押日记等所涉及的自主性证据使用的禁止。〔5〕自主性证据使用禁止还包括私人不法取得证据的问题,通说认为证据使用禁止的规定原则上不适用于私人违法取证的领域,当然也存在“极端侵犯人权情况下的证据使用禁止”这一例外。〔6〕综上所述,德国的证据使用禁止制度发挥了类似于非法证据排除规则的功能。再如,法国的程序无效理论和意大利的不可用理论都发挥了类似于非法证据排除规则的功能。为了迎合人权保障的现代文明思潮,法国发展出对证据自由的限制理论,限制证据自由的一个重要方面是对文明

---

〔1〕参见[德]魏根特:《德国刑事诉讼程序》,岳礼玲等译,中国政法大学出版社2004年版,第189~191页。

〔2〕参见[德]迈克尔·赫格曼斯:《德国刑事诉讼法中的证据使用禁止》,周婧译,载《证据科学》2016年第5期。

〔3〕参见林钰雄:《干预处分与刑事证据》,北京大学出版社2010年版,第190~197页。

〔4〕参见林钰雄:《刑事诉讼法》(上册),台北,2013年自版发行,第620页。

〔5〕参见岳礼玲:《德国证据禁止的理论与实践初探:我国确立非法证据排除规则之借鉴》,载《中外法学》2003年第1期。

〔6〕ゲラルト・グリュンヴァルト = 福井厚訳『ドイツ刑事証拠法』(成文堂,1999年)187頁参照。

基本价值的尊重。[1] 法国的证据排除与程序无效理论紧密相连。程序无效的事由包括违反上位法、越权、程序要件缺失、损害当事人的基本权利;程序无效的后果是法官不得以无效程序获得的证据材料作为心证的基础,但也存在例外。[2] 在意大利,第二次世界大战之后,为贯彻人权保障的政策,《意大利刑事诉讼法》明确吸纳了非法证据排除规则,且排除的范围极其广泛。在传统理论的基础上,学者们进而阐发出证据的不可用理论(Non - usability);该理论被视为保证证据排除规则实施的最有效的工具,而先前的行为无效规则并不足以保证排除规则的有效实施。[3] 此外,意大利还进一步规定了一些证明政策规则。

另一方面,除外部政策规则外,大陆法系的一些国家甚至还移植了英美法系的证明政策规则。例如,第二次世界大战之后,日本刑事证据能力的研究在外部政策规则和证明政策规则方面全面开花。在美国判例与学说的影响下,日本的判例在 1978 年也开始采用非法证据排除规则。日本的通说认为,限制一个证据的证据能力是出于以下三点考虑:一是缺乏必要的且最低限度的证明价值;二是虽然有证明价值,但是从判断者评价出现错误的危险这一点进行限制;三是虽然有证明价值,但在证据获取过程中有违反法律的行为,从人权保障或正当程序保障的角度出发予以限制。[4] 日本对证据能力的介绍多分散在专门教科书或为数不多的证据法专著中。江家义男对刑事证据法的系统阐述是刑事证据能力领域的重要著作,其对自白、传闻法则和关联性都予以了专章的论述;从内容来看,其显然受到了英美法的重要影响。[5] 在证据能力的内容方面,有的学者把证据能力的要件区分为自然关联性、法律

〔1〕 参见[法]贝尔纳·布洛克:《法国刑事诉讼法》,罗结珍译,中国政法大学出版社 2009 年版,第 76 页。

〔2〕 参见施鹏鹏:《法国刑事程序无效理论研究——兼论中国如何建立"刚性"的程序》,载《中国法学》2010 年第 3 期。

〔3〕 See Giulio Illuminati, *Italy: Statutory Nullities and Non - usability*, in Stephen C. Thaman eds., Exclusionary Rules in Comparative Law, Springer, 2013, p. 258.

〔4〕 庭山英雄「刑事訴訟における証拠能力に関する一問題」中京法学 15 巻 4 号(1966 年)188 頁参照。

〔5〕 江家義男『刑事証拠法の基礎理論』(有斐閣,1957 年)6 ~9 頁参照。

关联性和没有违反证据禁止等。[1] 也有学者把证据能力的限制区分为自然关联性、谬误的危险性、手续上的瑕疵和证据禁止等事项。[2] 第二次世界大战之后，日本的证据能力研究多集中于自白和传闻的证据能力问题，形成了诸多有代表性的学说，也有部分学说探讨了非法证据排除规则和照相录影的证据能力；[3] 这种研究范围与《日本刑事诉讼法》的规定和判例的动向有关。日本证据能力的研究同英美国家有某种类似之处，即原子化倾向比较严重，追寻在具体领域内的研究。近年来，小早川义则博士对毒树果实理论的研究代表了日本对证据能力研究的新进展。[4] 概括而言，虽然日本在法治化的早期采纳了德国的自由心证原则和严格证明思想；但现代日本的刑事证据能力理论受英美法的影响比较严重，在证明政策规则和外部政策规则方面都获得了长足的发展，这些进展在一定程度上促使其刑事司法迅速站到了世界法治发达国家的行列。

（三）我国证据能力研究的进步与不足

我国证据能力的概念和理论深受英美法一定的影响，立法和司法对我国实践经验的反思与提炼，促使了证据能力的移植和发展，并形成了具有一定主体性的证据理论。但随着中国特色社会主义进入新时代，公民对程序公正的要求逐步提高，我国证据能力的理论与制度仍有进一步提升的空间。在内容方面，证明能力的立法和研究范围较为狭窄，呈现向非法证据排除规则“一边倒”的态势，立法和研究在特免权制度和证明政策规则方面仍有进一步提升的空间。在配套措施方面，我国的审判组织和诉讼模式仍需进一步与现代证据理论相对接，进而保障证据能力规范有效实施。具体而言，由于我国刑事诉讼立法和司法实务深受证据三性说的影响，学者对证据能力的研究起步较晚。21世纪后，随着我国刑事诉讼朝向当事人主义方向改革，学界研究证据能

〔1〕 参见［日］田口守一：《刑事诉讼法》，张凌、于秀峰译，中国政法大学出版社2010年版，第286～287页。

〔2〕 藤木英雄＝土本武司＝松本時夫『刑事訴訟法入門』（有斐閣，2000年）288～290頁参照。

〔3〕 鈴木茂嗣『戦後刑事訴訟法関係文献目録』（青林書院新社，1977年）。

〔4〕 小早川義則『毒樹の果実論』（成文堂，2010年）。

力的成果开始增多，出现了系统研究民事证据能力的专著[1]、刑事证据能力的导论[2]以及可采性规则的研究[3]；相关著作的问世为我国证据能力的研究奠定了初步基础，也为理解证据能力提供了重要的理论启蒙。2012年以后，随着非法证据排除制度的立法，以及司法文件对排除规则的解释和续造，刑事证据能力的研究开始回温。我国虽有研究证据能力的基础理论文章，[4]但更多的是开始关注不同证据类型的证据能力问题。[5]我国刑事证据能力研究起步较晚，虽取得一些成果，但基础理论和本土问题研究依然薄弱，其中不乏误解之处。在证据能力进入具体领域开展原子化的研究前，有必要系统研究刑事证据能力的基础理论，精确描述其概念和本质，梳理其产生和发展的历史条件和理论支撑，探讨证据能力的内容和两大法系在各内容分支上的理论和实践，最终回到中国的问题，探讨中国证据能力立法和研究的经验和不足，并提出我国刑事证据能力未来发展的方向和路径。

第二节 如何研究刑事证据能力

既然刑事证据能力的研究具有必要性和紧迫性，那么，应该进一步探讨的是如何研究刑事证据能力；这是开展本书研究前需要回答的第一个前提性问题。本部分将从研究视角和研究思路两个方面来回答该

[1] 参见纪格非：《证据能力论——以民事诉讼为视角的研究》，中国人民公安大学出版社2005年版。

[2] 参见孙远：《刑事证据能力导论》，人民法院出版社2007年版。

[3] 参见郭志媛：《刑事证据可采性研究》，中国人民公安大学出版社2004年版。

[4] 例如，无证据能力的证据类型，参见万毅：《论无证据能力的证据——兼评我国的证据能力规则》，载《现代法学》2014年第4期；纵博：《我国刑事证据能力之理论归纳及思考》，载《法学家》2015年第3期。

[5] 例如，测谎结论的证据能力，参见邵劭：《测谎结论的证据能力研究》，法律出版社2016年版；违反录音录像规定的讯问笔录的证据能力，参见董坤：《违反录音录像规定讯问笔录证据能力研究》，载《法学家》2014年第2期；公共场所监控视频的证据能力，参见纵博：《公共场所监控视频的刑事证据能力问题》，载《环球法律评论》2016年第6期；侦查实验笔录的证据能力，参见韩旭：《论侦查实验笔录证据能力的审查判断》，载《法商研究》2015年第1期。

问题。

一、两种政策分析的视角

证据法并不仅仅是为了提升事实认定的准确性而设置的法律,它还追求人权保障、诉讼效率、交流秘密等其他外在的价值。这就意味着证据能力的研究也不应只局限于提升证据的可靠性这一内部视角,还应关注提升证据可靠性之外的外部视角。证据适格性的规则根据其追求的目的不同可以划分为两类:一类是执行以保障证据的证明品质为目的的证明政策而设置的证明政策规则,主要包括关联性及其限制规则、验真法则、传闻证据规则、意见证据规则、最佳证据规则等。另一类是执行独立于证明价值的其他外部政策而设置的外部政策规则,其主要包括为了贯彻人权保障和阻吓违法侦查的政策而设置的非法证据排除规则,以及为了保护交流秘密而设置的特免权证据规则,等等。第一类规则由于具有较强的技术性,也可将其称为技术性规则;第二类规则由于是为了追求独立于证据可靠性之外的外部目标,我们也可将其称为外部规则。证据能力的研究将围绕上述两种政策分析的视角展开。

(一)证明政策的分析视角及其功用

证据能力研究的第一个视角是从证据规则的内部目标切入的,也即证明政策的分析视角。所谓的证明政策是诉讼事实认定过程为避免传闻、意见、副本等不可靠证据而产生的促进证人出庭、禁止陈述意见和出示文书原件的政策,其本质是通过优化出示证据的方式来保障证据可靠性的政策。从证据能力追求的内部目标来看,证据能力是为了落实保障证据可靠性的证明政策而存在的,其核心功能是控制误判。避免误判是刑事诉讼的一大任务,也是发现真实的诉讼目的的要求,如何有效控制误判是刑事诉讼研究的一个重心。长期以来,我国立法和研究倡导对事实误判进行终端控制,如使用印证制度、证明标准、表决制度、裁判说理等来控制误判。本书将揭示的是,终端控制固然不可或缺,但对事实误判的前端控制更为重要,通过证明政策分析的视角研究刑事证据能力是控制误判的必要进路。

1. 从证明程序的终端控制误判的方式具有的缺陷

长期以来,我国司法裁判形成了事实认定的印证模式。印证是指证明材料之间相互证明,彼此符合。[1] 印证在我国司法实践中广泛适用。在印证的理论模式提出之前,它只是裁判者对证据之间特殊关系的描述,此时的印证更多地属于经验法则的范畴。某一证据与其他证据相印证,其真实的可能性会更大,这是一个理性的人根据自身经验就可获得的常识。正如日本学者所言,对于证据信用性的判断,往往具有直观性,这里所谓的直观是必须依据日常生活的体验所得的经验法则的聚集。[2] 2004 年,龙宗智教授对我国刑事诉讼中的印证模式加以理论总结:[3] 裁判者在实践中根据经验的自发行为被上升为理论模式后,印证获得了理论和司法解释的双重支撑,迅速成为一种事实认定的方法,在实践中获得了正统地位。时至今日,印证已经不仅是单一的证据采信标准,还充当着证据成为定案根据的前提条件和定罪的标准。例如,2021 年《刑诉法司法解释》第 91 条第 2 款规定的证人当庭证言与庭前证言矛盾时的采信和第 96 条被告人庭审时翻供、庭前供述和辩解反复时的证据采信都把印证作为证据采信的标准。再如,2021 年《刑诉法司法解释》第 140 条根据间接证据定案认定被告人有罪的标准之一即"证据之间相互印证,不存在无法排除的矛盾和无法解释的疑问",此时印证则成了定罪的一个标准。

客观而言,印证理论的提出确实为我国刑事证明提供了重要的参考模型;在证据规则极其有限且法庭程序观念淡薄的法治起步期,其对事实的准确认定和限制法官的恣意发挥了重大的作用。印证在中国法治建设中的理论意义和实践价值不可否定。但是,印证理论也有其自身的局限性,尤其是在印证被过度强调或过度适用时,其局限性就更为明显。印证的功能扩张所导致的危险也是显而易见的,其在客观上会提高证据采纳的门槛,使一些证据的证明价值被低估,且会变相鼓励虚假的印证。[4] 大量的事实因误判而导致的冤案样本表明,几乎每一起

---

〔1〕 参见龙宗智:《刑事印证证明新探》,载《法学研究》2017 年第 2 期。

〔2〕 参见[日]石井一正:《日本实用刑事证据法》,陈浩然译,台北,五南图书出版公司 2000 年版,第 302 页。

〔3〕 参见龙宗智:《印证与自由心证——我国刑事诉讼证明模式》,载《法学研究》2004 年第 2 期。

〔4〕 参见吴洪淇:《印证的功能扩张与理论解析》,载《当代法学》2018 年第 3 期。

冤案背后都有一个相互印证的证据体系支撑法官的错判。例如,在聂某斌故意杀人、强奸妇女冤案的一审判决中,法院认定聂某斌杀人的证明模式就采取了印证模式。认定聂某斌杀人的证据有:其指认的作案现场和埋藏被害人衣服的地点与现场勘验一致;聂某斌供述被害妇女的体态和所穿衣物与被害人之夫侯某某、证人余某某所证一致;聂某斌对被害人照片和衣物进行的辨认与被害人真实照片、衣物一致。根据这三个印证一致判处聂某斌故意杀人、强奸妇女罪成立。[1] 如果不是自认真凶的王某金的证言破坏了案件证据体系相互印证而形成的融贯性,该案或许仍在申诉之中。再如,在张氏叔侄冤案中,亦存在证人证言、现场勘验笔录、尸检报告等证据与被告人供述相印证,法院据此认定张氏叔侄强奸罪成立。[2] 如果不是张氏叔侄坚持申诉引起了检察官的注意,以及机缘巧合下的DNA鉴定锁定了真凶勾某峰,在印证体系下的张氏叔侄冤案恐怕还无法沉冤昭雪。这并非对我国刑事司法部门没有信心,而是在控方所有有罪证据都被法院照单全收并作为定案根据的情况下,控方的故事模型已经被法院采信的相互印证的证据所加固,让裁判者去推翻这种在印证模式下的故事模型,而去接受一个与互相印证的证据体系相冲突的故事模型,显然是比较困难的。

2. 强化证明政策视角下证明能力规范研究的必要性

(1)冤案的控制与预防需要强调以证据能力为代表的前端控制。论述至此我们可以发现,冤案的产生不仅仅在于印证的过度强化,更为关键的是证据的审查和法庭审理程序出现了问题,致使无证据资格的证据混入法庭成为印证体系的一个证明力量,且法院又缺乏精细化的程序规则对此予以鉴别。在中国法治精细化发展的新时期,刑事证明过度依赖印证模式的立法和实践需要特别检讨。正如左卫民教授对中国错案反思后所指出的,基于“印证”证明模式所存在的问题,我们应打造一种将程序规则与证明机制融为一体的证明模式,构建一种有适

[1] 参见中华人民共和国最高人民法院刑事判决书,(2016)最高法刑再3号。

[2] 参见浙江省杭州市中级人民法院刑事附带民事判决书,(2004)杭刑初字第36号。

当、理性程序支撑且能够发挥司法者对证据自由评判的新型证明模式。[1] 质言之,刑事证明的方法急需摆脱对权力主导的终端控制的过度依赖,而应当寻求以权利为主导的前端控制以及诉讼参与者协同参与的过程控制。大量冤案的样本表明,事实误判往往伴随着无证据能力的证据成为认定事实的依据;同时,几乎每一个冤案都有一个相互印证的证据体系,只不过该印证是充斥着无证据能力的证据的虚假印证。对印证的过度强调和对证据能力的轻视一定程度上导致我国无罪判决率和案件再审率长期处于极低的状态。

(2)极低的无罪判决率与现实的反差要求重视以证据能力为代表的前端控制。2013 ~ 2017 年我国公诉案件中宣告无罪的占比是 4.10‱,宣告无罪的人数占比是 8.02‱,[2] 即每一万个被公诉的被告中,只有不到 5 个人被宣告无罪,而法院在每判决一万个被告人有罪的同时,才宣告 8 个被告人无罪。从表 1 - 1 来看,2018 年的比例甚至更低;2019 年到 2021 年虽然整体有所上升,但这一占比仍在 3.00‱左右徘徊。而在大陆法系国家,刑事案件的无罪判决率一般在 5.00% 左右,英美法系国家的无罪判决率则通常高达 20.00%。[3] 实行严密司法的日本地方法院 2006 年无罪率为 0.13%;[4] 2021 年日本地方裁判所终局刑事案件总数是 46,735 件,无罪判决仅有 88 件,刑事案件的整体无罪率是 0.19%。[5] 与之相比,我国的无罪判决率确实是低得惊人。与之相伴而生的是不断下降的刑事再审率。据统计,1998 年我国刑事案件的再审率曾达 2.96%;但此后逐年下降,2013 年再审率下降

---

〔1〕 参见左卫民:《"印证"证明模式反思与重塑:基于中国刑事错案的反思》,载《中国法学》2016 年第 1 期。

〔2〕 该数据是根据 2018 年《最高人民检察院工作报告》和 2018 年《最高人民法院工作报告》发布的 2013 年到 2017 年的相关数据计算所得。

〔3〕 参见李扬:《论影响我国无罪判决的关键性因素——对百例无罪判决的实证分析》,载《政法论坛》2013 年第 4 期。

〔4〕 参见[日]田口守一:《刑事诉讼法》,张凌、于秀峰译,中国政法大学出版社 2010 年版,第 338 页。

〔5〕 参见日本最高裁判所:《令和 3 年司法统计年报概要版(刑事编)》,载日本裁判所官网,https://www.courts.go.jp/app/sihotokei_jp/search,2022 年 5 月 10 日访问。

到0.29%。[1] 这并不是说我国采取了类似日本的精密司法而大大提升了事实认定和法律适用的准确率。事实恰恰是,由于我国缺乏对刑事证明的前端控制,而对控诉方精心挑选且能相互印证的证据体系照单全收,导致裁判者在印证模式下,面对一个经塑造的融贯的证据体系,很难否认控诉方的故事模型。近年来频繁出现的冤假错案与极低的无罪判决率形成鲜明反差。这种反差足以使我们思考这样的问题:为什么强调对误判的终端控制反而不容易形成无罪判决呢?这里一个重要原因是:对证据能力不做限制,而任凭无证据能力的证据左右事实裁判者的心证,即使有严密的终端控制,也很难产出无罪判决,除非"真凶再现"或"亡者归来"。从这个意义上讲,为降低极低的无罪判决率与现实的反差,有必要重视以证据能力为代表的前端控制。

表1-1 2013~2021年全国法院宣告无罪情况

年份	提起公诉人数	法院判处罪犯人数	宣告无罪人数/人		提起公诉人数中宣告无罪占比/‰	判处罪犯人数中宣告无罪人数占比/‰
			公诉	自诉		
2021	174.8962万	171.5万	511	383	2.92	5.21
2020	157.2971万	152.7万	656	384	4.17	6.81
2019	181.8808万	166.0万	637	751	3.50	8.36
2018	169.2846万	142.9万	517	302	3.05	5.73
2016	140.2463万	122.0万	656	420	4.68	8.82
2015	139.0933万	123.2万	667	372	4.80	8.43
2014	139.1225万	118.4万	518	260	3.72	6.57
2013	132.4404万	115.8万	825		—	7.12

注:需要说明的是,由于2018年"两高"工作报告发布的是2013~2017年共5年的总数,具体数据尚无法计算得出,因此,该表缺少了2017年的数据统计。法院判处罪犯人数和宣告无罪人数的数据源于历年最高人民法院工作报告(2013年至2022年)。提起公诉人数的数据源于历年最高人民检察院工作报告(1980年至2022年)。其中的比例计算系作者根据获得的数据自行计算所得。

---

[1] 参见陈永生:《冤案为何难以获得救济》,载《政法论坛》2017年第1期。

(3)打破“虚假印证”需要借助证据能力的力量。由于立法和司法对辩护人调查取证的支持力度不大,处于弱势的辩护方往往是采取解构并否定控诉证据体系的思路,而无力提出一个完整的故事模型。即便提出了一个与之相反的故事模型,辩护方也很难提供一个如控诉方那般的经过精挑细选、相互印证的证据体系来支撑其故事模型。因此,在绝大多数案件中,会出现控诉方指控的事实就是法院认定的事实的现象。例如,在张氏叔侄冤案中,辩护人提出 DNA 鉴定意见证实存在两被告人之外的第三人单独作案的可能,但是,由于无法指出该第三人是谁,且与整个控诉证据体系相矛盾,法庭根本未予重视,而以“因手指为相对开放部位,不排除被害人因生前与他人接触而在手指甲中留下 DNA 的可能性”为由,拒绝采纳辩护方的意见。[1] 这种事实认定的思路在诸多冤案中都可看到身影。概括而言,极低的无罪率和再审率是刑事证明重终端控制而轻前端控制的一个恶果,是一种司法的亚健康状态。对终端印证的过度强调以及对前端证据能力审查的轻视的事实认定方法,蕴含较高的冤罪风险;要使事实认定的方法回到以权利为主导的前端控制和过程控制,关键在于从印证回到证据资格的限制。质言之,为防范刑事诉讼中的误判,对刑事证明控制的重心应从以印证为代表的终端控制回到以证据能力为代表的前端控制。

(4)以证据能力为代表的前端控制可有效控制不适格证据对裁判者心证的污染。控制误判最有效的方式并非过度强调以印证为代表的终端控制型证明模式,而应当把重心前移,重视以证据能力为代表的前端控制型证明模式。终端控制型证明模式强调裁判者在事实认定过程中重视诸如印证、证明标准和表决规则的作用。事实上,该证明模式面临的一个重大难题是:如果裁判者对控诉证据不进行精细化的证据能力审查,而对所有有证据能力和无证据能力的证据都照单全收,也就意味着,控诉方提交的所有证据都已被事实裁判者所知悉。即使裁判者通过证明力的争辩程序和印证规则舍弃了部分无证据能力的证据,让其对被舍弃的证据“知而不用”显然是困难的。也就是说,通过终端控制的方式阻止无证据能力的证据对法官心证的污染,显然为时已晚。

---

[1] 参见浙江省杭州市中级人民法院刑事附带民事判决书,(2004)杭刑初字第 36 号。

比较彻底且有效的方式应当是重视前端控制型证明模式，把无证据能力的证据通过专门的审查程序阻挡在法庭调查程序之外，尽最大努力使其与事实裁判者相隔绝。事实上，在本书列举的诸多冤案中，如果事先排除掉无证据能力的证据，控诉方的证据体系根本不会形成一个相互印证的融贯体系，至少其不能完整地证明刑事案件的“七何”要素。如此，事实裁判者再以证明标准等终端控制的方式审视控诉证据体系时，就很难达到有罪的心证门槛，冤案很可能就不会发生。在诸多因事实认定错误而导致的冤案中，如果及时采取前端控制型证明模式，刑讯逼供获取的有罪供述、虚假的证言笔录、未经验真的物证等无证据能力的材料都可能会被阻挡在法庭调查的门外，理性的事实裁判者都可能在刑事证明层面有效阻止冤案的发生。

（二）外部政策的分析视角及其功用

证据能力研究的第二个视角是从证据能力规范追求的外部目标切入的。证据能力规范追求的除了提升证据品质或可靠性之外的其他目标都可视为证据能力规范的外部目标，这种外部目标指向了法治国原则之下与证明政策无关的其他政策。人权保障、效率促进、秘密保护等都属之；由于这些政策和保障证据可靠性的证明政策完全不同甚至有可能导致一些可靠的证据被排除，因此理论上把其称为外部政策。外部政策规则本质是为了执行外部政策而存在的，比如为了执行人权保障的外部政策而存在的非法证据排除规则和毒树果实原则，再如为执行保护交流秘密的外部政策而存在的特免权证据规则。这些规则的运行是以牺牲真相价值为代价的，这是文明国家为建立法治秩序并平衡社会多元化的价值需求所必需作出的牺牲。在外部政策的分析视角中，发现真实不再是证据能力规范的唯一目的或主要目标，其核心功能是保障社会认为更为重要的外部政策的执行。

1. 外部政策视角下的证据能力研究有利于维护人性尊严基本权

尽管世界各国在政治制度、经济发展和社会文化等方面存在不同，但保障刑事被告人人权已成为现代法治国家的普遍共识。第二次世界大战之后国际社会对法西斯践踏人类尊严行为的愤恨，以及对民主和和平的强烈要求，有力地推动了各派人权思想的兴起。《联合国宪章》第1条开宗明义地宣告增进人权是联合国的宗旨之一，1948年《世界人权宣言》代表了世界人民高涨的民主、和平的要求。[1] 改革开放之后,我国人权保障的步伐显著加快,1997 年和 1998 年先后加入《公民权利和政治权利国际公约》和《经济、社会及文化权利国际公约》,2001 年 2 月全国人大常委会批准了后一公约。2004 年通过的《宪法修正案》在第二章"公民的基本权利和义务"部分增加了"国家尊重和保障人权"的规定。人权作为一种人之为人的基本权利也成为刑事诉讼必须遵循的核心理念。人之尊严权是人权的基础概念,它存在国家实定法之前,是一种固有的、普遍性的权利。人性尊严属于宪法价值秩序中的根本原则,不可侵犯的人性尊严已成为价值体系之基础。[2] 从古典的自由观念来看,基本权利具有防御功能,其核心任务是对抗公权力之不法侵害,公民有要求国家履行保护义务的积极请求权。人权的防御功能一定程度上催生了证据能力理论。

正当程序的尊严面可以追溯至人性尊严理论,被告有充足时间和方法去准备辩护,出席庭审和聘请律师代表的权利都源于人性尊严这一母权利(mother - right)。[3] 排除无证据能力的证据是正当程序的题中之意,其蕴含人性尊严的思想。把人作为手段,以及侵害人的自治和自决的取证行为,显然侵害了人性尊严,而使用无证据能力的证据定罪是对人在司法现实中程序尊严权的剥夺。我们很难说,以无证据能力的证据定罪的佘某林、赵某海、聂某斌等受冤狱者,在刑事诉讼的过程中是受到尊严待遇的。无视一个人在程序进行过程中应得到的公正和作为独立个体应受到的尊严待遇,利用无证据能力的证据强行介入其自治和自决空间,进而剥夺其财产、自由和生命,显然是反尊严的。通过证据能力理论把不适格的证据排除在法庭调查门外,是法治国家回应基本权利的防御功能、履行人权保障义务、践行正当程序的表现。质言之,证据能力理论是维护"人作为目的而非手段"的理论,是人在诉讼中实现尊严的重要途径,有利于增强判决的公正性和可接受性。

---

〔1〕 参见沈宗灵:《二战后西方人权学说的演变》,载《中国社会科学》1992 年第 5 期。

〔2〕 参见李震山:《人性尊严与人权保障》,台北,元照出版公司 2009 年版,第 3 ~4 页。

〔3〕 See Aharon Barak, *Human Dignity - the Constitutional Value and the Constitutional Right*, trans. by Daniel Kayros, Cambridge University Press, 2015, p. 300 - 301.

作为尊严权维护的方式,证据能力理论具有重要的理论意义和实践价值。

2. 外部政策视角下的证据能力研究有利于实现程序的独立价值

从萨默斯的程序价值理论来看,一个好的法律程序的优良性表现在两个方面:它不仅是实现好的结果的手段,而且是实施或服务于诸如参与式治理、程序理性和人性化的程序价值的手段。[1] 萨默斯把前一个程序优良性称为"好结果的功效"(good result efficacy),这种功效往往被信奉程序工具论的人所强调。萨默斯列举了一个案例,一个地方的警察对检察官和法院失去信心后,开始既辨别、逮捕被告人,又对被告人进行起诉和审判。萨默斯认为即使该种做法带来的"好结果的功效"是高的,但因为它在程序上的非理性、不人道、无尊严和侵犯隐私,这种法律执行程序也是坏的。从正面而言,一个法律实施程序如果有程序理性、人道、尊重个人尊严和个人隐私的特征,那么它就是好的程序,它与能否带来好的结果相分离,上述特征被称为程序价值。[2] 程序的独立价值不以好的结果为前提,这是程序价值理论对程序功用的重大拓展。与之相应,证据能力理论也并不以发现真实这一"好结果"为唯一功用,其还展现出保障人性尊严、促进司法公正、贯彻公共政策等独立价值。这些价值使其区别于其他单纯或主要致力于发现真实的理论。从另一个角度讲,刑事证据能力理论具有限制权力主体的事实调查权的功能。它在通过不同规则实现其独立价值的同时,把事实调查权限定在正当程序的范围内,并通过排除无证据能力证据的制裁手段,引导权力主体在证据能力规则允许的程序空间内完成其事实调查的任务。

3. 外部政策视角下的证据能力研究有利于提升人权保障水平

改革开放以来,我国人权保障水平得到了较大的提升。2012 年我国刑事诉讼立法顺应人权保障的趋势,把"尊重和保障人权"写入《刑

---

〔1〕 See Robert S. Summers, *Evaluating and Improving Legal Processes A Plea for Process Values*, Cornell Law Review, Vol. 60, p. 4(1974).

〔2〕 See Robert S. Summers, *Evaluating and Improving Legal Processes A Plea for Process Values*, Cornell Law Review, Vol. 60, p. 3(1974).

事诉讼法》总则，且确立了非法证据排除规则，提升了我国刑事诉讼立法和实践的现代化水平。但是，需要正视的是我国刑事诉讼还存在诸多的立法缺陷和漏洞，诸如关联性及其限制的规则、传闻证据规则和实物证据的验真制度等涉及证据能力的规则，都未能完整地写入法律，非法证据排除规则等证据能力规则存在诸多实施上的困难。[1] 从表1－2可以看出，2013 年到 2016 年纠正侦查违法数占年度刑事立案总数的比例整体呈下降态势，到 2016 年只有 5.30‰，也即每 188 起刑事案件中才有一起被纠正侦查违法。直到 2017 年之后这一比例才逐步提高，但也维持在 10.00‰左右。如果把侦查违法的范围扩展至刑讯逼供、威胁、引诱、欺骗、疲劳审讯等情形，那么这一纠正侦查违法的比例确实还有较大的提升空间。在 2016 年整年的结案裁判文书中，涉及“刑讯逼供”的比例就有 3.80‰。[2] 对表 1－2 进一步分析可以发现，2014 年因排除非法证据而不捕、不诉案件占刑事立案总数比为 0.92‱；2016 年，这一比例虽有提升，也仅占 1.13‱。2013 年到 2017 年这 5 年期间的总体比例是 1.18‱，[3] 也即，每一万个刑事案件才有一起因排

〔1〕 一项基于 1459 个刑事案例的分析发现了如下问题：毒树果实原理的缺失导致犯罪嫌疑人、被告人权利得不到更好的保护，部分案件在证据合法性的证明方面出现了转嫁举证责任的现象，有的案件从内容真实推定程序合法，也有因规则模糊而导致权利保护不到位的现象。参见易延友：《非法证据排除规则的中国范式——基于 1459 个刑事案例的分析》，载《中国社会科学》2016 年第 1 期。

〔2〕 这一数字是根据笔者的检索计算所得。首先进入中国裁判文书网，在高级检索栏目中的“案由”选择刑事案由，“案件类型”选择刑事案件，“裁判日期”设定为 2016 年 1 月 1 日至 12 月 31 日，共检索到裁判文书 1,211,091 件；其中排除涉及减刑的 222,110 件，还有 988,981 件。在上述检索条件的基础上，再在全文检索栏中以全文检索的方式输入“刑讯逼供”，检索到裁判文书 3726 件，以该数字除以排除减刑案件的裁判文书总数，即得到该比例。当然，这一比例只是一个大致的预估，并不能反映刑讯逼供在该年度的实际发生数量。这不仅是因为案例统计本身的不完整性，也因为这其中可能会有部分案例只是主张被刑讯逼供而并未真正发生过刑讯逼供，还因为多数刑讯逼供并未能在审判阶段主张进而写入裁判文书，这一刑讯逼供的黑数到底是多少或许不得而知。

〔3〕 这一数值是根据 2018 年《最高人民检察院工作报告》发布的数据计算所得。在 2013 年至 2017 年，因排除非法证据不批捕的人数有 2864 人，因排除非法证据不起诉的人数有 975 人。而在 2013 年至 2017 年，公安机关刑事立案数是 3222.2079 万起，人民检察院直接立案侦查数是 18.9432 万起。

除非法证据而不捕、不诉，这一比例是极低的。上述数字说明，我国在纠正侦查违法和排除非法证据方面还有较大的提升空间，这也从侧面反映出，我国侦查法治化水平有待进一步提升。

表 1－2　2013～2020 年检察机关纠正侦查违法和不捕、不诉案件占全国刑事立案数比例

年份	公安机关和检察机关年度立案数		不批捕总数（因排除非法证据不批捕）/人	不起诉总数（因排除非法证据不起诉数）/人	纠正侦查活动违法/（件·次）	纠正侦查违法数占年度刑事立案总数比/‰	因排除非法证据而不捕、不诉案件占刑事立案总数比/‰
	公安机关刑事立案数/件	人民检察院直接立案侦查案件/件					
2020	4,780,624	1421 人*	233,065	249,312	50,313	10.52	暂无数据
2019	4,862,443	679	313,743	190,258	暂无数据	暂无数据	暂无数据
2018	5,069,242	71 人	140,000（余人）	290,000（余人）	58,744	11.59	暂无数据
2017	5,482,570	34,163	144,534	28,856	47,818	8.67	暂无数据
2016	6,427,533	35,397	132,081（560）	26,670（169）	34,230	5.30	1.13
2015	7,174,037	40,834	131,675	25,778	31,874	4.42	暂无数据
2014	6,539,692	41,487	116,553（406）	23,269（198）	54,949	8.35	0.92
2013	6,598,247	37,551	100,157	16,427	72,370	10.91	暂无数据

注：＊本列有两处立案单位为人，来源于最高人民检察院在全国人民代表大会上的年度工作报告，职务犯罪侦查权转移使案件急剧下降，因此转为以人为单位，严谨起见，以示区分，本列下同。

公安机关和检察机关年度立案数的来源参见国家统计局：《中国统计年鉴》，载国家统计局，http://www.stats.gov.cn/tjsj/ndsj/，2022 年 6 月 3 日访问。检察机关不批捕总数（因排除非法证据不批捕），不起诉总数（因排除非法证据不起诉数），以及纠正侦查活动违法数的数据来源，参见全国检察机关主要办案数据（2019～2021 年），参见历年最高人民检察院工作报告（1980～2022 年）。纠正侦查违法数占年度刑事立案总数比和因排除非法证据不捕、不诉案件占刑事立案总数比，则是笔者根据表中数字计算后所得。

当然，非法证据排除规则只是证据能力理论的一部分，证据能力的限制事由还包含关联性规则、传闻规则等部分，我国在该部分的实践更是不尽如人意。虽然没有实证统计数字的支撑，但是，只要我们知道一点或许就会同意这个论断，即在我国刑事审判中依然沿用着卷宗笔录审理的方式，证人出庭率极低。这不仅不利于保障证据的真实性，而且剥夺了被告人对不利证人的对质诘问权，同时降低了法官心证的质量。概括而言，诸多证据能力规则的缺位以及不尽如人意的实践都在一定程度上拉低了我国的人权保障水平。刑事诉讼是宪法的测仪，是一国位于门面的司法橱窗，[1]外人通过它直接观察和品评一国的政策取向和人权保障水平。为提升我国的人权保障水平，使其与现代化的治理能力相适应，有必要对证据能力理论作系统研究，提出刑事证据能力的中国模式。

二、研究思路

本书以政策分析为视角，对证据能力展开证明政策和外部政策两种分析进路，在整体上采用“从总论到分论，从基础研究到制度建构”的思路。为保障基本人权、防范冤假错案并贯彻宪法法律设定的国家政策，从刑事证据能力“保障证据的真实性进而防范冤假错案的功能”，以及“保障证据的正当性进而贯彻外部政策的功能”出发，去阐述研究刑事证据能力的理论基础和发展模式，进而探索证据制度的中国式现代化道路，具有理论的价值和现实的必要性。

本书首先界定了证据能力的概念和特征，证据能力与临界概念的辨析，以及证据能力的产生和发展史。这是认识并理解证据能力所必须做的基本功。其次，本书将进一步探究证据能力这一概念的正当性基础。证成刑事证据能力正当性的理论是多样的；但是，如果把其拉回到法律的场域，这些理论又是有限的，有时它们甚至是相通的。针对上述问题，本书拟从基本权的功能理论、程序正义理论和认知哲学三个方面来阐述刑事证据能力的正当性。再次，在考察证据能力正当性基础上，本书将进一步探究证据能力的制度模式。制度模式是该制度在一定区域所分享的共通性的内容、运行方式和运行条件等，制度模式的研

---

〔1〕 参见罗秉承：《冤案风险犹如初春悬崖上的薄冰》，载［德］汤玛斯·达恩史戴特：《法官的被害人》，郑惠芬译，新北，卫城出版社2016年版，第10页。

究有利于从整体上把握制度的整体状态以及各模式的优劣,为我国现有模式的改良提供经验。最后,本书在上述基础研究的背景下,开始展开我国本土制度的建构,该部分将先研究刑事证据能力的一个分支——证明政策规则。这里主要是结合我国的立法规定和对冤假错案的分析,从关联性及其限制规则的缺失,以及辅助证明政策规则的零碎化这两个方面,来界定和描述我国现行制度存在的问题。从不同的视角研究证明政策规则各组成部分的内容和运作原理,从不同的角度寻求解决问题的理论与立法经验,进而提出证明政策规则的中国式现代化之路。紧接着本书还将研究刑事证据能力的另一个分支——外部政策规则,从制度缺陷和冤假错案的视角指出我国外部政策规则面临的非法证据排除规则的软化、毒树果实原则和特免权规则缺失的问题,并分析这些制度问题对我国外部政策的贯彻带来的危害。同时从不同的视角考察两大法系外部政策规则的内容和运行原理,最终从本土问题和具体国情出发,提出外部政策规则的中国式现代化之路。

本书的研究范围主要聚焦于刑事证据能力这一主题。围绕这一主题,本书将会考察:证据能力的概念、源流,刑事证据能力的理论基础,刑事证据能力的制度模式,证明政策规则和外部政策规则的原理和证据能力制度的中国式现代化之路。在研究范围方面,有以下两点需要特别交代:其一,本书聚焦在刑事诉讼领域的证据能力研究。证据能力在概念、理论等诸多方面是相通的,不用刻意区分刑事诉讼领域、民事诉讼领域的证据能力,以《美国联邦证据规则》为例,其适用范围就跨越刑事诉讼和民事诉讼。但是,需要承认的是,的确存在极少部分证据能力规范只适用于刑事诉讼程序或只适用于民事诉讼程序,例如,美国非法证据排除规则坚持的阻吓警察违法理论,由于民事诉讼基本上不牵涉警察违法取证,因此它就不适用于民事诉讼程序。而且,证据能力在刑事诉讼中所面临的问题会区别于在民事诉讼中面临的问题,例如,刑事诉讼中存在的卷宗移送问题在民事诉讼中就没有那么突出。基于此,本书把研究范围限定在刑事诉讼领域,问题意识也源于刑事诉讼领域,而不再涉及民事诉讼等其他程序中的证据能力问题。其二,本书的研究是以审判程序为中心展开的。需要交代的是,尽管研究的过程力求准确和全面,但本书的分析是以典型审判程序为中心的,未能顾及其他非典型的简易程序。由于在简易程序中,被告人基本上会认罪认罚,在事实认定上存在的争议较少,因此,证据能力适用的空间很小,讨论此程序中的证据能力问题意义不大。此外,虽然侦查程序和公诉程序都会涉及证据能力的运用问题,以便侦查人员和检察官在审前筛选证据,但是,在审判中心下,侦查和公诉阶段对证据能力的判断标准并非其自设的一套标准,而更多是参考审判的标准。因为,无论是侦查阶段的证据筛选,还是审查起诉阶段的证据筛选,其目的都是使证据能顺利进入法庭调查,而证据能否进入法庭调查关键看审判阶段证据能力的标准。因此,本书的研究是以审判阶段的证据能力运用为中心的,而审判阶段的标准本身可以作为侦查和审查起诉阶段筛选证据的参考。

第二章　制度语境流变中的刑事证据能力

证据能力产生于制度移植过程之中,它是制度语境流变下的产物。这种经历决定了它与临界概念之间的复杂的理论和法文化层次上的关系,也映射了证据能力在不同制度语境中的不同命运。对其内涵、临界概念和发展历史的考察能帮助我们认识在不同制度语境流变中证据能力本身所保有的本质和特点,这是我们认识刑事证据能力的第一步。

第一节　证据能力的基本内涵

证据能力作为一种正式概念常见于日本的立法之中。在汉语世界里,日本最先提出了该概念并用汉字表达,其在日本的写法是"証拠能力"。在我国刑事诉讼近代化的过程中该词从日本移植到中国。但是,证据能力并非日本原创之概念,而是日本学者在翻译英美法的过程中受到了英语词汇的影响。

一、证据能力的概念演进路径

概念是理论分析的工具;概念的模糊会导致理论分析的不周延,甚至发生分析方向上的偏差。证据能力的概念是法律移植过程中的产物。这就意味着,对其进行界定,既要考察其在发源地美国的原始含义,又要考察其在移入地日本和中国的含义。

(一)美国对证据能力的界定

证据能力所对应的英语概念是 competent evidence。为准确理解该词组的含义,可以先看 competent 或 competence 的权威释义。在《布莱克法律词典》中,competence 有三种含义:一是去做某件事的基础或最小的能力或资格,如证人的能力;二是官方机构去做某事的能力,如法院达成有效判决的能力;三是指代真实性(authenticity)。[1] 进一步地,在解释 competent evidence 的含义时,该词典指出:一是参见可采性证据(admissible evidence);二是参见相关性证据(relevant evidence),[2]也即把证据能力等同于证据的可采性和相关性。其一,词典对可采性证据的解释是:具有关联性并且具有法庭应当接纳特性的证据,亦称证据能力(competent evidence)、适格证据(proper evidence)或合法证据(legal evidence)。[3] 其二,对相关性证据的解释是:相关性证据同时具有证明性和重要性,并且除非被特定的法律或规则排除,其还具有可采性,亦称证据能力(competent evidence)。[4] 由此可见,证据能力的概念在美国对应着证据的可采性和关联性,其特指具有关联性且依照证据规则法庭应予接纳的证据。

(二)日本对证据能力的界定

日本学者在翻译时是否完全继受了美国对证据能力的界定呢?我们首先来看日本法律辞典对它的定义。日本法律辞典对证据能力的定义是:"刑事诉讼法上的证据的容许性,亦即作为证据,在审判庭上为了用于调查的所谓适格。也有能作为认定事实的资料的适格性,但这种主张是不正确的。"紧接着,辞典进一步论述道:"限制证据能力的理

---

[1] Competence, fl. (17c) 1. A basic or minimal ability to do something; qualification, 2. The capacity of an official body to do something (the court's competence to enter a valid judgment). 3. Authenticity. See Bryan A. Garner, Editor in Chief, *Black's Law Dictionary*, 9th ed., West Publishing Company, 2009, p. 350.

[2] Competent Evidence. 1. See admissible evidence. 2. See relevant evidence. See Bryan A. Garner, Editor in Chief, *Black's Law Dictionary*, 9th ed., West Publishing Company, 2009, p. 636.

[3] Admissible Evidence Evidence that is relevant and is of such a character (e. g., not unfairly prejudicial, based on hearsay, or privileged) that the court should receive it. Also termed competent evidence; proper evidence; legal evidence. See Bryan A. Garner, Editor in Chief, *Black's Law Dictionary*, 9th ed., West Publishing Company, 2009, p. 635.

[4] Relevant evidence is both probative and material and is admissible unless excluded by a specific statute or rule. Also termed competent evidence. See Bryan A. Garner, Editor in Chief, *Black's Law Dictionary*, 9th ed., West Publishing Company, 2009, p. 639.

由是：证据能力不可靠，有导致误判之虞，或者为了制裁、预防违法的证据收集行为，后者的场合特别是作为证据禁止，也从狭义的证据能力来加以区别。"[1]从这个意义上讲，广义的证据能力是指证据进入法庭并作为调查对象的适格性，这显然是继受了美国的定义。日本的学说多从广义上界定证据能力，把其视为证据在法庭中出示的资格；缺乏证据能力的证据不能在法庭上出现，当然也不能作为认定事实的基础。[2]而狭义的证据能力则特指证据禁止，这明显是受到德国理论的影响。需要交代的是，本书所讲的证据能力是从广义上讲的，而非指仅包括证据禁止或非法证据排除规则的狭义上的证据能力。

证据能力这一概念有时会与证据力相混淆。在日本民事诉讼中还存在"证据力"一词。它是指证据方法对要证事实的证明，发生有益的效果，也即作为证据的信任力的程度，也称为证据价值或证明力。证据方法将能够合法调查的东西，称作证据能力或抽象的证据力。但证据力是以此为前提，指的是信任性程度。[3] 在自由心证之下，证据力全凭法官自由判断。由此可见，证据力对应的是证明力的概念，在刑事诉讼中，专门称之为证明力。但是，辞典中所言的抽象的证据力指的是证据能力。在现代刑事诉讼中，一般不再使用证据力这一带有误导性的概念。

（三）我国对证据能力的界定

1. 我国对证据能力的三种界定

证据能力这一概念从日本而来；因此，我国对证据能力概念的界定深受日本的影响，同时也带有我国证据属性学说的烙印。关于证据能力的概念，我国有几种不同的认识：一是判决根据说。有学者把证据能力界定为："作为法院认定事实或判决根据的证据须具备的要件或资格，通常情况下，必须同时具备关联性、真实性和合法性的证据才具有

---

[1] ［日］我妻荣等编：《新法律学辞典》，董璠舆等译校，中国政法大学出版社1991年版，第485页。

[2] 白取祐司『刑事訴訟法』（日本評論社，2015年）325頁参照。

[3] 参见［日］我妻荣等编：《新法律学辞典》，董璠舆等译校，中国政法大学出版社1991年版，第486页。

证据能力或可采性。”[1]我国实务上也采类似的见解,如有刑事审判参考案例分析认为:“证据能力是解决证据适格性的问题,即证据必须合法取得才具有证据资格,才能作为案件事实的认定依据。”[2]二是法庭出示资格说。有学者把其定义为由法律明确规定,证据可以在法庭审理过程中出示并成为认定案件事实依据的基本条件。[3] 三是严格证明资格说。也有学者把其界定为在诉讼中可以被用来作为严格证明之依据的法律资格。[4] 如果从无证据能力的证据不能作为认定犯罪事实的根据这一角度来讲,上述三种理解都是对的。但是,如果继续追问不具有证据能力的证据在何时应当被拒绝,上述定义都有细化的空间。

2. 证据能力的设置以法庭调查为分界线

不具有证据能力的证据当然不能作为认定犯罪事实的根据,应在作出判决时拒绝采纳此类证据。但是,不具有证据能力的证据能否作为法庭调查的对象呢?从其发源地美国和日本的理解来看,证据能力是证据进入法庭并作为调查对象的资格;无证据能力的证据不仅不能作为事实认定的依据,而且还不允许对其进行证据调查。这是因为,这种调查不但毫无意义,还可能对裁判者的事实心证造成不良的影响。可见,证据能力并非只是不得作为判决根据,其更不得作为法庭调查的对象。从这个角度上讲,法庭出示资格说具有合理性;但是,该说把其界定为“不得出示”还不够精确。“不得出示”是针对举证者而言的,但证据能力是针对裁判者审查证据资格的活动而言的,其更多是指示法官不得将无证据能力的证据作为法庭调查的对象。因此,“不得出示”这一表述并未准确反映证据能力适用的重心。此外,证据能力的概念是否需要揭示其适用范围?在大陆法系,证据能力往往与严格证明的概念相伴,而在英美法系,对证据资格的限制也有严格的适用范围。但

---

〔1〕 陈光中主编:《证据法学》,法律出版社2015年版,第119页。

〔2〕 刑事审判参考第396号:《陈某强奸案——如何把握强奸案件“证据确实、充分”的证明标准》,载中华人民共和国最高人民法院刑事审判第一庭等编:《刑事审判参考》(2006年第3集·总第50集),法律出版社2006年版,第19~27页。

〔3〕 参见纪格非:《证据能力论——以民事诉讼为视角的研究》,中国人民公安大学出版社2005年版,第12页。

〔4〕 参见孙远:《刑事证据能力导论》,人民法院出版社2007年版,第7页。

是,对证据能力的概念和证据能力的适用范围应当作出区分。证据能力的概念不应随着适用范围的改变而改变;不应说其在严格证明的事项中叫证据能力,而在自由证明的事项中就不叫证据能力了。

综上,本书对证据能力的界定是:证据进入法庭并接受调查的资格,或称为法庭调查对象的适格性。具有证据能力的证据是指具有关联性且依照证据规则应予容许,法庭应当决定调查的证据。不具有证据能力的证据则应被排除在法庭调查的门外;即使偶然进入法庭调查,也应要求事实裁判者忽略该证据。

二、证据能力的两项基本内核

证据能力的概念揭示了其核心内涵,也即作为法庭调查对象的资格。但是,要准确认识证据能力,就要进一步探究其制度背后蕴含的基本内核。证据能力概念很多情况下是从限制证据进入法庭的资格方面讲的,理论上也有探讨证据能力的限制要件问题,如内含"消极要件和积极要件"的两要件说,[1]包含"自白法则、传闻法则、证据排除法则和法律关联性"的四要件说,[2]以及"自然关联性、法律关联性、可靠性之担保和证据禁止"的四要件说。[3] 上述理论涉及证据能力的内核,大体而言,证据能力具有两项基本内核:本质特征和作用范围。这两项基本内核形塑了证据能力的基本理论形态。

(一)本质特征:法律规定的限制自由采证的资格

1. 法律因预防误判而限制事实裁判者自由采证

证据能力首先是在诉讼中产生的一个法律概念。这种资格并不依附于证据的证明力,而是独立于证明力的一种法律政策;也即证据能力并非特指证据对案件事实的证明力,而是法律规定的资格,其本身具有法定性。案件事实的证明本身是一个回溯性认知活动。固然,证据材料越多越利于事实的准确认定;也正是在这个意义上,欧陆法系采取自

---

〔1〕 参见林钰雄:《刑事诉讼法》(上册),台北,2013 年自版发行,第 475 ~476 页。

〔2〕 参见黄朝义:《刑事诉讼法》,台北,新学林出版股份有限公司 2017 年版,第 538 ~539、544 页。

〔3〕 参见黄东熊:《刑事诉讼法研究》(第 3 册),台北,2017 年自版发行,第 207 ~209 页。

由心证制度，对证据的采纳与认定干预较少。但是，对裁判者理性的过度信赖是不可取的。因为如果没有制度的约束，裁判者也可能会犯错；尤其是在诉讼证明中，裁判者是不知情的第三人，其只能依靠证据并结合逻辑和经验法则进行事实推理，据此建构起裁判中的案件事实。法院建构的事实与客观事实在多大程度上是符合的，这取决于证据的质量而非数量。正如日本法学家光腾景晈所言，“自由心证主义并非对法定证据主义的无条件胜利，在消极的法定证据主义下所确立的规则也有设法避免法官错误判断的内容，应当将这些规则作为自由心证主义下认定事实之际的注意规则加以活用”。[1] 这是对“证据采纳自由主义有利于真实发现”的观点的有力回击。承认人类认知能力的局限性是设置证据能力的一个前提。人类中的个体或作为陪审团、合议庭的群体，在事实认定和证据评价方面，永远不可能是万能的。因此，立法需要设置证据能力规范，提前过滤掉在形式或内容上有重大缺陷的证据，以保障进入裁判者心证的证据的质量；这是一种通过控制证据质量来防止误判的思路。

2. 法律因贯彻外部政策而限制自由采证

另一个需要关注的理念是，证据能力并非仅仅是为了防止误判，它还有实施法律政策的使命；证据能力的政策性目标是多元化诉讼目的在证据采纳领域的反映。诉讼并非只是追求真实的活动，它还致力于诸如人权、秩序、公正和效率等其他价值的实现。证据能力规范很多时候并非维护证据的证明力，而恰恰是基于维护其他价值的需要把具有证明力的证据排除出去，这种排除是以牺牲真实为代价的；因此，限制证据能力的立法每走一步都要小心翼翼。也正是基于这个原因，证据能力才表现为一种由法律保留的资格。无论在英美法系还是在大陆法系，对证据资格的限制都被视为自由采纳证据的一种例外状态。《美国联邦证据规则》第 402 条即采取一种开放性的规定：除合众国宪法、联邦制定法、本证据规则或者最高法院制定的其他规则另有规定外，相关证据具有可采性。从该规定可见，对相关证据可采性的限制只能作

〔1〕［日］光腾景晈：《自由心证主义的现代意义》，肖承海译，载樊崇义主编：《诉讼法学研究》第 10 卷，中国检察出版社 2006 年版，第 420 页。

为一种例外状态而存在。虽然证据法是对边沁所主张的自由证明的限制的集合,但这种限制往往是克制的,也即只有在有充分理由证成其设置必要性的情况下,才允许法律设置限制证据能力的规范。

(二)作用范围:证据被用于严格证明的资格

1. 证据能力与严格证明、自由证明之间的关系

既然证据能力是法律规定的一种限制自由采证的资格,这就意味着在很多时候,其适用是以牺牲探究真实的机会为代价的;因此,从其适用范围上看,并非诉讼中所有事实的证明都需要限制自由采证。在大陆法系的德国和日本,证据能力只适用于需严格证明的事实。而对于其他事实则采自由证明即可;在自由证明的过程中,事实裁判者和诉讼各方并不需要受证据能力规范的约束。从语义上讲,严格证明(strengbeweis)是指使用有证据能力的证据并且经过正式的证据调查程序做出的证明。[1] 而无须具备证据能力及经过合法的证据调查程序取得的证明称为自由证明(freibeweis)。在美国,虽然不存在严格证明和自由证明的概念,但是,同样地,并不是所有诉讼事实的证明都要受证据能力规范的约束。具体而言,美国在以下领域禁止了排除规则的适用:私人违法取证、非刑事程序、没收程序、大陪审团的调查程序、民事诉讼程序、联邦人身保护令程序、被告人的非法引渡事项、仅属内部规则被侵害的情形和假释撤销程序。[2] 该范围与大陆法系的自由证明的范围大部分相重合。可见,两大法系在划定证据能力适用范围时虽采取的进路不同,但都认为证据能力规范并不是适用于所有诉讼上需要证明的事实。

2. 关于严格证明适用范围的几种学说

关于严格证明适用的范围,理论上有几种不同的学说:第一,凡是有关犯罪的事实及量刑的事实都要进行严格证明;第二,只就整个犯罪事实需要有严格证明即可;第三,只就符合构成要件的事实需要有严格的证明。

---

〔1〕 参见[日]田口守一:《刑事诉讼法》,张凌、于秀峰译,中国政法大学出版社 2010 年版,第 269 页。

〔2〕 See Leslie W. Abramson, *Criminal Procedure*, West Academic Publishing, 2012, p. 12 – 15.

在日本,第二种学说为通说。[1] 首先,坚持第一种广义说的学者并不多见,毕竟该学说会导致诉讼效率的拖延。其次,关于第二种学说,日本学者田口守一认为,需要严格证明的事实有两种:一是以被告人的罪责为基础的实体法上的事实,即犯罪事实和不存在违法阻却事由、责任阻却事由的事实;二是通说认为量刑情节只需自由证明即可,但加重被告人刑罚的情节事实倾向于需要严格证明,[2]也即构成犯罪的事实和不存在违法阻却事实、责任阻却事实以及倾向于加重被告人刑罚的事实都需要严格证明。这种划分显然是以保障被告人防御权的理论为基础的。最后,关于第三种学说,把严格证明概念引入日本的小野清一郎博士认为:构成犯罪的事实,即符合构成要件的事实,必须与法律上阻却成立犯罪的理由的事实或者加重、减轻、免除刑罚的理由的事实相区分。对于后者的证明,当然要依证据去认定;但是,在判决中并不需要指明证据的标题和适用的法令,且无须达到与犯罪事实证明相同的"排除合理怀疑"的证明标准。从这个意义上讲,其采取自由证明就足够了。[3]

综上,适用严格证明的对象会随着研究者对事实重要性的理解不同而发生变化,待证事实的重要性是划分严格证明和自由证明适用范围的重要标准。

3. 严格证明在我国的适用范围

我国学说认为,严格证明主要适用于由控方负责证明的重大"事实争议"案件,主要有普通程序中被告人不认罪的案件、死刑案件的定罪事实以及重大程序性争议事实;而简易程序中案件事实的证明、量刑程序中量刑事实的证明以及被告方主张的有利于自己的事实的证明,则适用自由证明。[4] 具体而言,首先,关于定罪事实的严格证明问题,

---

〔1〕 参见[日]我妻荣等编:《新法律学辞典》,董璠舆等译校,中国政法大学出版社1991年版,第210页。

〔2〕 参见[日]田口守一:《刑事诉讼法》,张凌、于秀峰译,中国政法大学出版社2010年版,第269~270页。

〔3〕 参见[日]小野清一郎:《犯罪构成要件理论》,中国人民公安大学出版社1991年版,第145~146页。

〔4〕 参见闵春雷:《严格证明与自由证明新探》,载《中外法学》2010年第5期。

我国有判例认为:对于定罪事实的构成要件应采用严格证明。[1] 事实上,定罪事实的构成要件采用严格证明,这一点是无疑问的;其中包括不存在犯罪阻却事由的证明,当犯罪阻却事由成为争点时检察官应当以严格证明的方式证明不存在犯罪阻却事由。其次,关于量刑事实的严格证明问题,量刑情节中既存在属于犯罪事实的情况,如犯罪的动机和手段、方式等;也存在独立于犯罪事实的情况,如前科、自首等。前者属于犯罪事实的部分,应适用严格证明;而后者属于单纯的量刑事实,适用何种证明应当区别对待。一般认为,加重被告人刑罚的情节以及不适用缓刑、减轻处罚的事实应当适用严格证明,这应当视为宪法赋予被告人的公平审判权在量刑程序中的延伸。最后,关于程序性事实的严格证明问题,一般认为,诉讼法上的事实一般只需自由证明。但是,实务中对诉讼条件和辅助事实,即关于证据证明力和证据能力的事实,尤其是自白自愿性的证明,大多采用严格证明的方式进行处理。[2] 我国学者亦主张对自白自愿性事实的证明应采取严格证明的方式。[3] 考虑到自白对认定犯罪事实的重要性,对自白自愿性这一证据能力的基础事实采取严格证明的方式是适当的。

4. 自由证明向严格证明的转化

也有学者提出,在自由证明和严格证明之间还存在适当证明。[4] 事实上,适当证明是对自由证明范围的进一步限缩,其更多是对自由证明的一些规范形式的强调。进一步而言,自由证明并非毫无限制的证明。首先,自由证明的对象同样是诉讼中的要证事实,依然需要依靠证据进行证明。其次,这些证据应当在法庭上出现,并给对方当事人争辩

---

〔1〕 参见 2016 年福建法院知识产权司法保护十大案例之十周某望、郑某明、厦门鹏康商贸有限公司、厦门国康堂生物科技有限公司等犯销售假药罪、非法经营罪案。

〔2〕 参见[日]石井一正:《日本实用刑事证据法》,陈浩然译,台北,五南图书出版公司 2000 年版,第 95 页。

〔3〕 参见王满生:《刑事证明方法研究——以严格证明与自由证明为分析理路》,载《西南民族大学学报(人文社会科学版)》2012 年第 12 期。

〔4〕 这种观点由日本学者平野龙一提出,即适当的证明是针对简易程序和量刑程序等证明过程,如果有人提出异议,要求证据能力,在法庭上应当允许当事人确认证据,应当给予当事人争辩证明力的机会。参见[日]田口守一:《刑事诉讼法》,张凌、于秀峰译,中国政法大学出版社 2010 年版,第 269 页。

证明力的机会。最后，仅需自由证明的事实并不妨碍使用有证据能力并经合法调查的证据进行证明；[1]换句话说，举证者也可慎重其事，依严格证明的方式去证明仅需自由证明的事实。随着被告人人权保障的兴起以及人们对事实重要性看法的改变，一些仅需自由证明的事项有向严格证明流动的趋势。

第二节 证据能力的临界概念辨析

概念是理论分析的基础，而临界概念的辨析是准确理解某一概念的前提。在世界范围内，各国对证据能力的称谓并不统一。“证据能力”概念在日本的立法、司法和学说中广泛流行，英美法系采用“可采性”的概念来界定证据的准入问题：有必要对证据能力与可采性的概念予以辨析。而且，在英美法系，证明价值也是一个重要的概念，其与证据能力的关系值得深入探讨。新中国成立后，我国长期使用证据的客观性、关联性和合法性进行质证，这三种证据属性与证据能力的关系也需作进一步的探究。

一、证据能力与证明力的阶梯关系

证明力是指证据所具有的、对于判断事实真伪所发生的心证上的作用力，或称为左右裁判者心证的力量；此种概念衍生于大陆法系，在日本的立法和学说中盛行。[2] 同时，证据能力的概念也盛行于我国的司法解释、部门规章、法院判例和学者学说中。在英美法系，与之对应

---

〔1〕 参见[日]土本武司：《日本刑事诉讼法要义》，董璠舆、宋英辉译，台北，五南图书出版公司1997年版，第313页。

〔2〕 在德国，在自由心证原则下，法官可自由裁判每一项证据的证明力。例如法庭可以选择相信被告人的无罪辩护而不是若干目击证人的有罪证言，从而宣布被告人无罪。参见[德]魏根特：《德国刑事诉讼程序》，岳礼玲等译，中国政法大学出版社2004年版，第148～149页。《日本刑事诉讼法》第318条规定：证据的证明力，由法官自由判断。《法国刑事诉讼法》第353条也规定了自由心证制度：法官可以完全自由地判断证据的证明力，无须强制对其认定的证据所赋予的证明力（force probante）作出任何说明。参见[法]贝尔纳·布洛克：《法国刑事诉讼法》，罗结珍译，中国政法大学出版社2009年版，第80页。

的概念应是证明效力或可信性(the weight or credibility),这通常是陪审团决定的事项,[1]此类概念在《美国联邦证据规则》第104条(e)的规定中也有出现。其区别于证明价值(probative value)这一概念,因为,其本身是一个事实判断。而"证明力"与"证据能力"是大陆法系用于评价证据的一对重要概念,英美法系虽使用不同的表述,但也存在这种证据评价的概念区分;二者之间的关系值得深入的研究。

(一)证据能力是证明力判断的前提

证据能力与证明力的分化是证据法发展史上的一个重大事件;这一事件并没有一个精确的时间节点,而是一个渐进的过程。在英美法系,理论研究者和实务家比较早地关注证据能力问题,并随着陪审团制度和对抗制的完善而逐渐产生大量限制证据能力的证据规则,而证据的证明力则委由陪审团自由判断。在大陆法系,证据能力和证明力被视为诉讼证据的两大基本特性。[2] 证据能力这一概念的出现使诉讼证据的特性由原本的证据真实性问题分化为证据能力和证明力这两个问题。

1. 证据能力与证明力的阶梯型关系

证据能力与证明力的关系如同一个阶梯,只有在通过第一个阶梯后,才能进入第二个更高的阶梯。换言之,证据能力是法律对证据设定的"初试",初试阶段的考官只考虑证据的法定资格问题而不牵涉证据的实质可信性,只有通过初试的证据才有机会进入下一阶段的"面试"并与裁判者见面,裁判者在面试环节才会考虑证据的证明力问题。具体而言,证据能力是证明力的一个前提,只有具有证据能力的证据才有资格进入证明力的评价程序。证明力是指:某证据方法经证据调查程序所获得的证据结果可能对于法院心证形成之贡献度,或对于法院就待证事实形成确信之过程中的影响或效果的高低程度。[3] 证明力本身是在具有证据能力的前提下对证据进行调查才能获知的结果。证据

---

〔1〕 See Steven L. Emanuel, Founder & Editor - in - Chief, *Evidence*, Wolters Kluwer Law & Business, 2013, p. C - 1.

〔2〕 参见孙远:《刑事证据能力导论》,人民法院出版社2007年版,第16页。

〔3〕 参见姜世明:《证据评价论》,台北,新学林出版股份有限公司2014年版,第199页。

能力与证明力本属两事，然而，证据有无证明要证事实之价值，仍以该证据有无证据能力为前提；如其证据并无证据能力，则自不生证明力之问题。[1] 概括而言，二者的关系体现在以下两个方面：一方面，具有证据能力的证据不一定具有证明力；另一方面，对于没有证据能力的证据，没有通过证据评价以判断证明力的必要。因此，二者的适用顺序可以归纳为：应先判断证据的证据能力；而后对于有证据能力的证据应使其接受法庭调查程序，以判断其证明力。

我国判例也开始有意识地区分证据能力和证明力。例如，在一刑事审判参考案例中，裁判者指出，判断刑事案件的证据是否达到证明标准，一般从以下几个方面进行审查："一是审查证据的证据能力，这是解决证据适格性的问题；二是判断证据的证明力，即证据对案件事实有无证明作用以及证明程度如何；三是对'充分'的把握。"[2] 再如，在贾某青故意杀人罪二审裁判书中，法院也表达了类似的观点：法院应当首先对该有罪供述的合法性予以审查，在确认其具有证据能力之后，才能结合本案其他证据综合判断其与本案事实是否存在特定的关联、是否客观真实，确认其证明力。[3] 由此可见，证据能力是证明力判断的前提；对无证据能力的证据，不判断其证明力。这并不是把无证据能力的证据的证明力视为零，而是无证据能力的证据不仅不能成为法庭调查的对象，更不能作为事实裁判者心证的基础；所以无法判断其证明力，也无必要判断其证明力。这就使裁判者的心证基础限制在法律允许的证据之上，这对纯粹法官心证、防止误判、贯彻其他更为重要的政策具有积极作用。需要提醒的是，证据具备了证据能力并不意味着它就具备了证明力：证据能力只是表明该证据有进入法庭调查的资格，并不表

---

〔1〕 参见陈朴生：《证据能力》，载中国法制出版社编：《证据法论文选萃》，中国法制出版社2005年版，第32页；林山田：《刑事程序法》，台北，五南图书出版有限公司2004年版，第377页。

〔2〕 刑事审判参考第449号：《余华平、余后成被控故意杀人案——如何把握故意杀人案件证据确实、充分的证明标准》，载最高人民法院刑事审判第一、二、三、四、五庭编：《刑事审判参考》(2007年第4集·总第57集)，法律出版社2007年版，第18～26页。

〔3〕 参见辽宁省高级人民法院刑事附带民事判决书，(2017)辽刑终238号。

明其证明力的强弱，具有证据能力的证据也可能在证明力评价环节因证明力的缺陷而被舍弃。

2. 证明力的类似概念与证据能力的关系

在英美法系，the weight of evidence 指的是证据的证明效力或证据的更大分量，“它是指某一证据在证明诉讼双方当事人的主张方面更加倾向支持其中一方当事人的主张。如果陪审团所做的裁决与证据的证明效力相违背将导致重新审判”[1]。质言之，证明效力就是某些证据与其他证据比较时的说服力。[2] credibility 指的是证据的可信性。《元照英美法词典》对其的解释是：对证人的可信性首先得由法庭判断确定证人的作证能力，其次再由陪审团判断其可信性。可信证据(credibility evidence)是指就证据所描述的或与之相关的事项而言，该证据是自然的、合理的且可能的，从而使其容易被相信。[3]《布莱克法律词典》对 credibility 的解释是：使某些事项(如证人和某些证据)值得被相信的品质。[4] 由此可见，证据的证明效力是从整体上而言的，多是与对方的证据进行比较后，在整体上具有的证明力。而可信性更强调单个证据的品质。证据的证明效力或可信性是陪审团判断的事项：只有具有可采性的证据才能被法官允许出示；证据提出者才能在陪审团面前调查或展示该证据，以此影响陪审团的心证。即使一个证据进入法庭调查，如果调查后，对方当事人认为该证据不可采，则对方当事人也可提出可采性异议；法官如判定该证据不可采，则会要求删除该证据信息，并指示陪审团在评议时忽视该证据。从这个意义上讲，证据的

---

[1] 薛波：《元照英美法词典》，法律出版社 2003 年版，第 1415 页。这种重新审判的标准被称为 manifest weight of the evidence，其区别于 preponderance of the evidence，这是民事案件的证明标准，证据所试图证明的事实存在的可能性大于不存在的可能性，它指较高的证据分量(superior evidentiary weight)，也即尽管没有充分到使思想解除全部的合理怀疑，但是已经充分到倾向于一个公平或中立的思想支持争端的一方而非另一方。

[2] See Bryan A. Garner, Editor in Chief, *Black's Law Dictionary*, 9th ed., West Publishing Company, 2009, p. 1731.

[3] 参见薛波：《元照英美法词典》，法律出版社 2003 年版，第 349 页。

[4] See Bryan A. Garner, Editor in Chief, *Black's Law Dictionary*, 9th ed., West Publishing Company, 2009, p. 423.

可采性是事实裁判者评价证据效力或可信性的前提。不具有可采性的证据根本不能进入法庭调查;即使进入法庭调查,法官也可基于当事人的异议而删除该证据并指示陪审团忽略该证据。

需要注意的是,虽然我国学者有时把 probative value 也译成证明力,但此种证明力与大陆法系所言的证明力是有区别的。因为,严格来讲,probative value 特指证据用于证明事实的价值,其本身并不是纯粹的事实判断,更多是对证据是否具有某种价值的判断。在英美法系,probative value 是证据是否可采的判断要素之一,下文将会对此予以详述。因此,为避免与大陆法系代表证据可信性和证明效力的“证明力”概念相混淆,最好把 probative value 依其原意译为“证明价值”。

(二)部分证据能力规范具有保障证明力的效用

由于证据能力是从证据采信中分离出来的一个概念,其从产生之日就与证明力有千丝万缕的联系,这种联系突出表现在基于证明政策而设定的排除规则。但是,证据能力的判断不应考虑证明力。

1. 证明政策规则具有保障证明力的效用

关于证据能力规范或排除规则的分类,美国证据法巨擘威格摩尔把其划分为证明政策规则和外部政策规则。[1] 证明政策规则是为了保障证据的可靠性而设定的证据能力规范,而外部政策规则是为了保障独立于证明效力的其他外部政策而设定的证据能力规范。比较法学家达马斯卡把证据排除规则划分为两类:“第一类是因相信可能妨碍对查明事实真相的追求而排除证据,第二类是因为与查明事实真相无关的因素而排除证据。”[2] 威格摩尔的证明政策规则和达马斯卡的“因相信可能妨碍对查明事实真相的追求而排除证据”,事实上都在说同一样事情,即证据的真实性保障。证明政策规则一般包括关联性规则、证人资格规则、意见证据规则、传闻法则、最佳证据规则等。如达马斯卡教授所言,这些规则多是因相信可能妨碍对查明事实真相的追求

---

〔1〕 See John H. Wigmore, *A Students' Textbook of the Law of Evidence*, The Foundation Press, INC, 1935, p. 27 – 28.

〔2〕 [美]米尔吉安·R. 达马斯卡:《比较法视野中的证据制度》,吴宏耀、魏晓娜等译,中国人民公安大学出版社 2006 年版,第 96 页。

而排除证据。换言之,这些规则在设置时就有避免证明力瑕疵的初衷,以促使举证方向法庭提出最优的证据形式,进而确保证明力的质量。例如,传闻法则要保障被告人的对质权,被告人与证人面对面的对质是去伪存真、发现真实的一大利器,经过被告人对质的证人证言,其证明力的大小就会直观地呈现出来,以此种方式呈现的证言避免了未经质证而带来的证明力方面的瑕疵。上述规则也被称为基于技术性的排除规则,其区别于贯彻人权或维护职业关系等外部政策的政策性排除规则。

2. 证据能力判断不应考虑证据的证明力

(1)证据能力的判断要素并不包含证明力。这里需要注意区分的是,证明政策规则虽有保障证明力的功用,但其本身并不包含对证据可信性或证明力的判断,不可误以为证明政策规则的适用包含了证明力的判断。在英美法系中,证明力的判断是陪审团的职权。如果法官在适用证明政策规则时考虑了证据的证明力,则会侵犯到陪审团固有的职权。即使在大陆法系的法庭里,判断证据能力也是决定证据准入资格的问题;不得在证据能力的判断过程中考虑证据的证明力,因为证明力的大小只有在经过正式的法庭调查之后才能显现。关于此,以下两种论述值得反思:第一,有学者曾论述,证据容许性的各种法则,除了外部政策规则以外,很多是为防止不可信的危险,即原有证据力之问题转为证据能力之限制。〔1〕 也有学者把证据能力视为“法律为了保障证据的证明力而特别规定的条件”〔2〕。如果把此处的证据力解释为证明力,把其视为证明力的问题转化为证据能力限制,恐怕是一种误解。第二,我国有学者认为:在所有以裁量方式确定证据能力的情况下,证明力都是一个重要的裁量因素,所谓证据能力的裁量往往是该证据的证明力与其他技术性或政策性因素之间的权衡。〔3〕 此处所说的证明力也与大陆法系所说的交由法官自由心证的证明力存在本质的区别。如

〔1〕 参见李学灯:《证据法比较研究》,台北,五南图书出版有限公司1992年版,第467页。

〔2〕 江家義男『刑事証拠法の基礎理論』(有斐閣,1957年)6頁。

〔3〕 参见孙远:《刑事证据能力导论》,人民法院出版社2007年版,第22页。

果把二者等同,恐怕是不恰当的,因为,证据的证明力是证据取得证据能力并经法庭调查后才能评价的事项。

(2)证据能力的判断要素包含证明价值。出现把证明力视为证据能力判断要素的现象的可能解释是,大陆法系国家未能细分证明价值和证明力这两个概念,进而出现了把证明价值也称为证明力的混乱现象。在英美法系,除可采性和可信性、证明效力这一对概念外,还存在证明价值这一概念。而在大陆法系,这种细致的区分较为少见。事实上,在大陆法系国家,也存在基于偏颇效应严重超过证明价值而排除证据的现象,只是其立法尚未精确地描述这一原理,而笼统地称为明显重复、无必要或浪费时间等。例如,在某一待证事实有多位目击证人的情况下,根据一位或两位目击证人的证言就能查清该事实,当事人继续申请调查其他目击证人的,法官多会以没必要或浪费时间为由拒绝此调查申请。之所以排除此类证人,并不是由于他的证言不可信或没有证明力,因为在一些大陆法系国家存在证据预断禁止原则,在正式调查该证据前不得预断其证明力或可信性,法院不能以“证据无法确证申请者的主张”为由驳回调查证据的申请。[1] 况且,此时未经法庭调查也不知其可信性或证明力如何。真正的原因是,即使该证人是可信的,其证言的证明价值也不大,但是出于浪费时间的偏颇效应很高,因此法官会拒绝此类证据的调查申请。可见,在此类证明政策规则适用的过程中真正起作用的判断要素是证明价值和偏颇效应的比较,而非证据的可信性或证明力。至于证明价值如何影响证据能力的判断,下节将予以详细论述。

(三)证据能力规范密度影响证明力的评价方式

无论是英美法系还是大陆法系,对证明力的评价皆采自由心证主义,事实裁判者依照经验和逻辑法则进行判断,法律原则上不加以干涉。但是,由于诉讼模式和证据能力规范密度的不同,两大法系对证明力的具体评价方式存在较大的差异。

---

〔1〕 ゲラルト・グリュンヴァルト＝福井厚訳『ドイツ刑事証拠法』(成文堂,1999年)101頁参照。

1. 证据能力规范密度塑造了两种不同的证明力评价方式

高密度的证据能力规范催生"整体主义的判决"。证据能力规范密度是产生此种差异的一个重要原因,换言之,证据能力的规范密度会影响到证明力的评价方式。证据能力的规范密度对证明力评价方式的影响主要体现在评价程序规定中。在当事人主义诉讼模式下,法院采取的是说服式审判构造,即当事人积极举证、质证以说服事实裁判者。由于英美法系证据规则较为发达,其对审判证据的证据能力进行了严密控制。高密度的证据能力规范带来的一个优势是:取证的正当性和证据的证明力,在形式上都得到了较好的保障,进入事实裁判者视野的是得到严密的证据能力规范审视的"优质证据",事实裁判者对此类证据的评价无论如何都能得到人们的总体信赖。因此,事实的裁判是以一种整体主义的方式呈现给人们,也即陪审团在整体上宣布被告人有罪或无罪,而无须向外界告知其作出该决定的理由或依据的证据。

低密度的证据能力规范催生"原子主义的判决"。在证据能力规范密度较低的大陆法系,情况就变得不同了。在职权主义诉讼模式下,法院则采取折服式审判构造:虽然当事人同样进行举证和质证活动,但一般都在法官的主导下进行;而且法官也是查明真实的主体,并在裁判文书中负有开示心证以折服当事人的说理义务。〔1〕 由于缺乏严密的证据能力规范的事前控制,进入裁判者视野的证据参差不齐,需要裁判者通过个人的智慧精心地挑选和整理,其对裁判者的工作态度和工作能力都有较高的要求。为了弥补事前审查的不足,立法则会通过裁判说理的形式要求法官开示心证,以便当事人和上级法院对此进行复查。正如达马斯卡教授所言,原子主义的证据法产生的是一项无须说理的"整体性判决",而更具整体主义的证据法则导致了需要对事实认定结果作出解释的原子主义的判决。〔2〕 综上所述,这种证明力评价方面的差异,更多是因证据能力规范密度的不同所导致的理念和程序的差异。

---

〔1〕 参见林朝荣:《证据能力与证明力——以刑事诉讼所奉行之主义为制高点》,载黄东熊等:《刑事证据法则之新发展——黄东熊教授七秩祝寿论文集》,台北,学林文化事业有限公司 2003 年版,第 61 ~69 页。

〔2〕 参见[美]米尔吉安·R. 达马斯卡:《比较法视野中的证据制度》,吴宏耀、魏晓娜等译,中国人民公安大学出版社 2006 年版,第 78 页。

由于证据能力规范密度较低，其保障证据真实性和正当性的功能就无法充分发挥，因此，需要依赖一个详尽说理的原子主义判决以折服当事人。

2. 不同证明力评价方式在裁判说理上的差异

整体主义的判决在事实认定上无须说理。在实行陪审团审判的英美法系国家，当事人在庭审中积极举证，法官和陪审团处于超然中立的地位，法庭辩论完毕后，法官对陪审团作出关于事实裁判职责、举证责任和证明标准的例行告示，陪审团进入评议室对被告是否有罪进行秘密评议；最后，陪审团只需给出有罪或无罪的结论，而无须给出理由。[1] 在刑事诉讼模式转向当事人主义的日本，刑事判决由主文和理由两部分构成，有罪判决的理由包括构成犯罪的事实、证据目录和适用的法令。其中，证据目录是认定构成犯罪事实所根据的证据的标题，无须写出证据的内容，更不需要列出使心证受到影响的一切证据，但所列证据必须能够认定犯罪构成的事实；如果证据目录中有无证据能力的证据，把该不可采证据排除后，不能认定构成犯罪事实，则该事实认定即为错误。此外，在罪责判断中，当事人主张阻却犯罪的事由或刑罚加重、减免的事由时，法庭作出与主张者一致的判断时无须指明理由，只有在作出否定其主张的判断时须指明理由。在上述情形下，当事人应主动去说服事实裁判者；除表决规则限制外，事实裁判者对证明力的评价是非常自由的。

原子主义的判决在事实认定上需要详尽说理。在大陆法系，情况则完全不一样：不仅检察官负有举证责任，而且职业法官也负有发现真实的义务。法官须尽调查之能事并于判决中论证其心证的理由，以使当事人折服。因此，判决理由应当记载认定犯罪事实所凭的证据和推理过程，以及不采纳对被告有利的证据的理由。此时，裁判者对证明力的评价成为判决理由的一部分，以说服当事人接受其判决。因此，大陆法系对证明力的评价带有较重的外部负担。我国对证明力的评价模式类似于大陆法系：由于证据能力规范密度不足，刑事裁判文书被大量的

---

〔1〕 但是，法官暂时还能够私下探知陪审团作出裁决的理由，在发现理由有缺陷时可以否决该裁决。

证据列举和依此查明的事实所占据，以使裁判说理在表面上看起来符合法律的要求。但是，在“案多人少”的情况下，说理义务的压力有时会通过形式化的说理技术予以化解，甚至出现裁判说理的模板化或格式化的情形，这种现象值得警惕与反思。

二、可采性与证据能力的本同末异

（一）可采性与证据能力关系的两种见解

关于可采性的概念界定，证据的可采性（admissiblity）是英美法系对证据资格的一种正式称谓，它是指“具有在听审、庭审或其他程序中被允许作为证据提出的品质或状况。证据的可采性部分取决于有关法律规则或诉讼规则的规定，部分取决于证据本身与待证事实是否具有相关性”〔1〕。如前文所述，美国证据法学家赛耶主张证据法体系建立在两个基础原则之上：一是不相关的证据不可采；二是除非被法律上的规则或原则所排除，所有具有相关性的证据都是可采的。这就为证据的可采性设定了两个条件，即该证据与待证事实具有相关性，而且该证据没有被排除规则所排除。赛耶的这一界定已作为可采性的通说在英美法系流行。

关于可采性与证据能力的关系，主要存在两种见解：第一，如果单纯从证据的准入性而言，证据的可采性可以视为证据能力的同一概念；而且，在英语的概念里 competent evidence 指代的就是可采性证据，证据能力的概念本身就源于英美法系的可采性理论。〔2〕日本在提出证据能力概念时借鉴的正是英美法系的可采性理论。基于此，我国一些学者在专门研究证据能力或可采性的专著中主张：对二者可不作区分，只是在行文中遵从英美法系的习惯，在论及英美法的可采性时仍保留“可采性”这一概念表述。〔3〕第二，如果从证据资格的适用细节上讲，可采性与证据能力的确存在一些差异。正如有学者指出的，由于英美

〔1〕 薛波：《元照英美法词典》，法律出版社 2003 年版，第 37 页。

〔2〕 参见黄东熊：《刑事诉讼法研究》（第 3 册），台北，2017 年自版发行，第 210 页。

〔3〕 参见纪格非：《证据能力论——以民事诉讼为视角的研究》，中国人民公安大学出版社 2005 年版，第 2 页；郭志媛：《刑事证据可采性研究》，中国人民公安大学出版社 2004 年版，第 36 页。

法系实行陪审团审判，并存在法官对陪审团的指示程序，所以可采性的概念比证据能力的概念更为精细和复杂。这主要表现在：除去可采性这一概念外，还存在有限的可采性和附条件的关联性等相关概念。[1] 基于上述差异，有学者认为：可采性具有相对性，如在甲事实上不可采的证据可用于乙事实的证明。与之相反，证据能力是指证据在法律上成为严格证明资料的资格，其本身具有绝对性。[2] 此外，也有学者认为，证据的容许性与证据能力的范畴未必完全一致：无证据能力固然无可受容许之资格，但是，虽有证据能力，有时也会因法官之自由裁量而不予容许，比较典型的是《美国联邦证据规则》第 403 条规定的“证明价值被偏颇效应所严重超过时的裁量排除”。[3] 上述区分是否成立，需要对以下问题作进一步的探讨：证据能力与可采性的区分是坚持概念上的区分，还是坚持适用上的区分？裁量排除是否意味着排除有证据能力的证据？

（二）可采性与证据能力三种差异的分析

1. 有限的可采性（limited admissibility）只是对证据使用目的的限制。所谓有限的可采性是指证据基于有限的目的被采纳，也即证据基于某一目的使用时可以采纳，而基于其他目的使用时则不能采纳。法院根据及时的请求，把该证据限制在适当的范围内，并就此向陪审团作出指示。之所以限制证据的使用目的，原因有三：第一，在传闻、弹劾和相关性的理论中，对证据的运用存在一些限制。第二，对一些问题的证明形式或机制存在限制，例如对品格证据的特定用途的容许。第三，现代审判可能涉及多个诉求、指控和辩护，每个都依据不同的实体原则，故而对证据的相关性有不同的要求；因此，出现这一有限可采性的规则是必然的。[4] 上述三个原因在英美法系表现得较为突出，这主要源于英美法系奉行的“法官负责法律适用，陪审团负责事实认定”的法庭分

---

〔1〕 参见孙远：《刑事证据能力导论》，人民法院出版社 2007 年版，第 26～27 页。

〔2〕 参见黄东熊：《刑事诉讼法研究》（第 3 册），台北，2017 年自版发行，第 210 页。

〔3〕 参见李学灯：《证据法比较研究》，台北，五南图书出版有限公司 1992 年版，第 468 页。

〔4〕 See Christopher B. Mueller & Laird C. Kirkpatrick, *Evidence*, Wolters Kluwer Law & Business, 2012, p. 50 – 51.

工。而在奉行法官和陪审员共同进行法律和事实判断的大陆法系则较少发生;也正因如此,这种有限的可采性,在大陆法系的证据规则中难寻踪迹,也未发展出有限的证据能力这一概念。

2. 附条件的关联性只是在证据关联性难以判断时要求对所附条件的证明。根据关联性的判断是否需要背景资料的不同,可以把关联性分为不附条件的关联性和附条件的关联性。有时候一个证据本身与诉讼的任何争点均无关联,但可能因为陪审团或法官有其他的资讯而有关联性,[1]这种附条件的关联性在《美国联邦证据规则》第 104 条(b)有特别的规定。申言之,如果某一证据需要结合背景资料才能判断其与证明对象的关联性,那么,该证据是否具有关联性就取决于背景资料是否成就。此时,背景资料就成为所附条件,该证据与证明对象的关联性就是附条件的关联性。如果某一证据无须背景资料而依据社会一般经验就可直接判断与证明对象是否有关联性,则该证据与证明对象的关联性就是不附条件的关联性。由于把证据资格概念翻译成证据能力的日本仍保留一元化法庭结构,因此,在彼时的证据能力概念中并未发展出附条件的证据能力这一概念。

3. 有限可采性和附条件关联性的产生是制度精细化的结果,是可采性适用方式上的精细化,而非可采性与证据能力的概念差异。上述规则的出现有其深厚的制度背景。一方面是源于法官和律师对外行陪审团的不信任,另一方面也是控辩双方在激烈的对抗中竭力维护己方事实利益的结果。在上述制度背景下,证据规则就会变得复杂和精细。大陆法系的证据法之所以未出现上述特殊的可采性规则,一个原因是,在一个一元化的法庭里,法官即事实裁判者,立法者相信裁判者能在自由心证原则下很好地处理此类问题而无须立法干涉。另一个重要的原因是,在一个缺乏对抗制传统的法庭上,双方当事人很少提出如此精细化的问题,法官和立法者自然也无动力去创设此类特殊的可采性规则。客观而言,大陆法系对职业法官能力的过度自信显然不是一个理性的态度:在认定事实方面,裁判者依靠的多为常识、经验和现有的科学知

---

[1] 参见[美]Arthur Best:《证据法入门:美国证据法评释及实例解说》,蔡秋明、蔡兆成、郭乃嘉译,台北,元照出版有限公司 2003 年版,第 12 页。

识,职业法官在这方面并不比陪审团高明多少。因此,传统上属于大陆法系的日本已经往前走了一步。《日本刑事诉讼法》第 328 条就规定了传闻的有限可采性:作为传闻的文书或者供述,虽不可以作为认定被告人罪责的证据,但可以用其来争辩相关言词证据的证明力。英美法系对可采证据使用目的的限制是立法精细化的表现,而非对可采性概念的修正。把可采性与证据能力在部分适用方式上的不同视为二者的概念差异,是不适当的。

4. 两大法系在裁量性排除证据上的差异,亦非可采性与证据能力的概念差异,而是制度环境的差异。法官出于自由裁量而排除证据,是否属于可采性与证据能力的差异,可从以下两个方面予以分析。一方面,在有明确的裁量排除规则的地方,该规则明确属于可采性规则,这是对证据能力的限制。法官根据《美国联邦证据规则》第 403 条排除证据属于对证据相关性的限制,是可采性规则的一部分,被该条款排除的证据自然不得成为法庭调查的对象。如果按照证据能力的定义,此项规则应属于对证据能力的限制。申言之,如果证据偏颇效应的危险严重超过其证明价值,对该证据的排除就是对其证据能力的否定,而不得在法庭调查中出现,并非排除有证据能力的证据。另一方面,在没有明确的裁量排除规则的地方,不能因为不存在此类规则而否定此类规则的性质。大陆法系主要国家或地区几乎都无此类裁量限制关联性的规则。这与前述两种差异的原因类似,也即立法者相信法官能较好地处理偏颇效应和证明力的关系,因此把该类情况完全交由法官自由心证,而不必担心法官会受到偏颇效应的误导。另一个更为关键的原因是,在一元制法庭之下,法官如何能够有效忘掉他们业已研究过的证据并"漂白"其产生的偏见,这本身就是个问题。如果大陆法系的法律规定此规则,则会出现以下戏剧性的现象,一元制法庭的法官必须常常对自己说:"我们必须排除这个证据,因为它对我们施加的偏见影响太强了。"[1]这也就解释了大陆法系国家或地区为何不设置此类证据能力规范。证据能力与可采性在此层面的差异是从立法和司法实践层

〔1〕 [美]米尔建·R. 达马斯卡:《漂移的证据法》,李学军等译,中国政法大学出版社 2003 年版,第 66 页。

面而言的,这种差异不应当视为概念上的差异;不能因为大陆法系没有此类规定,而认为英美法系的法官据此排除的是"有证据能力的证据"。

综上所述,证据能力和可采性在部分细节上的差异并非其概念或本质的差异,而是在立法或适用的细节上的差异;这种差异与二者所处的制度环境有关。制度环境所造成的立法或适用方式的不同是法律设计和法律实施上的问题,其与概念问题相互独立;不可以前者的不同来推测后者的差异,否则,会造成逻辑和常识上的混乱。基于此,本书对可采性和证据能力的概念不作区分,但会在表述时适当兼顾各国立法和司法传统。

三、证据能力与证明价值密切关联

(一)证明价值的界定与概念辨析

证明价值是证据倾向于证明或反证某一争点的价值。在英美法系中,probative 的意思是证明或反驳的倾向性,〔1〕证明价值(probative value)是指倾向于证明或反驳某一争点的价值。在《布莱克法律词典》中,probative evidence 被定义为"倾向于证明或反驳争点的证据",其与关联性证据(relevant evidence)的定义类似,只是后者还要求争点的实质性。〔2〕证明价值与证据的可信性或证明效力虽有联系,但也存在区别。证据学家特文宁等人认为,证明价值是表示下列判断的术语:一是证据资料与要件事实的重要性是相关的;二是那个资料可能改变要件事实是否为真的概率程度。证明价值通常用来评价证据资料的重要意义,以决定它是否应当被采纳。相比而言,"分量"或"证明效力"(weight)一词,通常用来评价在适用证明标准所要求的确定性程度上,案件证据在整体上将证实待证事实的程度。〔3〕由此可见,证明价值是

〔1〕Probative, Tending to prove or disprove. See Bryan A. Garner, Editor in Chief, *Black's Law Dictionary*, 9th ed., West Publishing Company, 2009, p. 1323.

〔2〕Probative Evidence, Evidence that tends to prove or disprove a point in issue. See Bryan A. Garner, Editor in Chief, *Black's Law Dictionary*, 9th ed., West Publishing Company, 2009, p. 639.

〔3〕参见[美]特伦斯·安德森、[美]戴维·舒姆、[英]威廉·特文宁:《证据分析》,张保生等译,中国人民大学出版社 2012 年版,第 497 页。

判断证据可采性的要素之一；而分量或称证明效力与可信性一样，是在证据具有可采性并经调查程序调查后显示的影响事实裁判者心证的分量，这是事实裁判者在评价证据和认定事实时需要考虑的因素。套用证据能力和证明力的概念来讲，证据价值是证据能力的判断要素之一，而证明效力或可信性则是证明力的判断要素；这是二者之间的主要区别。

证明价值和可信性、证明效力有本质的区别。关于它们之间的关系，可以作以下说明：没有证明价值的证据，不一定就是不可信的。如某一证人答非所问的证言是没有证明价值的，但是并不意味着其回答就是不可信的，只是再可信的证据，如果对于争点没有证明价值的话，对解决案件问题也是无用的。进一步而言，没有证明价值的证据对待证事实也是没有证明效力的，而有证明价值的证据是否有可信性或证明效力，在英美法系，这要经过正式的法庭调查并经陪审团的评估才能确定；在大陆法系，这也要经过正式的法庭调查，并最终由事实裁判者依照经验和逻辑法则自由心证。基于此，证明价值恐怕无法和证明效力或可信性画等号，而其与大陆法系交给事实裁判者自由心证的证明力也不可相提并论。

（二）两种典型的涉及证明价值的证据能力判断

在《美国联邦证据规则》中有多处涉及证明价值的规定，如第401条关联性的判断，第403条法官的裁量排除权，第412条（b）（2）民事案件中被害人性行为和性洁癖证据的可采性判断，第609条（b）使用已逾十年的定罪判决弹劾证人的限制，第703条专家意见所依赖的事实和数据的可采性判断，第807条传闻例外的兜底条款的适用条件等。这些条款都是涉及证据是否有证据能力的情形，并且证明价值作为一个因素在证据能力的判断中发挥作用。比较典型的是关联性判断和法官裁量排除证据中的证明价值的判断。

1. 第一类涉及证明价值判断的典型是关联性的判断。关联性的判断需要考虑两个要素：一是证据对待证事实的证明倾向，即与没有该证据相比，该证据使待证事实更可能存在或更不可能存在的任何倾向；二是待证事实必须指向实体法的要素性事实，即对确定诉讼具有重要意义的事实。[1] 基于此,证明价值是评价证据关联性的要素之一,只有证据具有证明价值时它才是相关的,法官在评估关联性时的主要工作就是评估特定证据的证明价值。[2] 日本学者把这种关联性称为证据对待证事实"最低限度的证明力"。换言之,承认证据能力的一个前提是该证据对待证事实有最低限度的证明力。所谓最低限度的证明力,也即最低限度的可信赖性和关联性,在许多情况下两者被合在一起作为"自然关联性"的问题来处理。[3] 其所说的最低限度的证明力实际上源于美国的 minimum probative value,这是对证据的证明价值的最低要求。当因不具有这种最小证明价值而排除证据时,威格摩尔把其称为因未达到证明价值的最低标准而排除证据。[4] 为避免"最小证明价值"与"证明力"相混淆,将 minimum probative value 翻译成"最小限度的证明价值"较为合适。如果一证据没有这种证明的趋向性,或者与待证事实的关联性过于遥远,则应当否定其关联性,进而认为其没有证据能力。值得注意的是,证据能力判断时所强调的"证据对待证事实具有最低限度的证明价值"与证明效力判断时"证据对待证事实的推论强度",有本质的区别。质言之,"证据评价的关联性乃证据经现实调查后之作业,系检索其与现实间之可能的关系,为具体的关联,属于现实的可能。而证据能力之关联性系调查与假定之要证事实间具有可能的关系之证据,为调查证据前之作业,系抽象的关联,亦即单纯的可能"[5]。实际上,"证据评价的关联性"已经与关联性的定义相去甚

---

〔1〕《美国联邦证据规则》的起草者摩根对证据关联性的定义是,证据之具有任何之趋势足以证明任何重要之事项者,其中的重要之事项是指某一事项其存在须于诉讼中立证者。See Edmund M. Movgan, *Basic Problems of Evidence Committeeon Continuing Legal Education*, 1954, p. 160.

〔2〕See Steven L. Emanuel, Founder & Editor – in – Chief, *Evidence*, Wolters Kluwer Law & Business, 2013, p. 13.

〔3〕参见[日]铃木茂嗣:《刑事证据法的若干问题》,载[日]西原春夫主编:《日本刑事法的形成与特色:日本法学家论日本刑事法》,李海东等译,法律出版社 1997 年版,第 166 页。

〔4〕See John H. Wigmore, *A Students' Textbook of the Law of Evidence*, The Foundation Press, INC, 1935, p. 28.

〔5〕陈朴生:《刑事证据法》,台北,三民书局 1970 年版,第 276 页。

远,与其称为“证据评价的关联性”,不如直接称为“证明的效力”或“证据的分量”。

2. 第二类涉及证明价值判断的典型是裁量排除证据的判断。在《美国联邦证据规则》中,更为典型的涉及证明价值判断的证据能力规范是第403条,也即在证据的偏颇效应严重超过其证明价值时,法官有排除证据的裁量权。具体而言,相关证据的证明价值被以下一个或多个危险所严重超过时,法院则可以排除该证据:“不公平的损害、混淆争点或者误导陪审团、不当拖延、浪费时间或者不必要地出示重复证据。”在检测证明价值并决定它是否被偏颇效应超过时,法庭不得把证据可信性(credibility)考虑进去,该检测是在假设证据是可信的(if believed)情况下,检验证据的证明价值;而是否认可某一证据的可信性,决定权应当留给陪审团。[1] 进一步而言,即使在关联性以及涉及证明价值判断的可采性规则中,证据的可信性也不是判断的要素;因为,严格来讲,提出的证据尚未经过正式的法庭调查和事实裁判者的评价,其可信性或证明效力根本未显现出来。如果在庭前证据能力判断环节就判断其可信性,那么,法庭调查程序和最终的证据评价程序都会成为可有可无的程序;这显然是不合适的。

3. 在关联性判断或裁量排除证据时虽应考虑证据的证明价值,但不应考虑证据的可信性。这主要表现在以下两点:(1)在英美法系二元制的法庭里,这种做法侵害了陪审团事实认定的职权;因此,法官在对系争证据的证据能力进行判断时,是在假设该证据是可信的前提下进行的,而不会把证据的可信性也作为其判断的依据,也不允许在这个过程中对证据的可信性进行争执。[2] (2)在大陆法系的一些国家,如德国和日本,也存在类似的做法:在确定是否将某一证据列入法庭调查的对象时,法官需要遵循预断禁止原则,也即不得在判断过程中提前考

---

〔1〕 See Steven L. Emanuel, Founder & Editor – in – Chief, *Evidence*, Wolters Kluwer Law & Business, 2013, p. 15.

〔2〕 这种做法与《美国联邦证据规则》第104条(b)附条件的关联性并不冲突。附条件的关联性并不要求法官对证据的可信性进行判断:法官只是根据表面证据标准对所附条件事实是否存在这一前提性事实进行判断;如果认为存在,则会把该问题交给陪审团最终决定。

虑证据的可信性。在日本,预断排除的原则要求,在对证据能力和证据开示的要件的有无进行判断时,不能进行证据信用性的判断。[1] 而且,日本立法虽然认为为了判断证据是否具有证据能力,作为事实裁判者的法官会查看证据,但不会触犯预断禁止原则。但是,学者们认为法官没有能力阻断这种预断,因此必须将审判前整理程序的负责人和审判的法官分开,以避免法官接触到不可采的证据后产生整体预断。[2] 在德国也存在证据预断禁止原则(Verbot der Beweisantizipation),法官在确定是否准许调查某一证据时不得预先作证据评断;对于控辩双方申请法庭调查的证据,法庭只能在严格条件下拒绝查证申请,特别是不得因为法庭对"相反的情况"已经获得确信而拒绝查证申请。例如,被告人提出查证申请,主张不是"他"而是"他的孪生兄弟"在肇事时驾驶车辆。为证明这一事实,被告人要求法庭询问他的孪生兄弟;即使法庭对被告人的犯罪身份已经有确信,法庭也不能拒绝此查证申请。[3] 由此可见,大陆法系的证据预断禁止原则同样要求法官在确定是否准许在法庭上调查某一证据时,不得预断该证据的证明力或可信性。

(三)证明价值的判断方法

证明价值的大小一般取决于潜在推论的强度、起点的确定性和证据的被需要程度。如何判断证据的证明价值?根据美国证据学家艾伦等人的研究,证据的证明价值通常取决于三个要素:(1)证明价值取决于潜在推论的强度,也即把证据性事实与要素性事实乃至诉讼要件连接起来推论的强度。(2)推论链条起点的确定性也可能影响证明价值。如果证人对其实际感知到什么事都不确定,或者一份文件包含着模棱两可的语言,这种起点的不确定性就会使该证据的证明价值大打折扣。起点的确定性并不意味着法庭需要评估证据的可信性。事实

〔1〕 岩下雅充『刑事訴訟法教室』(法律文化社,2013 年)152 頁参照。

〔2〕 庭山英雄 = 荒木和男 = 合田勝義『実務刑事弁護と証拠法』(青林書院,2011 年)226 頁参照。

〔3〕 参见[德]科劳斯·缇德曼:《德国刑事诉讼法导论》,宗玉琨译,载宗玉琨译注:《德国刑事诉讼法典》,知识产权出版社 2013 年版,第 27 页;吴祚丞、许辰舟:《刑事证据法则理论体系与实务之研究》,台北,士林地方法院出版中心 2002 年版,第 8 页。

上,法庭在评估证明价值时并不考虑证人的可信性;因为这是陪审团的职权,法官的任务是在证言可信的情况下评估证言的价值。(3)在评价证明价值时,其他证明手段的可用性也可作为考虑的因素,其他证明手段的缺乏将提高该证据相对意义上的证明价值;如果有其他证明手段,那么该证据就缺乏需要,进而就降低了该证据的证明价值。[1] 无论是在英美法系,还是在大陆法系,在判断某一证据的证据能力时,有时会不可避免地考察该证据的证明价值。

涉及证明价值的证据能力判断可分为成本—收益权衡和单纯的证明价值比较两种类型。对证明价值的判断往往是为了判断对系争证据进行法庭调查的"风险、必要性和可行性",也即在假设系争证据是可信的情况下,对其调查是否是值得的。涉及证明价值的证据能力判断可分为两种:(1)有时该判断会涉及成本和收益的权衡。例如,《美国联邦证据规则》第403条对该成本和收益分析模式进行了准确的概括,即偏颇效应严重超过证明价值时,法官即可排除该证据。(2)有时该判断不需要进行成本和收益的权衡,而只需在假设证据是可信的情况下,与其他证据的证明价值相比较。例如,《美国联邦证据规则》第807条(a)(3)规定的适用传闻例外的兜底条款必须满足:与证据提出者通过合理努力获得的任何其他证据相比,该系争传闻陈述对其所要证明的问题更有证明价值;这实际上就是传闻例外必要性的要求。在该种证据能力的判断类型中,系争证据证明价值的大小是主要考虑的因素。

四、证据能力与证据属性层次有别

证据的属性是指证据内在的规定性,其是"证据之所以为证据"的本质特性。严格来讲,其区别于证据能力的概念,但是,我国司法实践中又经常用证据的客观性、关联性和合法性的属性来进行质证。从这个意义上讲,证据属性在一定程度上发挥着类似于证据能力和证明力的功用。因此,证据属性与证据能力又有特别的关联。

(一)我国司法实践对证据属性与证据能力关系的认识

我国司法实践对证据的三种属性与证据能力的关系表述较为混

---

[1] 参见[美]艾伦、库恩斯、斯威夫特:《证据法:文本、问题和案例》,张保生、王进喜、赵滢译,高等教育出版社2006年版,第167~169页。

乱,大致有以下几种观点:(1)把证据的三个属性都视为证据能力问题。例如,我国有判例把证据三性等同于证据能力,认为证据符合合法性、客观性、关联性的要求,便具有证据能力。[1] (2)把证据的三个属性笼统地视为证据能力和证明力问题。例如,有判例认为,具备了证据三性也就具备了证据能力和证明力。[2] (3)把合法性和关联性视为证据能力问题。例如,我国有判例认为:"合法性和关联性涉及的是证据的门槛准入问题,只有经适格主体依照法定程序收集、制作,并对案件所要证明的对象具有一定证明作用的事实材料,才具有证据能力,而证据的客观性,指的是证据内容必须真实,则属于证据的证明力范畴。"[3] (4)把合法性和客观性视为证据能力问题。例如,有判例分析认为,证据能力评判主要涉及对证据的合法性和客观性特征的审查,证明力的评判更多涉及对证据关联性的评判。[4] (5)仅把合法性视为证据能力问题。例如,有判例认为,证据必须具有合法性,才具有证据能力;而证据是否具有关联性、真实性,则为证明力问题。[5] (6)把证据的三个属性和证据能力视为两个独立的采信证据的标准或概念,同时具备证据能力并符合证据三个属性的证据,才能予以采信。例如,有判例认为"鉴定意见具有证据能力和证据三性,应予采信"[6]。上述

---

[1] 参见四川省广汉市人民法院刑事判决书,(2003)广汉刑自初字第3号。

[2] 参见广东省惠州市中级人民法院刑事判决书,(2012)惠中法刑一初字第27号。该判决书认为:"公安机关依照法定程序收集上述证人证言,形式、来源合法,内容真实,具有合法性、真实性、关联性,具有证据能力和证明力,应予采信。"类似的判例还有四川省成都市龙泉驿区人民法院刑事判决书,(2018)川0112刑初1号等。

[3] 福建省高级人民法院刑事裁定书,(2010)闽刑终字第398号。类似的观点也可见北京市第三中级人民法院(2016)京03刑初9号刑事判决书,该判决书认为:"证人黎某通过远程视频当庭所作证言,具备证据的合法性和关联性,具有证据能力,应予采纳;该证言能够证明案件相关事实,内容真实,具有较高证明效力,应予采信。"其也把证据的合法性和关联性视为与证据能力等同的标准。

[4] 参见王莉莉:《证据能力判断和排除合理怀疑证明标准的掌握》,载《人民司法·案例》2015年第18期。

[5] 参见辽宁省高级人民法院刑事附带民事判决书,(2017)辽刑终238号。类似的判例还有江苏省镇江市丹徒区(县)人民法院(2016)苏1112刑初155号刑事判决书。在该判决中法院指出:作为认定案件事实的证据必须具有证据能力,也就是证据本身应具有合法性,证据必须是合法方式取得才能具有证据资格。

[6] 河南省郑州市中级人民法院刑事附带民事裁定书,(2018)豫01刑终338号。

司法判例中的混乱现象说明：我国立法和证据理论对证据能力和证据属性的关系的认识还不统一，甚至存在诸多误解，有必要对此予以梳理和分析。

事实上，证据能力和证据属性属于不同的理论层次。证据的三个属性是证据评价的内容要素，它们之间是平行关系，本质上是证据的要素属性；而证据能力和证明力是证据评价的程序要素，它们之间是递进关系，本质上是证据的结构属性。正如有学者所言，要素属性会不同程度地影响结构属性的判断。[1] 如果把证据能力和证据属性这两种不同的理论层次混为一谈，很可能会导致证据属性和证据能力的混淆，进而无法寻找出一个使二者共存的理论方案；这亦是我国司法证明实践乱象的症结所在。

（二）证据属性与证据能力关系的理论探讨

1. 主要理论观点

关于证据属性的内涵，我国理论对此认识不一，并出现诸多对证据三性说的修正学说。我国学者对证据属性曾提出过数十种概念；目前占据学界通说地位的是三性说，即证据的属性是指客观性、关联性和合法性。[2] 我国学者在证据法研究兴起的早期就提出过证据的客观性、相关性和法律性；同时期也有学者提出证据的客观性和相关性，而不承认证据的法律性。对于合法性的质疑，坚持三性说的学者通常回应为：合法性是客观性的法律保障，客观性和相关性是内容，而合法性是形式，合法性是证据内容和形式统一的要求。[3] 近年来，随着研究的深化，证据三性说暴露出诸多问题，其中最为重要的是它与证据能力之间的关系无法厘清。我国学者对证据三性说的修正或重构已呈逐渐蔓延和深入的态势。也有彻底否定证据三性说的主张。例如，有学者认为，证据不但不具有合法性，而且还没有客观性；鉴于关联性只是证据的外

---

〔1〕 参见郑飞：《证据属性层次论——基于证据规则结构体系的理论反思》，载《法学研究》2021年第2期。

〔2〕 参见宋英辉：《刑事诉讼法学研究述评（1978－2008）》，北京师范大学出版社2009年版，第534页。

〔3〕 参见江伟主编：《证据法学》，中共中央党校出版社2002年版，第64～65页。

部属性,就其本质而言,证据也不存在关联性这一本质属性。[1] 这些修正、重构以及否定证据三性说的观点确实指出了证据三性说所存在的问题,为我们反思证据三性说提供了有益的视角;至于证据三性说未来如何转型,这将在后文详细论述。关于证据的属性与证据能力之间的关系,理论上大致有以下几种观点:

(1)关于客观性与证据能力的关系,证据是否有纯粹的客观性属性本身就值得探讨。有学者认为,证据所具有的主观性内容并非绝对没有证据能力,如普通证人基于经验发表的意见和专家证人的鉴定意见等,都属于主观性内容,但是不可否认其在一定条件下具有证据能力。这也说明证据既具有客观性也具有一定限度的主观性,[2]这种证据主观性和客观性相统一的学说在我国已渐成主流。近年来,我国证据法学界倾向于使用真实性一词来替代传统的客观性,并把其限制在法律真实性的范畴。正如有学者认为,此种真实性应限定为法律的真实性;至于证据在实质上的真实程度,属于其证明力的判断标准。[3] 这种观点揭示了真实性所蕴含的两个方面的内容,即形式的真实性或真实的保障性,以及实质的真实性:前者往往被视为证据能力问题,而后者则被视为证明力问题。只不过在形式的真实性或真实保障性方面,我国尚未发展出精细的证据规则予以具体化。我国并不存在像美国证据理论所划分的证明政策规则和外部政策规则;在司法实践中,几乎所有的规则都被作为证明政策规则来用。因此,对真实性的改造必须配合证明政策规则的构建,否则,司法实践仍会停留在把真实性简单地视为证据的证明力的粗糙质证方式。

(2)关于关联性与证据能力的关系,我国学者对关联性的理解与英美法系的关联性具有一定的区别。我国部分学者把关联性视为客观存在、表现形式多样且能够为人们认识的联系状态。该关联性要求证据在内容上与案件事实有客观联系:不仅包括英美法系对关联性的

---

〔1〕 参见易延友:《证据法学:原则 规则 案例》,法律出版社 2017 年版,第 12 页。

〔2〕 参见卞建林、谭世贵主编:《证据法学》,中国政法大学出版社 2014 年版,第 152 页。

〔3〕 参见何家弘、刘品新:《证据法学》,法律出版社 2013 年版,第 114 页。

“证明性”要求，还包括“证明力”的要求。英美证据法对关联性的要求侧重于证据与证明对象之间的形式关系，我国证据法上的关联性侧重于实质的关联性。[1] 此外，关于关联性与证据能力的关系，也有观点从宏观层次出发，把证据属性精细化，并把相关性和可采性视为证据的两个独立的属性。例如，有学者提出证据的“新四性说”，即证据具有相关性、可采性、证明力和可信性，其中证据的相关性等同于英美法上的相关性。[2] 本书认为：现代证据理论多把相关性视为可采性的前提，不相关的证据则不具有可采性；至于在证明力层次上的实质的相关性本身应当留给事实裁判者根据经验和逻辑进行自由判断，其本身并不是法律规定的对象。我国对证据关联性的质证应当更多地从证据的准入资格的角度考虑，更关注证据对待证事实存在或不存在证明的倾向性，把关联性视为证据能力的要件之一。

(3)关于合法性与证据能力的关系，理论研究更是众说纷纭。我国学者对证据合法性的范围主要有以下几种观点：首先，“广义的合法性说”把合法性视为最广义的合法，囊括了法律规定要求的所有内容，具体有以下三个合法：“合证据法，即证据的表现形式必须符合法律所规定的证据的一般表现形式；合实体法，即证据的表现形式应当符合实体法所规定的特殊的表现形式；合程序法，即符合程序法的原则规定和具体规定。”[3]在这种范围的界定下，合法性的要求明显大于证据能力的要求。其次，“限定于证据能力的合法性说”认为应从证据能力层面探讨证据的合法性，把合法性的范围限定在证据能力的范围。正如有学者认为，证据能力反映证据的合法性，证明力反映证据的客观性、关联性。[4] 根据学说对合法性具体要求的认识不同，又可分为三种观点：第一类观点认为，不应在证据的概念上讨论合法性问题，而应在证据的资格层面讨论该问题。基于此，证据的合法性标准应当包括：“证据的调查主体必须符合法律规定，证据的形式必须符合有关法律的规

---

〔1〕 参见陈光中：《证据法学》，法律出版社 2015 年版，第 151 页。

〔2〕 参见张保生主编：《证据法学》，中国政法大学出版社 2014 年版，第 17 ~ 18 页。

〔3〕 汤维建：《关于证据属性的若干思考和讨论——以证据的客观性为中心》，载《政法论坛》2000 年第 6 期。

〔4〕 参见邢怀柱：《刑事诉讼证据能力初论》，载《现代法学》1996 年第 1 期。

定,证据的收集程序或提取方法必须符合法律的有关规定。"[1]第二类观点认为,证据能力就是证据的合法性,它体现在证据的主体合法、来源合法、程序合法、形式合法和须经依法查实。[2] 第三类观点认为,证据的合法性就是证据能力,它包括了取证主体的合法性、证据表现形式的合法性、取证手段的合法性和法庭调查程序的合法性。[3] "最为狭义的合法性说"把证据的合法性严格限定在取证手段的合法性。例如,有学者认为:我国《刑事诉讼法》及其司法解释一定程度上将证据合法性问题限定于取证手段的合法性,而不再是宽泛的合法性,这种做法使证据能力的合法性要件更为明确。[4] 这也意味着合法性的要求只是证据能力要求的很小一部分。

2. 理论探讨

针对上述合法性与证据能力关系的观点,可作以下探讨:

(1)把合法性的要求等同于证据能力的要求是需要反思的。"限定于证据能力的合法性说"把合法性等同于证据能力,并把合法性界定为取证手段的合法性、取证主体的合法性、证据表现形式的合法性和法庭调查程序的合法性等,上述合法性与证据能力并非等同关系。其一,关于取证手段的合法性,最为狭义的合法性说把取证手段的合法性视为证据能力的一个要件,这种观点是正确的。如果把合法性限定在取证手段的合法性上,以非法手段获取的证据则属于非法证据,依照非法证据排除规则的要求应否定其证据能力,因此,取证手段的合法性属于证据能力的要件则是毫无疑问的。但是,不应把取证手段的合法性和证据能力的要求画等号;因为诸如通过品格证据规则、传闻证据规则、意见证据规则等排除的证据,并非其性质不合法,而是因为该证据自身在关联性和证明价值等技术层面上存在缺陷而需要否定其证据能力。其二,关于取证主体的合法性,现代刑事诉讼对取证主体的限制日趋宽松。我国《刑事诉讼法》和《监察法》规定:行政机关和监察机关取

[1] 何家弘、刘品新:《证据法学》,法律出版社 2013 年版,第 115 ~ 116 页。
[2] 参见姚莉主编:《刑事诉讼法学》,中国法制出版社 2012 年版,第 152 ~ 153 页。
[3] 参见陈瑞华:《刑事证据法学》,北京大学出版社 2014 年版,第 104 ~ 107 页。
[4] 参见纵博:《我国刑事证据能力之理论归纳及思考》,载《法学家》2015 年第 3 期。

得的证据都可作为刑事诉讼的证据，而不必刻意地考虑其与侦查主体的差异。在美国，即便是私人取证，只要手段合法，也可作为刑事诉讼的证据。有些涉及主体不适格而排除证据的情形，更多可归因于取证手段的不合法，而非单纯的主体不适格。例如，辨认的主持人员、讯问主体的不适格都可归入取证手段不合法的范围，而排除此类不适格人员提取的证据，更多是从“此类人员无法保证取证手段的可靠性和合法性”的角度考虑的。其三，关于证据表现形式的合法性，如主持或参与证据收集人员的签名，以及证据收集的时间、过程等说明，属于保证取证手段合法性的辅助证据。该类证据用于证明取证手段合法性或者证据的验真，其本身并不是证据能力的要件，而是用于证明符合证据能力某一要件的辅助证据。其四，关于法庭调查程序的合法性，对符合证据能力的证据进行法定的调查程序是严格证明法则的要求，它属于对证据内容和证明力调查的程序性要求。有证据能力的证据经法定调查程序才能作为定案根据，该种规定阐释的是“未经质证不得认证的原则”，其与严格证明理论是相契合的。[1] 它与证据能力的要求有严格的区分：法庭调查程序合法性的要求主要是保障当事人诉讼权利并限制法官滥用裁量权，其本身是严格证明理论之下对有证据能力的证据贯彻法定调查程序的要求，并非证据能力的要件。换句话说，只有具有证据能力的证据才有资格进入法定调查程序；而即使无资格的证据偶然混入了法定调查程序，也应当把其从审判笔录中删除，并要求事实裁判者在事实评议时不得考虑该证据。

(2)最为广义的合法性要求也不能与证据能力的要求画等号。即使把合证据法、合实体法和合程序法都视为合法性的一部分，合法性仍不能视为证据能力或可采性的同一概念。正如有学者所言，证据能力并非一种完全法定化的概念，其在很大程度上是通过法官行使自由裁量权的方式加以适用的，某一证据可能完全符合法定条件但也可能因法官自由裁量权的行使而丧失证据能力。[2] 合法性与证据能力之间的关系规范的表述应是：具备合法性的证据不一定具有证据能力，因为

---

〔1〕 参见张军主编：《刑事证据规则理解与适用》，法律出版社2010年版，第62页。

〔2〕 参见孙远：《刑事证据能力导论》，人民法院出版社2007年版，第37页。

证据能力还受到其他要件的限制;而证据在部分方面的不合法不一定属于证据能力问题,例如,其还可能属于严格证明项下的调查程序等其他程序性问题。换句话说,无论把合法性界定为最狭义的合法性,还是把其界定为最广义的合法性,证据能力都无法与合法性画等号。基于此,合法性并不能发挥与证据能力或可采性同样的作用,不可把证据能力和合法性视为同一个概念。即便把证据能力界定为前文所言的狭义的证据能力,合法性也不能与之等同。因为,取证手段的合法性只意味着该证据不被依附性证据禁止规则排除;但是,除了依附性证据禁止规则,还存在自主性证据禁止。自主性证据禁止的实质基础并非在于刑事追诉机关的违法行为,而是因为触及了一定的隐私范围;尤其是触及了私人领域的核心区域的证据,为了人性尊严保护之效果,即使出于刑事追诉目的,仍然不可侵犯。[1] 因此,合法性并不等于证据能力;如把其限定在取证手段的合法性范围,其也只是证据获得证据能力的一个要件。不应把其与证据能力的整体相混淆,也不应把其与证据能力的其他要件相混淆,更不应把其与证据能力要件之外的程序规范相混淆。而且,从证据能力的层面看,应把合法性严格地限定在取证手段的合法性。附带说明的是,英美和欧陆等所言的特免权规则也是取证规范之一;违反特免权规则进行的取证也属于非法取证,需要受到非法证据排除规则的规制。因此,合法性的要求有点类似于威格摩尔所提出的外部政策规则,其考虑的重心是通过否定非法证据的证据能力来确保取证手段的合法性,更进一步而言,是通过合法性要求来贯彻证明价值之外的外部政策。

第三节　刑事证据能力的产生和发展

刑事证据能力是在证据裁判制度出现后产生的一项制度,这项制度如证据裁判制度一样历史悠久。有学者考证,证据能力可以追溯至

---

[1] 参见[德]迈克尔·赫格曼斯:《德国刑事诉讼法中的证据使用禁止》,周婧译,载《证据科学》2016 年第 5 期。

罗马法。在罗马法的发展过程中，法官建立了一套收集证据和判断证据可采性的规则；起初只有很少的证据规则，但最终发展出一套复杂的证据收集和评估制度。通常情况下，这些规则纯粹是限制性的，其不是参考指南而是自足的准则。[1] 18 世纪末，这些证据规则过度膨胀，最终遭到欧洲大陆国家的废除，取而代之的是自由心证制度；证据能力制度在欧洲的命运突然终止。与之并行的另外一条主线是普通法系，由于强烈的爱国主义和一支强大的致力于普通法统一的法律职业者阶层，13 世纪的英国法律没有像欧洲国家的日耳曼法律一样，屈从于罗马法复兴的潮流，[2] 这为普通法证据规则的孕育和发展提供了充足的本土资源。以英国和美国为代表的英美法系国家，在漫长的普通法实践中发展出了一套镶嵌于陪审制和对抗制之中的证据可采性体系，并深刻地影响着世界其他国家的实践。

一、漫长孕育结晶的普通法系证据能力

历史的溯源是我们全面认识证据能力的重要途径。严格来讲，现代意义上的可采性规则或证据能力规范源于英国。在证据能力的研究中，有必要追问为何英国会产生可采性规则并走向体系化的道路，并探究其近现代以来的理论重心的转变。

（一）可采性规则孕育的两种背景

现代证据能力理论可溯源至英美法系的可采性理论，可采性理论的产生与陪审制和对抗制有密切的联系。在此有必要阐述这两种制度背景对可采性规则的孕育所起到的关键作用。

1. 陪审团审判的诱因及其解释的局限性

（1）不知情陪审团的出现是可采性规则产生的一个重要诱因。英国在废除神明裁判之后，证据制度随着陪审团审判的变迁而缓慢地孕育。在 1066 年，法兰西西北角的诺曼底公国的公爵威廉一世征服英格

---

〔1〕 See John C. Klotter, *Criminal evidence*, *Sixth Edition*, Anderson Publishing company, 1996, p. 9. 关于罗马法的时代证据规则还可参见 Morrison C. A., *Some Features of the Roman and the English Law of Evidence*, Tulane Law Review, Vol. 33, p. 577 - 594(1958)。

〔2〕 参见［美］威格摩尔：《世界法系概览》（下册），何勤华、李秀清、郭光东等译，上海人民出版社 2004 年版，第 915 ~ 916 页。

兰后,把审讯陪审团(Inquest Jury)制度引入了该地区,其后的亨利二世则把陪审团制度广泛用于司法。[1] 当诺曼人的法官组织知悉案情的陪审团帮助他们调查证据时,这些陪审员被首次赋予运用证据的自由裁量权:他们可以用从附近地区获得的印象,甚至可以走出法庭向邻居打探消息。但是,这一情况在后来发生了变化。据威格摩尔考察,到16世纪后期,法庭上的证人开始成为信息的主要来源,陪审团的自身知识只占据很小的部分。最终在17世纪,陪审团的功能完成了一个彻底的逆转,除了法庭上提供的信息,陪审团不再被允许拥有其他信息。[2] 从知情陪审团到不知情陪审团的转变为可采性规则的发展埋下了伏笔。随着不知情陪审团的形成,防范不可靠证据的可采性规则变得必要起来,这一阶段被称为"技术性证据能力规范的发展阶段"。一般认为,不知情陪审团制度之所以被视为催生可采性规则的力量,主要出于以下两点考虑:第一,法律职业群体对陪审团这一外行的不信任要求设立可采性规则,进而把不适格的证据阻挡在外行陪审团的视线之外。职业群体认为,陪审团由于缺乏专业训练而在认识能力上存在缺陷,需要通过技术性证据能力规范排除不可靠或有明显误导危险的证据,以保护陪审团不被这些证据所误导。第二,陪审团组成的分散性要求集中和快速的审理,而这种审理方式也需要可采性规则的保障。更为现实和直接的原因是:陪审团是来自各地并有各自职业的普通人,为了降低审判给陪审员的生活和工作造成的不便,审判需要集中、快速地进行,技术性证据能力规范可将那些作用不大或可能拖延审判的证据事先予以排除,以促进集中审理。[3] 这些因素对技术性证据能力规范的产生起到了推动作用,因此,在解释证据能力规则的产生时被人们广泛地提及。

---

〔1〕 参见易延友:《陪审团审判与对抗式诉讼》,台北,三民书局2004年版,第30~33页。

〔2〕 See John H. Wigmore, *A Students' Textbook of the Law of Evidence*, The Foundation Press, INC, 1935, p. 4. 我国也有学者认为,在1305年至1352年,英国的陪审团就完成了由知情陪审团向不知情陪审团的转变。参见何家弘、张卫平主编:《外国证据法选译》(上卷),人民法院出版社2000年版,第16页。

〔3〕 参见孙远:《刑事证据能力导论》,人民法院出版社2007年版,第42~43页。

（2）把可采性规则的产生归因于不知情陪审团的解释具有局限性。不知情陪审团的出现虽然增加了可采性规则的必要性，但是，这种因素的作用似乎并没有通常所讲的那么大。这可以从以下几点来解释：第一，一些外部政策规则并不具有保障证据真实性的功能，例如特免权规则。催生该类规则产生的原因显然不是陪审团，而是社会对这些规则所追求的外部政策目标的看重。第二，与专业法官相比，外行陪审团是否在证据和事实认知上存在缺陷本身就是值得检讨的。现有研究似乎并没有支持这一假设，职业法官在处理证据和事实问题时同样存在认知缺陷。[1] 第三，促进集中审理虽然是一个较为现实的原因，但是，考虑到大陆法系国家也实行集中审理，却未能发展出一套可采性规则，这一因素恐怕也不可高估。这一时期，证据可采性规则分散于各个法庭的个案中；直到 18 世纪晚期，证据规范几乎还是一个由毫无关联且零散的先例所组成的“大杂烩”。评论家和执业律师则把证据法归入最佳证据规则这一单一原则下。埃德蒙·伯克曾说：他知道一只鹦鹉可以在半小时内学完证据规则，并在 5 分钟内复述完毕；[2] 这也说明了当时证据规则的简陋性。不知情陪审团的出现似乎并未带来证据规则的全面繁荣：从其出现的 17 世纪到 18 世纪晚期，可采性规则都未能大量产出。从这一方面看，不知情陪审团对孕育可采性规则的作用是有限的，但这一情况随着辩护律师的出现而慢慢得到了改变。

2. 辩护律师的广泛介入和法官对异议的及时裁决是另一重要诱因

（1）辩护律师的介入与证据可采性规则的发展具有高度的正相关性。美国法律史学家兰博约的研究表示，在 18 世纪的刑事审判中，法官为提高证据的可靠性采取了两大举措：一是允许辩护律师对控方证人进行交叉询问；二是创设一套证据规则以排除有问题的证据。这一时期出现了四项主要的证据规则：品格规则、补强规则、口供规则和传闻规则。兰博约还进一步指出，威格摩尔错判了这几项规则产生的时

---

〔1〕 See Schauer, Frederick, *On the Supposed Jury – Dependence of Evidence Law*, University of Pennsylvania Law Review, Vol. 155, p. 187(2006).

〔2〕 参见［英］威廉·特文宁：《证据理论：边沁与威格摩尔》，吴洪琪、杜国栋译，中国人民大学出版社 2015 年版，第 1 ~ 2 页。

间和原因,他将品格规则和传闻规则的产生时间判断为17世纪显然过早,而把补强规则和口供规则的出现时间判断为18世纪末则显得过晚。[1] 从这一时期的证据规则的发展状况来看,辩护律师的引入以及由此形成的对抗制是证据可采性规则在这一时期发展的重要诱因,这一原因似乎是更为主要的。如果没有辩护律师的引入,依靠被告人的力量去推动技术性证据能力规范的发展恐怕是不现实的,而靠法官自身觉察到陪审团的缺陷进而主动积极设置可采性的规则似乎也是过于理想化。

(2)可采性规则的发展与辩护律师在法庭上不断提出的异议以及法官的及时裁判有密切的联系。在英国,“禁止辩护律师有利于发现事实真相”的观念直到光荣革命后才得到改变。1696年《叛逆罪审判法》开始允许叛逆罪的被告在审判中获得律师帮助,但是,辩护律师的适用范围只局限于此类案件。直到18世纪30年代,在普通重罪案件中,法官们开始逐渐摒弃禁止辩护律师的规则,允许被告在询问和交叉询问证人时获得律师的帮助,辩护律师开始成为对抗制诉讼的使命承担者。[2] 也正是在此时,证据的可采性规则才得到迅速的发展,这些发展被后来的证据法论述记录了下来。辩护律师的广泛介入使其大量提出证据可采性的异议成为可能。此外,另一个不可忽视的因素是法官的积极裁判:法官对这些异议的判定最终使证据规则开始固定下来,并在其他审判中被反复使用。如果法官怠于履行对异议的裁判职责或者不公正地审理这些异议,即使有辩护律师的介入和异议的提出,可采性规则依然很难大量产出。从这个层面上讲,允许被告人获得律师帮助,律师对证据可采性的异议,以及法官的及时裁判,这三者之间紧密结合,为证据可采性规则的发展注入了强大的动力。

(二)证据可采性实践的系统梳理

可采性规则首先出现在法庭上,而非理论家的著述中;但是,如果

---

[1] 参见[美]兰博约:《对抗式刑事审判的起源》,王志强译,复旦大学出版社2010年版,第181~182页。

[2] 参见[美]兰博约:《对抗式刑事审判的起源》,王志强译,复旦大学出版社2010年版,第3~4页。

缺乏理论家的归纳和总结,可采性规则恐怕还埋藏在历史的故纸堆里。每一个证据规则都有晦涩不明而又盘根错节的历史,有时被视为现代制度的证据法在很大程度上是由“二手”作者们在19世纪早期至19世纪晚期从横跨数个世纪的资料中塑造而成的。[1] 理论家对这些资料的梳理是促使可采性规则体系化并广泛传播的一个关键力量。

1. 英国早期证据法著作对可采性规则的奠基

辩护律师引入后,通过异议和裁决而创设的可采性规则明显增加,可采性规则的发展又刺激了证据法著作的产生。1754年出版的由吉尔伯特撰写的《证据法》是第一部有关证据法的专门性著作,其试图以最佳证据规则为核心来构建自己的体系。[2] 边沁则对这种体系化证据规则的努力并不满意。其在18世纪20年代出版的《司法证据专论》则鼓吹一种废除所有形式规则的自由证明的理论,其令人熟知的名言是:“从事物的本质来说,为确保公正决定,我们必须依赖证据,但是,为证据制定一个永远正确的规则是绝对不可能的,人类的理智过于灵敏以致无法建立起规则。”[3] 同时代的英国证据学家斯蒂芬并不赞同边沁的废除形式规则的观点。他在之后出版的《证据法概要》中主张以“相关性规范”取代“最佳证据规则”作为证据法的基础原则,并归纳了四种排除相关性证据的情形,也即排斥他人行为的原则(res inter alios acta)以及传闻、意见和品格。[4] 这些可采性理论对其他国家和地区的证据理念产生了深远的影响。例如,在1870年到1871年,斯蒂芬为印度起草了《印度证据法》,该法案于1872年获得通过并沿用至今。之后,斯蒂芬尝试为自己的祖国英国也起草一部证据法典,但是,这一尝试最终以失败告终。在这一时期,吉尔伯特建立统一证据规则的理念启蒙了后来的证据法研究者,而边沁倡导的废除证据规则的自

---

〔1〕 参见[英]威廉·特文宁:《反思证据:开拓性论著》,吴洪淇等译,中国人民大学出版社2014年版,第39页。

〔2〕 Geoffrey Gilbert, The law of Evidence, Dublin, 1754, p. 3 – 4.

〔3〕 Jeremy Bentham, *A Treatise on Judicial Evidence*, extracted from the manuscripts of Jeremy Bentham, ESQ. by M. Dumant, translated into English, London, 1825, p. 180.

〔4〕 See James Fitzjames Stephen, *A Digest of the Law of Evidence*, 4th ed., Macmillan and Co., 1881, p. xii – xiii.

由证明的理论则在一定程度上抑制了可采信规则的广泛扩张，斯蒂芬倡导的相关性规则为后来的研究者围绕“相关性”阐释证据可采性奠定了基础。

2. 美国证据法学者对可采性规则的体系化

19 世纪，证据法的研究重心开始转向美国。1842 年格林列夫出版了美国第一部本土证据法学著作《证据法专论》，[1] 它致力于归纳并论证适用于美国这一整体区域的证据法规则。赛耶似乎对斯蒂芬的理论不满意，其在 1898 年写就了《普通法证据初论》。在其书中，除去其对证据法历史的经典考究外，他还作出了一个划时代的贡献，也即他主张证据法体系应建立在两个基础原则之上：第一，不相关，即逻辑上不具有证明价值（not logically probative）的证据不可采；第二，除非被法律上的规则或原则所排除，所有具有逻辑证明价值的证据都是可采的。[2] 之所以说该贡献是划时代的，是因为在这之前虽有研究者归纳了可采性规则，但这些归纳基本未能阐发出一个令人满意的自洽的体系；赛耶的这一定义使证据法从杂乱无章的状态中解放出来，为后来《美国联邦证据规则》的制定打下了基础。但是，赛耶并未能对其主张的证据法规则的简洁体系进行阐述，这个任务留给了他的学生——下一代的三位重要证据法学者：坎布兰尼（chamberlayne）、约翰·麦凯维（John McKelvey）和约翰·亨利·威格摩尔（John Henry Wigmore）。其中，影响最大且最为深远的是威格摩尔。威格摩尔在其老师赛耶的基础上把证据理论拓展成一个具有广泛系统、跨学科的理论。威格摩尔在他的《普通法审判中的证据制度专论》一书中对“证据的可采性、由谁提供证据、向谁提供证据、无须证据的主张”这四个主题展开论述，而在可采性方面体系性地论述了关联性规则（rules of relevancy）、辅助证明政策规则（rule of auxiliary probative policy）、外部政策规则（rules of extrinsic policy）和口头证据规则（parol evidence rule）这四项

---

〔1〕 Simon Creenleaf, *A Treatise on the Law of Evidence*, Little, Brown and Company 1842.

〔2〕 See James Bradley Thayer, *A Preliminary Treatise on Evidence at the Common Law*, Little, Brown and Company, 1898, p. 264 - 265.

规则。[1] 由于口头证据规则属于实体法规定的部分，因此严格来讲，可采性规则的体系只有关联性规则、辅助证明政策规则和外部政策规则三类。普通法的证据可采性理论经过长期的理论和实践积淀，其体系开始趋于稳定，这为其后的证据立法运动奠定了基础。

（三）证据立法运动和政策性转向

证据可采性理论的发展为立法做了铺垫。在英美法系国家，证据立法运动兴起，各主要国家都开始了证据立法的进程。在这个进程中，可采性规则的理论重心开始由证明政策规则转向外部政策规则。

1. 证据立法运动的发展路径和特点

（1）证据立法运动开始于 19 世纪末，印度和新西兰是早期证据立法的代表国家。证据理论和实践的发展最终催生了证据立法的运动；但是，这一运动并不是集中爆发的，而是渐进的。如前文所述，印度早在 1872 年就制定了《印度证据法》，后几经修改依然沿用，这一证据法突出地体现了斯蒂芬所倡导的"以关联性统筹证据法"的理论。1908 年，新西兰也制定了其本国的证据法典。

（2）美国的证据立法运动虽然不是最早的，却是势头最为强劲的。在美国，20 世纪 20 年代，为了对各辖区间差异甚大的证据法进行清理，美国法律协会着手制定了一部《模范证据法典》，由摩根（Edmund Morgan）担任报告人，威格摩尔担任顾问委员会的首席顾问。但这一证据法典由于法律人的抵制而未被任何一个司法辖区采用。1953 年，统一州法委员会制定的《统一证据规则》得到通过，但这一努力并未收到太大成效，采纳它的州屈指可数。虽然制定统一证据规则的路途并不顺畅，但是美国法律界似乎并不气馁。20 世纪 60 年代，美国最高法院开始制定《美国联邦证据规则》，这一规则最终在 1975 年由美国国会公布实施，这标志着美国证据制度进入了成文法时代；而现行的《美国联邦证据规则》是迄今为止较为全面也较为重要的证据法律文

---

[1] See John Henry Wigmore, *Evidence in Trials at Common Law*, Vol. Ⅰ, Little, Brown and Company, 1983, p. cxxxii – cxxxiii.

件[1]。在这一立法过程中,一些合理且实用的普通法规则被纳入立法之中,而一些不合理或不合时宜的普通法规则被剔除了。例如,现行的《美国联邦证据规则》没有采纳诸多不合理的证人资格规则;因为根据这些规则,一些不信仰上帝的人或儿童等都被排除在证人资格之外,这显然是不合理的。同时,这部规则还表现出一些妥协性。例如,由于在制定过程中内部对特免权规则争议较为激烈,议会最终拒绝了关于特免权的所有规则,而以一个一般性的规定取而代之。但是,其对普通法规则披沙拣金般的提炼和总结也代表了人们对事实认定规律和证明的正当程序的不懈探索。这种探索在现在看来仍是必要的,与经历法定证据之痛后转而废除所有证据规则的欧陆国家相比,这或许本身就是一种不屈服的勇气。

(3)受证据立法运动的影响,英国、加拿大和澳大利亚都制定了自己的证据法。英国的证据立法受边沁的自由证明的思想影响较重,其对证据规则的立法进程缓慢,且把证据规则分立规定。在英国,证据法分布在一些法律文件之中,其并没有一个统一的证据法典。1843 年,有了适用于民事诉讼的《英国证据法》,后经修改成为 1995 年的《英国民事证据法》;与此同时,为顺应刑事司法对证据规则的需求,1984 年英国通过了《英国警察与刑事证据法》。此外,英国的证据规范还分散在 1988 年通过并在 2003 年修订的《英国刑事司法法》、1994 年的《英国刑事司法与公共秩序法》和 1999 年的《青少年司法与刑事证据法》之中。此外,加拿大于 1985 年颁布了《加拿大证据法》;1995 年澳大利亚制定了《1995 年澳大利亚证据法》并于 2011 年修正,也被称为《澳大利亚联邦证据法》。

(4)英美法系的证据立法运动表现出技术性、传承性和集中化的特征。在普通法系,证据法的法典化还在继续。其普遍反映了以下特点:第一,证据法表现出高度的技术性和体系性。例如,为了对实践中的证据判断原理进行准确揭示,证据法中规定了限制可采性和附条件的关联性等精细化的条款。第二,证据法与普通法并行。即便有证据法的国家一般也会承认普通法的作用。例如,即使是覆盖面非常广的

[1] 参见张保生主编:《证据法学》,中国政法大学出版社 2014 年版,第 66 页。

《美国联邦证据规则》在特免权规则的适用上也给普通法留下了广阔的空间。但需要注意的是，英美法系各国对普通法的规则都进行了不同程度的更改。第三，证据立法的集中化和明确化。除英国等少数国家外，证据法典统一适用于民事和刑事等诉讼程序。相较于普通法表述的分散和模糊，证据可采性规则变得更为集中和明确。

2. 理论重心从证明政策规则向外部政策规则的转向

在证据立法运动的进程中，英美法系的证据理论的重心开始从证明政策规则向外部政策规则转向。这种转向的历史过程可以从以下两点予以论述：

（1）在普通法的早期，证明政策规则受到重视，外部政策规则集中在特免权规则这一狭窄的领域。不同于品格规则、口供规则和传闻规则等早期出现的证明政策规则，外部政策规则追求无关真实性或可靠性的外部政策目标。这一规则在早期并未大量出现，更多是集中在特免权规则这一狭窄的领域。免于自证其罪的特免权于17世纪扎根于普通法，〔1〕夫妻证言特免权可以追溯至16世纪；而律师—委托人特免权根植于罗马法，16世纪在普通法上得到第一次表述。在19世纪后半叶，法院越来越不愿扩张现行的特免权，特免权的塑造主要变成立法机关的事情了，如医生—患者特免权和牧师—忏悔者特免权都是立法的产物。〔2〕 在普通法发展的漫长时期，很难找到非法证据排除规则的身影，即使是对非法供述的排除也更多地依赖证明政策规则的理论。18世纪中叶形成的供述自愿性规则，排除它的主要理由也是其自身缺

---

〔1〕 参见［英］威廉·特文宁：《反思证据：开拓性论著》，吴洪淇等译，中国人民大学出版社2014年版，第39页。

〔2〕 参见［美］艾伦、库恩斯、斯威夫特：《证据法：文本、问题和案例》，张保生、王进喜、赵滢译，高等教育出版社2006年版，第908页。在斯蒂芬的著作中，特免权问题被作为证人的作证能力（the competency of witness）问题来对待，而医务人员和牧师可以被强制揭露他们通过与病人或信徒的专业会面而获知的信息。See James Fitzjames Stephen, *A Digest of the Law of Evidence*, 4th ed., Macmillan And Co., 1881, p. 122.

乏可靠性。[1] 普通法的传统向来认为,庭外获得证据的方法不适当并不影响证据的可采性,这主要是对追求准确性和效率的考虑。[2] 在这一时期,可采性规则的研究重心显然在证明政策规则方面,这也可从英美法系国家的证据立法中看得出来,证明政策规则占据了其立法文本的大部分内容。

(2)20世纪初,非法证据排除规则诞生,使外部政策规则变得丰满和重要,并推动了可采性理论重心的转移。在1914年,美国最高法院在威克斯诉合众国案(Weeks v. United States)中宣布"非法搜查获得的证据不可采",[3]非法证据排除规则这一重要的外部政策规则横空出世。随后,非法证据排除规则开始超出联邦宪法第四修正案的范围,扩张适用到其他侵犯宪法基本权利的取证上。而且,在米兰达诉亚利桑那案(Miranda v. Arizona)中,适用非法证据排除规则的证据种类由"非法获得的实物证据"扩大到"非法获得的言词证据"。[4] 这一外部政策规则把宪法基本权的保障推到了一个新的高度,证据可采性规则的重心也由此开始转向外部政策规则。后来,这一规则被英国、澳大利亚等普通法系国家所借鉴,而且,非法证据排除规则的影响范围波及大陆法系的许多国家。本书将在后文的非法证据排除规则的比较研究部分详细交代这一外部政策规则对世界各国的影响。

二、历史阴影之下的大陆法系证据能力

与英美法系可采性规则法典化形成鲜明对比的是,大陆法系的证据能力规范十分稀少;即使近年来发展了一部分证据能力规范,也多集中于外部政策规则,而证明政策规则较为少见。何以产生此种差异?这和大陆法系证据制度的发展史密切相关。

---

[1] 19世纪20~60年代这50年间,英格兰法已经从对口供的响亮推崇转变为福斯特的观点:口供是最不可靠、最值得怀疑的证据。参见[美]兰博约:《对抗式刑事审判的起源》,王志强译,复旦大学出版社2010年版,第220页。

[2] 参见[美]约翰·W.斯特龙主编:《麦考密克论证据》,汤维建等译,中国政法大学出版社2004年版,第315页。

[3] See Weeks v. United States, 232 U. S. 383(1914).

[4] See Miranda v. Arizona, 384 U. S. 436(1966).

(一)法定证据制度的兴起与衰落

历史有时是一国国民的财富,有时也会成为一国国民的心理包袱。典型的大陆法系国家的立法者和研究者是反对证据规则法典化的;即使在其刑事诉讼中写入部分证据能力规范,有时也会困难重重。如果不从这一法系经历的法定证据制度说起,我们就很难理解他们这种心理。

1. 法定证据制度在欧洲大陆的历史

(1)法定证据的产生与纠问制审判对书面记录的依赖有着直接的关联。1215 年,欧洲天主教第四次拉特兰会议废除了神明裁判;与此同时,该次会议的第 8 条教规规定的“纠问式程序”对欧陆国家的诉讼产生了深远的影响。[1] 由于该次会议禁止教士参与神明裁判,世俗法庭中的神明裁判就缺乏了权威的仪式主持者。如同英国一样,欧陆国家的世俗法不得不对此作出回应,拉特兰大教会竭力在欧洲推广纠问式诉讼制度;在此背景下,欧陆国家的世俗法院开始采用纠问式诉讼制度。[2] 失去了神明裁判这一便捷性工具的事实认定者,迫切需要一套证据制度来裁判事实;[3]这为法定证据制度的产生埋下了伏笔。法定证据制度源于何时,学术界并没有给出一个精确的时间。在废除神明裁判后的一段时期里,大多数国家的世俗法院所采纳的程序与教会法院使用的程序相类似。教会法虽然有对理性和良心的强调,但包含对自己的迷信因素。例如,在大多数正式的常规程序中,对书面程序的强调使法官并不亲自审讯当事人和证人,而是研究官吏对当事人和证人审讯的书面记录。与之相伴的是为评估证据而精心设计的一套形式化

---

〔1〕 在 1198 年教令中,纠问式程序已经开始用于对渎职教士的审判。See Albert C. Shannon, *The Medieval Inquisition*, The Liturgical Press, 1991, p. 58.

〔2〕 参见何家弘、张卫平主编:《外国证据法选译》(上卷),人民法院出版社 2000 年版,第 19 页。

〔3〕 12～16 世纪,欧洲各国形成了三种差异的证据制度:罗马教会证据制度,在意大利全境以及法国、西班牙的部分城镇适用;调查证人的证据制度,在德国、荷兰以及法国的部分城镇适用;邻里裁判的证据制度,在英国、诺曼底和斯堪的维亚等国适用。16 世纪后,罗马教会证据制度在欧洲成为主流,而英国则构建了以陪审团为核心的证据体系。参见施鹏鹏:《法定证据制度辨误——兼及刑事证明力规则的乌托邦》,载《政法论坛》2016 年第 6 期。

规则。例如，要确定一项事实必须有两名神谕证人或耳闻证人；一名女子证言的效力只算作男子的一半，并且必须至少由一名男子的证言加以补充；贵族证言的效力要高于平民的证言。

(2)法定证据制度的核心是把证据的证明力划分为三六九等。法定证据制度首先在德国和法国兴起；随着法官逐渐远离证人的讯问，而且除了书面记录之外并不依据其他东西，人为规定的证据分量就具有了不断增大的重要性。例如，完全证据、折半证据、1/4 证据甚至 1/8 证据。[1] 这一实践为后来法定证据制度的立法奠定了基础。1532 年德国颁布的《加洛林纳法典》和 1670 年法国颁布的《刑事裁判王令》标志着法定证据制度的正式确立。例如，在《加洛林纳法典》中规定，两个证人的证言推翻一个证人的指控，农夫证言的价值是一般人的一半，女人证言的价值是男人的一半，等等。这些法定证据规则都是证明力层次的法则，与证据能力层次的严格证明法则不可混淆。[2] 在同时期的法国，我们也可以看到类似的做法。例如，图洛斯的国会使用的一种特别的处理诉讼中证据异议的方法，也即根据情况分别酌减证据的证明价值而非对此一笔勾销。如分别将证明价值降为 1/8、1/4、1/2，这些不完整的证明与其他证据的分量相加之和为一时才构成一个完整的证明。[3] 法官把控方证据加在一起后，只要构成一个完整的证明，他就必须作出有罪判决。

(3)法定证据制度的僵化和对人权的践踏最终导致它的衰落。法定证据制度的僵化限制了个案正义的实现；更为严重的是，其与当时的纠问制诉讼制度一道催生了刑讯制度。[4] 法定证据制度并不像今人想象的那么死板和可恶。例如，该制度仅适用于判处死刑和肉刑的案

---

〔1〕 参见[美]哈罗德·J. 伯尔曼：《法律与革命——西方法律传统的形成》，高鸿钧等译，中国大百科全书出版社 1993 年版，第 305～306 页。

〔2〕 参见林钰雄：《刑事诉讼法》(上册)，台北，2013 年自版发行，第 489 页。

〔3〕 See William Andrew Noye, *Evidence: Its History and Policies*, Butterworths, 1991, p. 14. 转引自何家弘、张卫平：《外国证据法选译》(上卷)，人民法院出版社 2000 年版，第 22 页。

〔4〕 参见[美]米尔吉安·R. 达马斯卡：《比较法视野中的证据制度》，吴宏耀、魏晓娜等译，中国人民公安大学出版社 2006 年版，第 330～331 页。

件;法官在量刑上存在的广泛的自由裁量权使其在用间接证据定案时选择轻判被告人,以此规避法定证据制度。[1] 但是法定证据制度自身带有的"宗教、性别和等级的偏见",以及司法人员为获取被赋予较高价值的口供而导致的刑讯,已经与启蒙运动和资产阶级革命所倡导的人权和平等思想格格不入。1790 年,法国议员杜波尔向宪法会议提出一项革新的议案;其在这项议案中痛陈法定证据制度的弊病和荒谬性,主张自由心证制度。经过辩论,1791 年,法国宪法会议正式废除法定证据制度,宣布法官应把自己的内心确信作为裁判的唯一根据。1808 年颁布的《法国刑事诉讼法》,规定了自由心证制度。随后,欧陆的其他国家,包括拉丁美洲的一些国家,都相继废除了法定证据制度,取而代之的是自由心证制度。[2] 但法定证据制度对国民的心理造成了长远的伤害,以至于立法者和研究者都对证据规则这一术语有天然的排斥,其对这些地区未来证据制度的发展产生的副作用是不可预估的。

2. 法定证据制度与证据能力之区分

严格来讲,法定证据制度不能与证据能力画等号,这可以从以下两点来讲:

(1)法定证据制度是对证据的证明力的限制,也即限制的是法官在接触并调查证据后对证据的评价。而证据能力控制的是证据进入法庭调查的资格;无资格的证据根本不得对其进行调查,自然不存在评价其证明力的问题。但是,也有学者认为:"司法制度为了富有成效地贯彻排除规则的政策目的,而偷偷地向证明力规则投怀送抱,例证之一是:对于不具可采性的证据,预定其证明力为零。"[3] 这种理解恐怕是一种误解,这是因为,证据能力的目的在于实施证明政策或外部政策。其中,证明政策关心的是如何保障证据在形式上的可靠性,而外部政策关心的是无关真相的其他目的。如前文在证据能力和证明力的关系章

---

[1] See John H. Langbein, *Torture and the Law of Proof*, The University of Chicago Press, 1977, p. 45 - 47.

[2] See John H. Wigmore, *A Students' Textbook of the Law of Evidence*, The Foundation Press, 1935, p. 3.

[3] [美]米尔吉安·R. 达马斯卡:《比较法视野中的证据制度》,吴宏耀、魏晓娜等译,中国人民公安大学出版社 2006 年版,第 219 页。

节所述,证据能力根本不是探究或预设证明力的规则,更何况在法庭正式调查该证据前,事实裁判者也无法探知其证明力。实际上,证据能力预设的是一种进入法庭调查的资格,而不问其证明力的大小,甚至一些证据能力规则的运行是以假定证据是可信的为前提的。例如,《美国联邦证据规则》第403条规定的证明价值严重被偏颇效应超过时的排除规则。(2)法定证据制度的最终目的是排除法官在事实认定上的自由裁量权,也即法定证据规则要求法官在调查完证据后,运用预先设定的证明力规则对各证据的权重相加,而不允许其对该问题自由心证,当各个证据的权重相加后得出一个完整的证明时,就必须判被告人有罪。但证据能力制度并不限制事实裁判者在证明力评价上的自由裁量权,具有证据能力的证据经法庭调查后,事实裁判者享有充分的自由去评价证据的证明效力或可信性。

(二)自由心证对证据能力的排斥

1. 自由心证原则留给证据能力成长的空间较小

自由心证需要外部规则的约束,以将法官的自由心证控制在合理的范围。自由心证被大陆法系国家立法采纳后,一直充当大陆法系国家实施证据评估的原则。所谓自由心证,是指证据的证明力由法官自由判断,[1]这一自由判断显然是对法定证据制度的排斥。自由心证原则是以对审判官的信赖为基础的;审判官的资格之所以由法律规定,也与采用该原则密切相关。[2] 但是,自由心证并非绝对的自由,而是受到了一系列的限制;最为常见的限制是逻辑法则和经验法则,即法官对证据证明力的判断不得违背逻辑和经验。虽然证据能力也是限制自由心证的一个因素;但是,如果我们试图去寻找英美法意义上的证据能力规则,显然是徒劳的。

由于笼罩着法定证据制度的历史阴影,证据能力的成长空间极小。在大陆法系,证据能力规范有时会作为限制自由心证的因素而存在。

---

〔1〕 参见[日]土本武司:《日本刑事诉讼法要义》,董璠舆、宋英辉译,台北,五南图书出版公司1997年版,第314页。

〔2〕 参见[日]我妻荣等编:《新法律学辞典》,董璠舆等译校,中国政法大学出版社1991年版,第450页。

但是,大陆法系在废除法定证据制度后,对证据规则充满了警惕;这一警惕不但及于证明力规则,而且还波及证据能力规则。第二次世界大战结束之前,我们在大陆法系很难发现证据能力制度。虽然在第二次世界大战结束之后,大陆法系出现了一些非法证据排除规则及其类似制度;但是,除了像日本这样的转向当事人主义的国家外,我们依然很难找到那些包括关联性规则、传闻证据规则在内的证明政策规则。这一现象与法定证据制度的历史和后来的自由心证原则有关。由于自由心证制度出现的原因就是反对法定的证明规则,如果在废除法定证据制度后又引入证据能力规则,显然会勾起人们对法定证据制度的痛苦回忆,甚至会导致不由分说地排斥。这也是经历过法定证据制度折磨的欧陆国家拒绝证据能力规则的一大主因。日本之所以能自如地转向当事人主义,并借鉴美国大量的证据能力规则,其中一个重要原因是它没有法定证据制度的历史包袱。

2. 现实催生的证据能力替代制度及其局限性

自由心证原则对证据能力制度的排斥,使大陆法系诸多国家或地区错过了转向精细化的可采性规则的机会,但是,这并不意味着其错过了诉讼证明中的困难。相反,英美法系可采性规则所要解决的证明困难,在大陆法系同样存在,只不过大陆法系采取了其他类似制度予以解决或者在实践中采取了一些类似于可采性规则的惯常做法。但是,基于以下原因,这些类似制度无法达到证据能力规范的效果,这些原因也是大陆法系移植证据能力规范所面临的障碍。

一方面,粗线条的证据能力替代制度无法发挥与英美法系精细化的可采性规则同等的效用。具体而言,大陆法系虽然没有类似英美法系的精密的证据能力规则,但是,其确实存在一系列类似制度来解决相关问题。例如,利用直接原则来发挥类似传闻规则的效用,利用裁判说理制度来迫使法官摆脱不可采证据的影响,等等。但是,这些替代制度能否担当起相应的效用存在疑问。例如,大陆法系多数国家虽然存在直接原则,但是,姑且不论直接原则的范围和大量例外,如果我们把目光聚焦在其普遍实行的法官庭前阅卷制度,就会发现直接原则的功能恐怕包含一些夸大的成分。虽然为贯彻直接言词原则,德国联邦法院曾判决外行法官不得事先阅卷;[1]但是为了在庭审中有效地讯问证人,德国的首席法官在开庭审理以前需要研究卷宗。这就无法避免卷宗中的各种文档会在首席法官的头脑中留下印记,这也意味着这一初审法庭中最重要的成员会常规化地接触书面传闻。[2] 再如,裁判说理制度在职业法官的操纵下往往落入形式化的窠臼:许多法官在书面意见中展示出了标准的解释措辞,让人弄不清楚他们实际的思想状态。[3] 这些都使我们对大陆法系的自由心证制度和证据能力替代制度的实效性产生疑虑。

另一方面,一元化的审判组织导致其无法有效实施证据能力制度。大陆法系国家的法庭多采用一元化的审判组织,也即由单纯的法官组成的合议庭或者法官、陪审员组成的混合合议庭,审理事实和法律问题,而证据能力的审查也由合议庭决定。这种一元化的审判组织既审查证据能力,又参与法庭调查并审查证据的证明力。这就导致这样一种困难:即使法官排除了不具有证据能力的证据,被排除的证据对法官心证的影响仍在,让法官对这些证据“知而不用”显然是困难的。正如达马斯卡所言,“在一元化的法庭里,虽然同样是由个体来决定证据的可采性和证明力,但无法避免被禁止但有说服力的信息污染,它总是要对裁判者的思想造成影响”。[4] 如果不在证据能力审查和证明力判断上建立基于分工机制的隔音墙,那么,要求证据能力规范发挥作用的愿望很可能会落空。从这个意义上讲,一元化的法庭似乎又为大陆法系增加了一项拒绝移植证据能力规范的理由。此外,审判官的资格或回避制度并无意于解决上述“知而不用”的难题。查阅德国、法国、意大利等大陆法系国家的刑事诉讼法,“参与庭前证据能力审查”都不是法

---

〔1〕 ロクシン・アッヘンバッハ＝光藤景皎＝吉田宣之[訳]『ドイツ刑事訴訟法演習』(成文堂,2017 年)207 頁参照。

〔2〕 参见[美]米尔吉安・R. 达马斯卡:《比较法视野中的证据制度》,吴宏耀、魏晓娜等译,中国人民公安大学出版社 2006 年版,第 279 页。

〔3〕 参见[美]米尔吉安・R. 达马斯卡:《比较法视野中的证据制度》,吴宏耀、魏晓娜等译,中国人民公安大学出版社 2006 年版,第 130 页。

〔4〕 [美]米尔建・R. 达马斯卡:《漂移的证据法》,李学军等译,中国政法大学出版社 2003 年版,第 66 页。

官回避的事由。

（三）证据能力立法的崛起与特色

欧陆国家废除法定证据制度后，一直对证据规则持一种警惕的态度。这种现象反映在证据立法中是：各主要国家或地区都拒绝制定一部专门的证据法典，而把较少的证据规则作为其诉讼法典的一部分。因此，研究者若想从其法律中找到大量的证据能力规范多半是徒劳的。但是，在第二次世界大战之后，随着世界范围内人权观念的兴起，作为贯彻人权价值手段的证据能力规范逐渐被大陆法系各国或地区的刑事诉讼立法所采纳。

1. 大陆法系的许多国家都规定了非法证据排除规则或类似制度。(1)在德国，排除规则的理论起源于恩斯特·伯林（Ernst Beling）在1903年所作的题目为《排除规则——刑事诉讼中真实发现程序的界限》的演讲，其提倡一种排除特定证据的理论。他把其大量的精力放在了刑事诉讼法的执行上，并触及尊重个人权利的正当程序议题。经历了一个多世纪的政治、经济、社会和科技变革的德国，其证据能力的理论依然执行着伯林的教导。〔1〕1926年德国法官迪恩茨（Ditzen）提出严格证明概念，〔2〕以规范刑事诉讼中的犯罪事实认定，这为证据能力的产生和发展提供了坚实的理论基础。伯林演讲后的五十年，第一条非法证据排除规则才被引入德国刑事诉讼程序，即《德国刑事诉讼法》第136条a要求法院排除非自愿性供述，以呼应联邦德国宪法对人的尊严的保护。(2)在法国，证据能力问题往往与程序合法性联系在一起。有一个关于非法收集的证据的可采性的一般理论。关于此，它的两个方面值得强调：一个涉及隐私权，另一个是控制审问。《法国刑事诉讼法》并不存在管辖证据的一般法律。作为替代，这些材料散布于管制司法警察审查行为、侦查法官的预备审查、法院的审判权的规则；而且，法国证据规则的发展还受到了欧洲人权法院和本国翻案法院

---

〔1〕 See Sabine Gless, *Germany*: *Balanceing Truth Against Protected Constitutional Interest*, in Stephen C. Thaman eds., Exclusionary Rules in Comparative Law, Springer, 2013, p. 114.

〔2〕 参见［日］松冈正章：《严格证明与自由证明》，郭布、罗润麒译，载《环球法律评论》1981年第5期。

(Cour de cassation)的影响。[1] (3)在意大利,第二次世界大战之后,颁布了1948年《意大利宪法》以加强人权保障,此后的意大利不断对刑事诉讼法进行修改以符合宪法的要求。1988年《意大利刑事诉讼法》进行了较大修改,朝向当事人主义的诉讼模式迈进。也正是在这次修法中意大利引进了排除规则,以限制法官在证据取舍中的自由裁量权。《意大利刑事诉讼法》第191条规定违反法律禁令获取的证据在诉讼的任何阶段都不可使用,这可被视为证据的强制排除模式。在该法的其他条款中对诸如非自愿性陈述、品格证据、传闻证据等也作了禁止性规定。

2. 以日本为代表的国家或地区甚至开始全面移植美国证据能力规范。1868年在西方资本主义工业文明的冲击下,日本明治天皇建立的新政府正式开始了日本全方面近代化的改革。这种近代化改革当然波及刑事诉讼领域。1876年日本制定的《断罪依证律》正式宣布放弃承继中国古代的“依口供结案”的方式,而正式采用证据裁判原则,并向法国法的自由心证原则转变。[2] 曾于1920~1922年在德国柏林大学留学的日本留学生小野清一郎博士留学归来后,提倡引入德国的严格证明理论,即公诉的犯罪事实的认定必须依靠证据,而该证据还必须是在刑事诉讼规定中有证据能力的证据,且经过公开审理的合法调查所认定的证据,也即必须有严格证明。[3] 这为证据能力理论的发展奠定了基础。第二次世界大战结束后,日本作为战败国被美国接管。在美国的监管和督促下,日本开始对本国的宪法和刑事诉讼法进行全面修改,刑事诉讼朝着自由主义的方向改革。1949年1月1日实施的《日本刑事诉讼法》中关于强制处分的令状主义、起诉书一本主义、诉因制

---

[1] See Jean Pradel, *France: Procedural Nullities and Exclusion*, in Stephen C. Thaman eds., Exclusionary Rules in Comparative Law, Springer, 2013, p. 145 - 146.

[2] 参见[日]松尾浩也:《日本刑事诉讼法》(下卷),张凌译,中国人民大学出版社2005年版,第4页。

[3] 原文翻译的是“该证据还必须是在刑事诉讼法(第三百一十九条及以下各条)规定中肯定有证明力的证据”,由于《日本刑事诉讼法》第319条及以下规定的是证据能力事项,据此可见,其本来的意思应该是“证据能力”而非“证明力”。参见[日]小野清一郎:《犯罪构成要件理论》,中国人民公安大学出版社1991年版,第144页。

度、证据能力的限制以及证据调查的当事人主义等各个方面，受到美国法的显著影响。[1]《日本刑事诉讼法》规定了自白法则和传闻证据规则；在司法实务和理论研究中开始全面向美国学习，非法证据排除规则、意见证据规则和验真法则等可采性规则都在日本实务中开花结果。从历史的因素看，日本并不存在欧洲大陆国家法定证据制度的心理包袱，这使其较为容易接受英美法系的可采性规则。而且，第二次世界大战战败并被美国接管后，日本的法律变革受到了美国管理者的影响，证据能力方面的变革在很大程度上是一种美国压力下的变革和痛定思痛后的自主变革相结合的产物。

三、一波三折的中国证据能力移植之路

我国在西周就已存在类似于特免权的亲亲相隐制度，[2]在唐代还存在限制老幼废疾者证人资格的制度，[3]宋代出现了类似于对书证进行验真的实践。[4]但是，从严格意义上讲，这些制度还无法称为现代意义上的证据能力制度；近现代意义上的证据能力制度起源于清末变法，其历史命运一波三折。

（一）中国证据能力的早期探索

从清末变法到中华人民共和国成立前，由于对自由心证的过度迷信，且受历史因素的影响，我国对证据能力的立法和研究都极为不足。清末变法，我国刑事诉讼借鉴欧陆和日本的立法例，虽然未直接规定证据能力的限制情形，但其中的直接审理原则已隐约透露出现代证据能

〔1〕参见［日］松尾浩也：《日本刑事诉讼法》（上卷），丁相顺译，中国人民大学出版社2005年版，第8页。

〔2〕参见徐朝阳：《中国古代诉讼法·中国诉讼法溯源》，中国政法大学出版社2012年版，第176页。

〔3〕但是，此类制度的产生是考虑到这些人不堪受刑，因此不得令其为证。参见《唐律疏议·断狱》。

〔4〕参见李交发：《中国诉讼法史》，中国检察出版社2002年版，第122～123页。

力的思想。〔1〕辛亥革命推翻清王朝后，大清朝起草的《大清刑事诉讼律草案》未能施行，此时的证据能力理论虽在萌芽和孕育阶段，但其制度和观念的变革为我国证据能力理论的早期探索奠定了基础。1916年袁世凯病故后，中国形成了军阀割据的局面。北京政府于1921年颁布《刑事诉讼条例》并于1922年施行，南京广州军政府于1921年将《大清刑事诉讼律草案》中与约法及法令相抵触的部分修正或删除后颁布《刑事诉讼律》，由此形成了南北对峙并适用不同刑事诉讼的局面。〔2〕北伐战争胜利后南京国民政府在形式上统一全国，于1928年颁布《刑事诉讼法》并在全国施行，这一时期的刑事诉讼立法延续了清末刑事诉讼立法的思想，采直接审理和自由心证的原则。这一时期在被告人自白的判断领域，证据能力的思想已经初现端倪。但法律只是正面规定了非出于强暴、胁迫、利诱、欺诈及其他不正方法，且与事实相符的，可以作为证据；并未从反面规定不正讯问获得的证据的证据能力。此外，法律也未能确立严格的传闻证据规则；而且实践对此也持排斥态度，这可从1940年南京政府最高法院的一份议案中看出。其中有言："证言得之他人陈述而确有证据者，只不过证明力较为薄弱，并非决无证据能力。"〔3〕在理论学说方面，周荣编著的《证据法要论》被视为我国第一部系统研究证据法学的专著；该专著并未谈及证据能力这一术语，但是谈及了传闻证据规则。〔4〕正如近代证据法史研究者蒋铁初所言，在近代证据法律制度中，没有一条关于某种证据应当禁止使用

〔1〕清末修律大臣沈家本等在《奏〈刑事诉讼律草案〉告成装册呈览折》中指出，摘发真实，其主义有三：一为自由心证，然证据而以法律预定，则事实皆凭推测，真实反被所弊，宜悉凭审判官自由取舍；二为直接审理，不凭他人申报之言辞及文书，辄与断定；三为言辞辩论。《大清刑事诉讼律草案》"公判"一章第321条规定，为判决资料之证据，以审判衙门所直接调查者为限；但有特别规定者，不在此限。参见吴宏耀、种松志主编：《中国刑事诉讼法典百年：1906年～2012年》（上册），中国政法大学出版社2012年版，第108～109页。

〔2〕参见李春福：《刑事诉讼法论》，台北，新学林出版股份有限公司2017年版，第13页。

〔3〕刁荣华主编：《比较刑事证据法各论》，台北，汉林出版社1984年版，第231～234页。

〔4〕参见周荣编著：《证据法要论》，中国政法大学出版社2012年版，第93页。

的规范，这显然是立法者对自由心证主义过于迷信所致。[1] 概括而言，由于政治上的动荡、社会的不稳定和立法传统的束缚，这一时期证据能力理论的研究较为冷清。新中国成立后宣布废除国民党的“六法全书”，我国近代法律制度对大陆的立法影响式微。

(二)新中国成立后的证据能力理论

中华人民共和国成立后至“文革”时期，我国证据能力的立法和实践几乎处于空白状态。新中国成立后，我国法制建设开始学习苏联模式。1954 年我国翻译出版了苏联学者维辛斯基的《苏维埃法律上的诉讼证据理论》。该书指出，证据的采纳必须遵循的一点是“追求确认真实”，[2]同时注重证据的“关联关系”。[3] 这两种总结对我国后来的诉讼证据的采纳标准产生了较为深远的影响。但是，由于建国初期百废待兴，废除国民党“六法全书”后，我国长期没有颁布刑事诉讼法，在审判方式上，多受革命根据地时期的马锡五审判方式的影响；裁判的正当性多建立在群众路线的基础上，而缺乏对法律的分析和严格适用。[4] 1955 年董必武带领司法人员对 14 个大中城市的刑事和民事审判程序进行摸排和分析，完成了全国刑事和民事审判程序的总结，并发给全国各级法院试行。[5] 这一意见涉及证据的文字较少，仅对笔录的

---

〔1〕 参见蒋铁初：《中国近代证据制度研究》，中国财政经济出版社 2004 年版，第 259 页。

〔2〕 书中的原话是：“采取这种或那种证据是法院的职责，法院在解决这个问题的时候，必须遵守的只有一点——追求确认真实，就是确认那种实质的或客观的真实，全部的诉讼程序都是从属于这一真实的任务的。”参见[苏联]维辛斯基：《苏维埃法律上的诉讼证据理论》，王之相译，人民出版社 1954 年版，第 261 页。

〔3〕 证据关联关系在该书中的两个重要表述是：一是“凡对于案件具有意义，对于法院应当确认的事实具有关系的各种情况，都应当作为证据而加以采用”。二是“在逻辑本身和诉讼理性——理性的力量所要求的这种限制范围以外，审判和侦查在选择证据和作为证据而利用这种或那种事实上都是自由的。对于法院所设定的唯一限制是要求不得脱离自己的直接任务，不得迷恋与本案无直接关系的旁不相干的任务”。参见[苏联]维辛斯基：《苏维埃法律上的诉讼证据理论》，王之相译，人民出版社 1954 年版，第 262 页。

〔4〕 参见黄晨：《1956—1964 重庆市江北县惩治破坏生产犯罪判例分析》，西南政法大学 2017 年硕士学位论文，第 27 页。

〔5〕 参见潘勤：《董必武刑事法律思想初探》，载《法律科学（西北政法大学学报）》2003 年第 1 期。

采信确立了"符合客观真实"的标准,〔1〕这对规范审判起到了一定作用。1962 年第六次全国司法会议通过的《关于人民法院工作若干问题的规定》提出了"认定案情要实事求是,重证据不轻信口供"的原则,但仍未提及证据资格或证据能力的问题。〔2〕"文革"期间我国法制遭到严重破坏,证据法的实践和研究都陷入停滞状态。概括而言,新中国成立后至"文革"时期,由于强调实事求是和群众路线,加上缺乏一部系统的刑事诉讼法,我国关于证据能力的实践和研究都几近空白状态。

"文革"结束后,我国证据能力理论开始缓慢发展,但仍未摆脱传统证据理论的束缚。"文革"结束后,我国于 1979 年颁布了新中国成立后的第一部刑事诉讼法,在第一编第五章以 7 个条文专章规定了证据问题;但对证据的采纳仅从正面规定了什么情况下才能作为定案的根据,并未涉及证据排除规则。此后,我国证据法学的研究兴起。早期的代表作如张子培主编的《证据法学》提出了证据具有三个基本特征:客观性、相关性和法律性。在论证证据的法律性时,作者反思"文革"教训,提出"司法人员非法取得的材料,也不能作为刑事证据"〔3〕;这种观点在当时是振聋发聩的,也为我国证据三性说的形成和发展奠定了基础。同时期,也有学者把证据的客观存在和与案情有联系视为证据的两个特征,而不承认证据的合法性特征。〔4〕证据的特征或属性在司法实践中得到运用,在司法审判中成为质证的依据,并长时间充当了证据审查判断的标准。

由于我国刑事诉讼立法和司法实务深受证据三性说的影响,学者对证据能力的研究起步较晚。从中国知网的检索来看,田书彩和吉达珠在 1990 年发表的《违法取得的证据材料的证据能力初探》是最早将证据能力作为主题探讨并收录于中国知网的论文,文章提出了必须坚

〔1〕 参见最高人民法院《关于〈十四个大城市高、中级人民法院刑、民事案件审理程序初步总结〉的试行总结和今后在全国试行的意见》,1956 年 2 月 19 日发布。

〔2〕 参见张世进等主编:《中华人民共和国法律规范性解释集成》,吉林人民出版社 1990 年版,第 1456 页。

〔3〕 张子培、陈光中等:《刑事证据理论》,群众出版社 1982 年版,第 89 页。

〔4〕 参见巫宇甦主编:《证据学》,群众出版社 1983 年版,第 67 ~ 69 页;陈一云主编:《证据学》,中国人民大学出版社 2000 年版,第 110 页。

决否定“违法获得的证据材料具有证据能力”这一观点。[1] 1993年申君贵系统探讨了英美法系和大陆法系的证据规则，并根据我国《刑事诉讼法》的规定，列举了8种不具有证据能力的情形，[2]这是我国学者较早系统、客观探讨证据能力的一篇文章。其后，有学者对证据能力和证明力的关系进行了探讨。[3] 有学者从程序主体理论角度论证了证据能力对证明力的限制。[4] 有学者系统探讨了非法证据的证据能力，并提出构建我国非法获得口供的排除规则和非法获得实物证据的排除规则。[5] 对于刑事证据能力的研究，20世纪90年代可视为证据能力理论启蒙的10年。1996年我国《刑事诉讼法》再次修改，在诉讼结构中引进了当事人主义的一些规则，顺应了刑事诉讼发展的国际潮流，但证据规则变动不大。进入21世纪后，随着我国刑事诉讼朝向当事人主义方向的改革，学界系统研究证据能力的基本理论开始增多。2010年的“两个证据规定”和2012年的非法证据排除规则入法使我国刑事证据能力的制度和理论有了质的飞跃。但整体来看，现有研究和司法实务受证据三性说的影响依然较大。

---

〔1〕 参见田书彩、吉达珠：《违法取得的证据材料的证据能力初探》，载《法学研究》1990年第4期。

〔2〕 参见申君贵：《关于诉讼证据能力之探讨》，载《政法论坛》1993年第6期。

〔3〕 参见邢怀柱：《刑事诉讼证据能力初论》，载《现代法学》1996年第1期。

〔4〕 参见李莉：《论刑事证据的证据能力对证明力的影响》，载《中外法学》1999年第4期。

〔5〕 参见章礼明：《非法证据的证据能力研究》，载《华东政法大学学报》1999年第1期。同一时期类似文章还有王育平：《刑事非法证据及证明能力探析》，载《甘肃政法大学学报》1996年第3期。

第三章　刑事证据能力的理论构造之澄清

证据能力规范可能会排除有证明力的证据，进而影响事实认定，这是人们在质疑证据能力正当性时的一个典型说法，这种质疑更进一步即是否定证据能力的理论价值，主张一种不需要任何证据规则约束的自由证明。与之相对的一种观点是把证据能力视为发现真实的媒介，将证据能力的适用与发现真实画等号，进而把认识论视为证据能力适用中的一个主线。这些观点在现实中具有迷惑性，事实上，即便是排除了可能有证明力的证据，或者即便不增益于真实发现，刑事证据能力依然具有理论上的正当性。有必要从基本权理论、程序正义理论和认知哲学三个方面澄清刑事证据能力的理论构造，纠正一些针对刑事证据能力功能和正当性的不必要的误解，为刑事证据能力的实践运用正本清源。

第一节　基本权的功能理论的支撑

证据能力是通过肯定或否定一个证据材料进入法庭调查的资格来发挥其过滤功能。这种否定证据资格的行为本身是对法院的证据调查的一种限制，也是一种限制举证者提出证据的行为，在举证者是控诉机关时，其有限制公权力行使举证权的意味。这种对证据调查权和举证权的限制在宪法层面具有基本权的保障意义，从基本权利的功能理论出发，可以把这种限制看作基本权利在功能层面对国家机关所作的义务限定。因此，证据能力问题不单单是一个认识论的问题，其首先应当是一个基本权利保障的宪法问题。

一、基本权的两种功能与证据能力适用

基本权乃是一个人生存所不可或缺且其核心为永久不可侵犯之权利。基本权的规定不仅是客观法规范,也是主观的权利。基本权的"客观法性质"是指基本权的规定对于国家权力皆具有拘束力。基本权的"主观权利之性质"是指基本权可以通过国家制度予以实现,也即,当基本权受到侵害时可以请求司法救济。换言之,基本权既是一种主观权利,又是一种客观规范,两者结合起来就是基本权的双重性质。[1]因此,基本权的功能主要表现为:作为主观权利的功能和作为客观法的功能。作为主观权利的功能,基本权具有防御权功能和社会基本权功能。作为客观法的功能,基本权的内涵被视为国家整体制度的价值基础,其有客观价值秩序功能、制度性保障功能、组织和程序保障功能和国家保护义务功能。这些功能是防御权功能的重要补充,其在保障基本权实现方面都发挥不可或缺的作用。

(一)基本权作为主观权利的功能

1. 基本权的防御功能是公民在其自由范围内对抗国家侵犯的功能。防御权既是公民不受国家侵害的请求权,也为公民在侵害发生时排除国家侵害的请求权提供依据,这是基本权的原始功能。按照耶律尼克(G. Jellinek)提出的身份理论,人在国家中有四种身份:一是消极身份产生自由权,使人自由于国家之外;二是积极身份产生对国家的各种请求权,向国家要求给付;三是主动身份,是以公民的地位参与国家活动;四是被动身份产生义务,与权利无关。基本权的防御权功能则是公民消极身份的表征。例如,当警察的取证行为侵害了公民的基本权时,基于基本权的防御功能,公民有权要求国家排除相关侵害或给予其他方面的救济。

2. 基本权的社会基本权功能要求国家向人民提供特定的经济和社会给付。现代基本权功能不再限于免于国家侵害的自由,在社会国的基本理论下,其还有社会基本权功能,对于行使自由所需要的物质要件

---

[1] 客观的法规范只有其中一部分属于人民的主观权利,只有在该部分受到侵犯时,人民才可向法院诉请保护。而与主观权利无关的客观法规范,即使国家违反了,人民也不得提起诉讼。

有请求国家给付的权利,这涉及通过国家而实现的自由。这项功能也被称为收益权功能,基本权主体可直接根据基本权规定,请求国家提供特定经济与社会给付,人民有请求国家给付的权利,而国家则相应地有提供给付的义务。由此,基本权实现的一些先决条件也一并受到保障。但需要注意的是,由于国家物资的有限性,社会基本权功能不可能像防御权功能一样,拥有强烈的主观权利保障。例如,为保障公民对不利证人的对质诘问权,国家应传唤该证人出庭作证并给予其相应的经济补偿。

3. 基本权作为客观法的功能是对基本权主观防御功能的有效保障。关于基本权的防御功能与其他功能之间的关系,一般而言,有关主观的防御功能目前仍是最重要的,而作为客观法的一系列功能均是用来加强这种主观的防御功能,这些是用于补充基本权防御权功能的重要方面。从以自由权与平等权为主的古典权利清单看,基本权确实是一种防御权,也即对抗国家的权利。第二次世界大战后,基本权被认为是一种客观价值决定,即使国家没有侵犯公民的基本权,基本权仍是由客观的宪法价值决定,一样拘束国家的任何行为,拘束国家立法、行政和司法机关。即使国家没有侵犯人民的基本权,国家在宪法上仍负义务,必须以各种不同的方法落实基本权的保障,此即基本权作为客观法的功能。

(二)基本权作为客观法的功能

1. 基本权的客观价值秩序功能要求国家承认并保障基本权所蕴含的价值秩序。该客观价值秩序功能通常是指:国家的现实存在是一个文化和生活价值持续整合的过程,在这个过程中,基本权作为其标准建构的因素而参与整合。此时的基本权从主观防御权的面向抽离开来,而成为一个基本原则,而单一基本权的客观秩序指的就是这个原则。换句话说,基本权不但是一种权利,其本身还蕴含有社会所需求的客观价值秩序。例如,平等权作为一种基本权从其意义中抽离出行为主体、内容和义务对象后成为平等原则,这一基本原则就是平等权的客观价值秩序,立法者可通过积极的立法举措实现这一客观价值秩序。

2. 基本权的制度保障功能要求国家承认并设立制度保障那些社会生活中应有的制度。制度性保障功能指的是在基本权中有些很早就已存在的具有久远历史传统的制度，如公务员制度、大学和婚姻、继承等都属之，国家不能通过立法把其废除或违背其核心精神对其进行变更。个人权利与制度保障两者共同构成基本权的整体，基本权既是个人的权利，也是生活中的建制。承认某种自由权的本身即产生制度性保障的功能，例如，新闻自由、私立学校、学术自由和艺术自由等。此外，制度性保障功能还科予立法者某种形成制度的义务，当在理论上认为某制度应当存在，但实际上却不存在时，立法者有义务落实这些保障基本权的制度。例如，诉讼程序是历史悠久的制度，属于公民社会生活中不可或缺的制度，即使宪法没有规定诉讼基本权，国家也有义务承认这种制度，并积极通过立法来保障这种制度。

3. 基本权的组织与程序功能要求国家设立相应的组织和程序来保障基本权的实现。基本权在现实生活中的功能履行，需要组织和程序法上的保障和落实，同时基本权本身也影响组织与程序法的设置。基本权的组织与程序保障功能有两个面向，其积极面向是要求国家营造一个适合基本权实践的组织和程序环境，以促进公民基本权的落实；而其消极面向是在基本权实际侵害发生前，事先通过适当的组织和程序予以防止或将实害发生概率减至最低。这也意味着，任何一个涉及公民基本权的国家决定都应践行一定的组织和程序义务，通过设置相关的组织和正当的程序以防止或最大限度减少基本权实害的发生。例如，公民在诉讼中享有正当程序的基本权，国家有义务设立相应的组织和程序来保障该基本权的实现。

4. 基本权的国家保护义务功能要求国家保护基本权免受第三人侵害。其强调国家负有义务去保护人民在实现基本权过程中，有足够的力量去对抗第三人的侵害。这种功能基于社会契约理论，人民愿意放下武器结成国家结束战争状态并放弃私力救济，那么国家应承担保护自己公民的义务以此对抗来犯的第三人，国家的社会保护义务在刑法和警察法等社会秩序维护法方面都有完整的体现。当国家对某一基本权未做防护措施，或保护措施完全不合适或根本不充分时，则构成国家保护义务的违反。例如，公民享有隐私的基本权，当第三人试图侵害这种基本权时，国家应当在立法和司法上负起保护的义务。

（三）证据能力要件的设定与判断应当受基本权的拘束

在刑事证明中，基本权的功能会对证明的程序和证据能力产生影响，这主要表现在基本权利对证据能力规范的设定起重要的指引和规范作用。在刑事证明过程中，国家有义务设置有效的程序和证据能力规范，来确保公民的基本权在刑事证明的过程中受到严格的保护。例如，当基本权在遭受警察取证行为的侵害时，基于其防御功能、组织和程序功能，国家应当设定相应的标准与程序予以救济，其中一个重要的制度就是非法证据排除规则。

与此同时，证据能力的判断过程也要受到基本权的束缚。证据能力要件的判断固然需要遵循法律规定，但是在判断者有自由裁量空间的时候，法官的自由裁量并非可恣意而为，而应当受到宪法基本权的拘束。例如，证据能力的判断有时会受到平等权的拘束，要求裁判者不得差别待遇。在对证据的关联性进行判断时，法官所借助的手段就是逻辑和经验。要检验一个证据性事实在逻辑上是否是一个有证明力的要素性事实，法官要考察在证据提出者提出的推论链条中每一个推论背后所潜藏的归纳概括，〔1〕一些归纳概括是基于性别、民族、种族、宗教信仰、年龄以及性偏好等因素的歧视性范例。其中，许多是属于虚假或推测等不可接受的范畴，侵害了公民的平等权，基于此的归纳概括就应该被摒弃。〔2〕又如，“韩国企业都是腐败的”这一概括，被法院认为带有歧视偏见，违反了宪法的平等保护原则。〔3〕无独有偶，在德国，基本权利对证据采纳和评价的限制被称为恣意禁止（Willkürverbot）原则，这与宪法保障的平等原则亦有渊源。由于基本权利拘束所有的国家机关，法官也是基本权利的受诫命人，其在行使职权时应当尊重相对人的

---

〔1〕 参见［美］艾伦、库恩斯、斯威夫特：《证据法：文本、问题和案例》，张保生、王进喜、赵滢译，高等教育出版社 2006 年版，第 152 页。

〔2〕 参见［美］艾伦、库恩斯、斯威夫特：《证据法：文本、问题和案例》，张保生、王进喜、赵滢译，高等教育出版社 2006 年版，第 153～154 页。

〔3〕 See Jinro America Inc. v. Secure Investments, inc, 2001 U. S. APP. Lexis 25987, at 37 (9th Cir. 2001). 转引自满运龙：《美国证据法的宪法维度》，载《人大法律评论》2016 年第 2 期。

基本权,不得恣意地差别待遇。[1] 再如,《美国联邦证据规则》第 610 条规定:证人的宗教信仰或者意见的证据不可采纳用来攻击或支持证人的可信性。这条规定是基于与可信性争议并不相关的因素,其中的一个重要原因是这会侵犯被告受宪法保护的宗教信仰自由权和隐私权。[2] 这些都表明,在证据能力要件事实的判断中,法院的判断和控辩双方的调查行为应当受到基本权的限制。

二、正当程序权支配下的证明政策规则

如前文所述,证明政策规则是为保障证据的可靠性而设定的证据能力规范,它包括关联性规则、传闻证据规则、意见证据规则和最佳证据规则等。从宪法层面讲,这些规则反映了公民基本权的功能要求。那么基本权的功能都对证明政策规则有哪些要求呢?这些要求反映在证明政策规则的哪些方面?对此,本部分将予以揭示。

(一)公民的正当程序权要求设置证明政策规则

基本权利的功能对国家行为过程的要求是坚持正当法律程序。基本权有组织和程序保障功能,每项基本权利都有程序的内容且有程序保障的需求,公民有权要求公权力机关在诉讼中提供一个正当的法律程序。由于个别基本权利都含有程序保障的需求与功能,那么性质相同的程序保障可以一般化为程序基本权或诉讼基本权,此类基本权可作为个别基本权无法涵盖时的补充依据,并支配所有公权力。在诉讼基本权之下,我们可以进一步推导出"正当程序的权利",正当程序是诉讼过程应当追求的一种价值秩序,正当程序的权利诫命国家机关通过立法或司法的形式为诉讼提供一个正当的程序,确保公民在诉讼程序中受到公正的对待。

正当法律程序要求设置证明政策规则以提升事实认定的准确性。证明政策与宪法的关联主要集中在正当的法律程序。有学者认为,实质正当之法律程序应兼具实体法与程序法规定之内容,如实体法上遵守罪刑法定原则,程序法上被告自白须出于自由意志,犯罪事实依证据认定,当事人有与证人对质或诘问证人之权利,对裁判不服提供审级救

---

〔1〕 参见林钰雄:《严格证明与刑事证据》,法律出版社 2008 年版,第 117 页。

〔2〕 See Paul C. Giannelli, *Understanding Evidence*, Lexis Nexis,2009,p. 297.

济等都属之。刑事诉讼是在具体案件中确定并实现国家对被告人刑罚权的程序,其属于剥夺被告人生命、自由或财产的程序,在该程序中需要贯彻正当法律程序,而正当法律程序的贯彻需要借助证明政策规则的力量。例如,对被告人对质权的保障,需要借助传闻证据规则予以实现。为确保被告人获得公平审判的权利,需要通过意见证据规则、最佳证据规则等证明政策规则确保证据的可靠性。当现有的立法未能设置证明政策规则,或者设置的证明政策规则不足以保障其基本权时,公民则有权要求国家设定或完善相关制度以更好地保障其基本权。

(二)正当法律程序在证明政策规则中的体现

1.传闻证据规则对被告人对质权的保障体现了正当程序的要求。传闻证据规则主要是考虑证人未经宣誓、亲自到庭和交叉询问,其证言的可靠性无法得到保障,而反对方没有机会对相关证人进行交叉询问是排除传闻的主要原因。也就是说,保障被告人的对质诘问权是设置传闻证据规则的一个重要原因。在美国,《联邦宪法第六修正案》明确规定了刑事被告人有与证人对质的权利。传闻证据规则在一定程度上反映了被告人与证人对质诘问基本权的防御功能以及组织和程序功能,国家设立传闻证据规则以防止被告人的对质诘问权遭受侵害。

2.品格证据规则对习性推论的禁止体现了正当程序和尊严权的要求。在品格并非案件实质性争议事实的情况下,品格证据规则通常要求不得采纳用于证明倾向性目的的品格证据。限制此类证据的证据能力一方面是因为其证明价值很小,另一方面因为其可能带来危险的偏见、注意力的分散和时间的浪费。用品格证据来证明被告人的犯罪行为与其品格相符是一种带有极大的“坏人偏见”的推论方式,这不仅否定了被告人改善自我人格的可能性,而且具有羞辱性质,是有损人性尊严的。以此种证据来认定犯罪事实显然是不公正的,侵害了被告人的尊严权,是违反正当法律程序的证据调查方式。因此,从保障正当程序权和尊严权的层面,也有必要设立品格证据规则事先防止裁判者使用品格证据侵犯被告人基本权。

3.意见证据规则对证人意见的拒绝也体现了正当程序的要求。意见证据是证人从观察到的事实中所得出的推论,该规则来自这样一个一般规则,即证人只说其直接观察到的事实。[1] 从这个角度上讲,其与传闻证据规则是同源的。排除意见证据的主要理由是:意见证据不具有相关性,而且如果采纳意见证据将会侵犯事实裁判者的职能,因为对证据进行事实推论是事实裁判者的固有职权。如果裁判者使用意见证据认定事实,将意味着:除去法定的事实裁判者外,证人也是被告人的裁判者,这显然是不正当的,其侵害了被告人的正当程序权。因此有必要制定意见证据规则以贯彻正当程序,防止司法裁判行为通过另立裁判者的方式侵害被告人的程序基本权。

4. 最佳证据规则对破坏原件者的惩戒也体现了正当程序的要求。在自由的证据开示规则和现代电子复制技术产生之前,最佳证据规则是为了预防欺诈,防止提出篡改过的复制件和扣押原件的行为。该原则的现代正当理由已经转化为"书写文件优于口头叙述在法律中占有中心地位"的认识。申言之,当就书写文件的内容存在争议时,与关于其他事件的口头证言相比,关于书写文件所含措辞的口头证言存在更大错误的风险。因为人的记忆并非经常能回忆起书写文件所含的准确措辞,当这些措辞存在争议时,只有书写文件自身或真实的复制件才能提供可靠的证据。[2] 由此可见,最佳证据规则的基础在于保障证据的可靠性,如果替代性证据的提出方无法解释或合理证明原件的缺失,将导致替代性证据被排除的后果。从正当程序的视角看,在本可以提供一个更为精确的原件的情况下,由于提出者本人的原因而使用一个有更大错误风险的替代品来进行关键事实的证明,显然是不正当的。在上述情况下,无视提供原本的要求,直接采用证据替代品,则违背了正当程序原则。因此,出于正当程序的考虑,也应当有一个最佳证据规则的制度或类似制度来限制替代品的证据能力,以此保障对方当事人的权利。

三、基本权保障视角下的外部政策规则

外部政策规则是一种为实施独立于证明价值的外部政策而设定的

---

〔1〕 See Sir Rupert Cross, F. B. A., D. C. L., *Cross on Evidence*, London Butterworths, 1979, p. 442.

〔2〕 See Seiler v. Lucasfilm, Ltd., 808 F. 2d 1316 (9th Cir. 1986).

证据能力规范。这些外部政策与基本权有密切的联系。在刑事诉讼领域,基本权的功能的实现要求设置外部政策规则,通过排除证据的手段来维护公民的基本权利。

(一)基本权的功能要求设置非法证据排除规则

1. 违法取证是对公民基本权的侵犯,基于基本权的功能理论,立法和司法有义务予以回应。在刑事诉讼中,国家的侦查取证行为会不可避免地侵犯公民的基本权,当这种侵犯属于国家立法限制公民基本权的合理范围时,公民负有忍受义务,如合法的搜查或逮捕。但是,如果取证手段超出了法律保留的合理范围,基本权的防御功能就会发挥出来。被侵权人有权请求国家排除妨害,在侵害已经发生后,有权请求国家给予合理的救济,这种救济就包括排除非法获取的证据。侦查行为,尤其是在强制处分的领域,对公民基本权侵害最为明显。强制处分属于诉讼行为,但这不意味其不具有实体性质。德国学者 Niese 提出了"双重性质的诉讼行为"之观念,强调强制处分兼具实体和程序的性质。基于这种特性,德国学者 Amelung 进一步提出了以刑事诉讼上的基本权干预(strafprozessuale Grundrechtseingriffe)代替强制处分的传统用语。由此,基本权干预成为德国的多数说,[1] 这一学说对其他大陆法系的强制处分理论产生了深远影响。这一观念的转型对强制处分的救济体系产生了重大影响,它使强制处分进入了宪法基本权体系的审视范围。这就意味着,强制处分不仅需要遵循法律保留原则和比例原则,基于基本权的防御功能,违法干预公民基本权应当受到法院的有效救济,非法证据排除规则正是这种救济的有力体现。

2. 非法证据排除规则有力地回应了基本权的功能需求。基本权的防御功能要求国家在公民的基本权遭受侵害时承担予以救济的义务。在美国,非法证据排除规则首先是根据《联邦宪法第四修正案》的规定发展起来的,而其保障的正是公民人身和财产的基本权,排除规则的确立体现了该类基本权的防御权功能。除了继承普通法的各类证据规则外,联邦最高法院根据宪法规定发展出了一系列非法证据排除规则,主要范围涉及"警察通过胁迫获取的被告人自白"和"警察以非法手段获

---

〔1〕 参见林钰雄:《刑事诉讼法》(上册),台北,2013 年自版发行,第 302 页。

取的不利于被告人的证据”。

(1)关于非法供述的排除规则与宪法的关联,联邦最高法院在1897年布拉姆案中明确了以胁迫手段获得的被告自白违反了《联邦宪法第四修正案》所保护的不得强迫自证己罪的权利,因此不得用于审判。[1] 1936年联邦最高法院根据正当程序条款赋予被告自白的自愿性测试(voluntariness test)以宪法地位。[2] 1966年的米兰达案强化了这一认识,联邦最高法院要求警察在讯问犯罪嫌疑人前必须向其告知四项警告,即众所周知的米兰达规则,违反这一规则获得的被告人自白不得用于证明被告人有罪,[3]此项规则重审了普通法上被告自白必须遵循的自愿规则。

(2)关于其他非法证据排除规则与宪法的关联,《联邦宪法第四修正案》规定公民的人身、住宅、文件和财产不受无理搜查和扣押,而把此项宪法权利与证据联系起来的是非法证据排除规则。1914年,联邦最高法院在威克斯案中首创非法证据排除规则,其认为:如果以不适当方式获得的信件和个人文件能够作为对被告人不利证据的话,那么宣告他不受非法搜查和扣押权利的《联邦宪法第四修正案》就没有任何价值,还不如索性将其从宪法中剔除出去。[4] 此后排除非法证据的判决多援引《联邦宪法第四修正案》。此后,最高法院还把非法证据排除规则适用到违反《联邦宪法第十四修正案》的正当程序(due process of law)的领域。[5] 在上述意义上,非法证据排除规则是对基本权防御功能的有力维护,而且它还体现了基本权的组织和程序功能,联邦最高法院通过设定非法证据排除规则的实体标准和程序,使基本权的防御功能得以有效发挥,以此防止或减少基本权实害的发生。

---

〔1〕 Bram v. United Sates,168 U. S. 532(1897).

〔2〕 Brown v. Mississippi,297 U. S. 278,56 S. Ct. 461(1936).

〔3〕 Miranda v. Arizona,384 U. S. 436(1966).

〔4〕 Weeks v. United States,232 U. S. 383(1914).

〔5〕 在美国的早期判决中,证据排除规则被视为《联邦宪法第四修正案》和《联邦宪法第十四修正案》条文绝对必要的一部分,也是《联邦宪法第四修正案》限制政府权力滥用的一部分。See Mapp v. Ohio,367 U. S. 643(1961). 后来,联邦最高法院以宪法并无非法证据排除规则的明文规定为由否定该法则是《联邦宪法》的一部分。See United States v. Leon,468 U. S. 897(1984).

(二)基本权的功能要求设置特免权证据规则

1. 有些特免权本身就有直接的宪法根基,如不得强迫任何人自证其罪的特权,在许多国家的宪法中都有规定。有些虽无规定,也可从人性尊重或基本权的概括条款中推导出来,该特权与保障作证者的人性尊严特别是意志自由的基本权利有关。美国联邦最高法院还认为该特权有保障公民隐私权的功能,因为人民内心有极为隐私之处,政府不得强迫其吐露该部分内容。[1] 从这个角度讲,隐私权的防御功能也可称为其正当性的根据之一。

2. 在美国,有些特免权也有保障《联邦宪法第一修正案》所包含的新闻自由和学术自由的考虑。例如记者特免权,联邦最高法院的一个判决中,大法官鲍威尔(Powell)的协同意见书认为记者虽无拒绝证言权,但有时新闻记者可依宪法规定主张拒绝证言权。[2] 该协同意见和判决的反对意见对联邦下级法院和州立法产生了影响,部分联邦下级法院和州立法肯定了新闻记者的拒绝证言权。[3] 再如,学者为保护研究秘密和研究对象的身份也可基于《联邦宪法第一修正案》的学术自由权主张特免权。也有一些特免权规则与公民的基本权有密切的关联。例如,夫妻证言特免权和政府特免权(executive privilege)。夫妻证言特免权的存在更多的是从保障婚姻家庭权方面考虑的,以避免一方配偶在刑事诉讼中被要求作证来反对另一方,进而破坏婚姻家庭权的客观价值秩序。而政府特免权则是为政府内部的秘密交流设定的特权,该特免权与其他保障公民基本权的特征正好相反,从基本权的角度讲,其是出于保护政府秘密等公共利益或公共秩序的考虑而限制公民的信息获知权和诉讼基本权,使其在诉讼中无法获得需要的此类证据。

3. 其他特免权规则的正当性理由与公民的隐私基本权有重要关联。较为经典和流行的是威格摩尔的观点:交流需源自他们不会被披

---

〔1〕 Griswold v. Connecticut,381 U. S. 479(1965).

〔2〕 Branzburg v. Hayes,408 U. S. 665(1972). 该案中以 Stewart 为首的三位大法官认为,只有在符合一定条件下,政府机关才能强迫新闻记者透露消息来源,另一位持反对意见的大法官 Douglas 认为基于宪法保障新闻自由的规定,新闻记者享有完全的拒绝证言权。

〔3〕 参见王兆鹏:《美国刑事诉讼法》,北京大学出版社 2014 年版,第 665 ~ 666 页。

露的秘密,秘密要素必须对全面且令人满意地维持当事人之间的关系至关重要,这种关系从社会共同体的视角来看必须是一种应当小心维护的关系,披露这种信息给这种关系所带来的损害必须大于获得有关信息进而正确处理诉讼所带来的利益。[1] 但是,近年来有学者批评威格摩尔的上述观点过于功利,而忽略了隐私和人性尊严的重要性。此说的代表人物艾伦·威斯汀(Alan Westin)认为在现代社会秘密沟通的保护有四大功能,即促进个人自主(personal autonomy)、情绪宣泄(emotional release)、自我评估(self evaluation)、亲密关系交流的限定和保护(limited and protected communication)。[2] 在现代社会,特免权是个人隐私权重要的保护装置,隐私在此语境下不仅包含了秘密,而且包含了自愿性和对自身拥有的信息交流的安全的掌控。[3] 秘密交流特免权所保护的范围也能佐证保护隐私权的观点,因为其所保护的范围只是秘密交流本身,如果律师和委托人、丈夫和妻子交流时有不必要的第三方在场,则该谈话就不受特免权的保护。从隐私权的理论来审视特免权规则,其自然而然地和基本权的保障产生了联系,交流的秘密作为一种隐私基本权,其具有防御功能,用以对抗国家的侵犯行为,其所具有的组织和程序法上的保障功能则要求国家设立一定的程序来防止或最大限度地减少基本权实害的发生。进一步而言,国家固然可以为侦查犯罪行为这一公共秩序利益限制基本权,但是这种限制应当遵从立法保留原则和比例原则,把其对隐私权的侵害减至最低。当一个社会对诸如家庭交流、特定职业的交流等信息的隐私期待较高时,基本权的制度性保障功能就应当发挥作用,立法就有义务设定特免权制度来保护这一领域内的隐私期待,以对抗国家的侵犯。从这个意义上讲,特

---

〔1〕 See John Henry Wigmore, Evidence, §2285, at 527 (Jonh T. McNaughton rev. 1961). 转引自[美]艾伦、库恩斯、斯威夫特:《证据法:文本、问题和案例》,张保生、王进喜、赵滢译,高等教育出版社 2006 年版,第 906 页。

〔2〕 See Alan F. Westin, *Privacy and Freedom*, Meclell and & Stewart ltd, 1963, p. 31 - 39.

〔3〕 See Thomas G. Krattenmaker, *Testimonial Privileges in Federal Courts: An Alternative to the Proposed Federal Rules of Evidence*, Georgetown Law Journal, Vol. 62, Issue 1, p. 86 (1973).

免权制度的正当性具有宪法根基。

第二节　程序正义理论的解释框架

长期以来,证据可采性规则的产生原因多沿用美国证据法学家赛耶的解释,其认为证据法是陪审团制度之子,[1]威格摩尔继承了这一观点使其传播得更广。[2] 证据规则的产生固然有陪审团制度的影响,但这一影响因素不应当被过分放大,正如摩根所言:“由于对抗制的特色是如此明显,最好不要不假思索地接受陪审团是证据法产生和存续原因的观点,当有人宣称陪审团是拒绝逻辑相关性证据的规则的唯一或主要原因时,应当特别加以小心。”[3]欧洲大陆实行陪审团审判的历史和现在的陪审团实践也说明了这一点。[4] 事实上,真正支配并推动证据规则发展的是包括平等对抗在内的程序正义理论。理论研究有必要对程序正义的内在标准支配证据能力发展的内在机理进行揭示,破除先前证据能力起源理论对“认识论”和“陪审团认知缺陷”的迷信。

一、程序正义的功能及内在标准

在社会生活中,为形成一定的结果,往往需要经过一定的活动过程,这种活动的过程被称为“程序”。在司法活动中,程序特指按照一

---

〔1〕 “for the main purpose now in hand is not that of writing a history of the jury, but of elucidating the English law of evidence, which is the child of the jury.” See James Bradley Thayer, *A Preliminary Treatise on Evidence at the Common Law*, Little Brown, and Company,1898,p.47.

〔2〕 威格摩尔认为,对于有经验的法官而言,未受证据评价训练的陪审员必须得到指引。法官的评论或总结给了他们,但需要的不只这些指示,还有规制证据准入的规则,以防止陪审员被不相关、偏见的或不诚实的证言,或他们自己的情绪、同情心和偏见所误导。See John H. Wigmore,*A Students' Textbook of the Law of Evidence*,The Foundation Press,INC,1935,p.4 –5.

〔3〕 See Edmund M. Morgan, *The Jury and the Exclusionary Rules of Evidence*, University of Chicago Law Review, Vol.4,Issue 2,p.248(1937).

〔4〕 See Hammelann, *Hearsay Evidence:A Comparison*, *Law Quarterly Review*,Vol.67, Issue 1, p.67(1951).

定的顺序、仪式和步骤集中探讨某一问题并作出法律决定的过程。程序的不同会引起结果的重大变化是我们生活中的常识，而且，程序本身会对参与者的权利产生重大的影响。因此，有必要在程序层次上考察正义的要求，这种正义可称为“程序正义”。

（一）程序正义的分类及功能

1. 美国哲学家罗尔斯把程序正义分为三种。第一种是纯粹的程序正义，它是指不存在关于什么才是合乎正义的标准，存在的只是一种程序规则，根据这项程序规则无论得出什么样的结果都是正义的，最为典型的是不需要任何技术的赌博；第二种是完全的程序正义，它对什么是公平的分配有一个独立的标准，而且有一种保证达到预期结果的程序；第三种是不完善的程序正义，它是指存在一种判断正确结果的独立标准，却没有保证达到它的程序，最为典型的是审判——不可能期待把法规设计得总是能达到正确的结果。审判的理论致力于考察哪一程序和证据规则能最好地达到与法的其他目的相一致的目的。[1] 罗尔斯的理论比较恰当地反映了程序正义的性质，纯粹的程序正义总是与程序正当性本身联系起来，而除此之外，程序正义在社会生活中也总是与“通过程序而达到实体的正义”联系起来。

2. 程序正义本身就有保障结果正当性的功能。事实上，“程序正义是以发生并发达于英国法并为美国法所继承的正当程序思想为背景而形成和展开的，其思想系谱可以溯及 1216 年制定的英国大宪章”。英美法所展现的特征表明，程序正义不以结果为前提，审判结果是否正确并不以某种外在的客观标准加以衡量，而通过充实和重视程序本身来保证结果的可接受性，这是其共同的精神实质。按照罗尔斯的分类，这就倾向于纯粹的程序正义，即只要遵守正当程序，结果就被视为合乎正义的，[2] 这种纯粹的程序正义观为英美法在正当程序方面的发展提供动力支持。程序正义是赋予审判正当性的重要依据，正当程序本身

---

〔1〕 参见［美］罗尔斯：《正义论》，何怀宏等译，中国社会科学出版社 1988 年版，第85～86 页。

〔2〕 参见［日］谷口安平：《程序的正义与诉讼》，王亚新、刘荣军译，中国政法大学出版社 1996 年版，第 4～5 页。

具有“输送给结果以正当性”的功能，这种结果正当化的过程是通过程序的正当化来完成的。

3. 程序正义确保了结果的可接受性。这可从以下两点阐述：其一，它使因程序进行而蒙受不利结果的当事人不得不接受该结果，这种效果并不源于判决结果的对错，而是通过程序本身的正当性和合理性获得的。其二，程序正义还对社会公众产生了正当化的效果。如果法院在正当程序制度上获得了公众的信赖，那么，它的决定就会获得广泛的社会认同，并由此获得极大的权威。程序正义之所以能为结果输送正当性，是因为其本身具有的正当性。西方国家的学者围绕程序正义发展出了诸多理论，其共同特点在于：都认为法律程序是为了保障一些独立于判决结果之外的程序价值而设计的，这些价值有参与、公平以及保障个人的人格尊严等。程序是否具有正当性，不取决于其是否产生正确结果，而取决于它是否保护一些独立的内在价值。[1] 程序不是获得结果的手段，程序本身就是目的，这种目的转而又保障了结果的正当性。

4. 通过一定正当程序获得的结果被推定具有正确性。程序正义是一种独立于结果的正义，但也正是这种独立性保证了其自身运作的自洽性。在实现程序内在价值的过程中，其能保持一定的纯粹性，而无须为了结果的正确而瞻前顾后，也正是这种自洽性和纯粹性反而又会输送给结果以正当性，这类似于罗尔斯所言的纯粹的程序正义。事实上，寻找出一个精确测量“结果是否符合实体正义”并为社会大众所接受的手段，近乎是不可能的。正如谷口安平所言：“由于精密地衡量结果是否符合正义的手段不易获得，于是采取只要通过一定程序就推定其结果达到外在标准的做法，其实也属于我们生活中的智慧。”[2] 具体到刑事证明领域，经过严密的证据能力审查程序、证据调查程序和评议程序获得的结果会被推定具有正确性，除非出现了新的情况或新的证据推翻该推定，否则，这个推定就应当被维持。而证据能力规范的匮乏或

---

〔1〕 参见陈瑞华：《程序正义理论》，中国法制出版社 2010 年版，第 27 页。

〔2〕 [日]谷口安平：《程序的正义与诉讼》，王亚新、刘荣军译，中国政法大学出版社 1996 年版，第 4～5 页。

审查程序的不公正都会减损甚至摧毁这种结果正确性的推定。从这个意义上讲，为维护结果的正当性和正确性，建立一套严密的证据能力审查体系十分必要。

（二）程序正义所包含的要素

1. 程序正义本身具有开放性。在普通法早期，程序正义的原则主要有两个："任何人都不应当成为自己案件的法官和当事人有陈述和被倾听的权利。"[1]这两项原则对后来程序正义的界定产生了深远的影响，被后来的学者称为中立原则和参与原则。在现代学者中，对程序正义较为经典的界定是美国法学家马肖提出的尊严理论（dignitary theory）和贝勒斯提出的向个人分配的程序正义理论。其一，马肖结合美国的行政正当程序分析认为，作为正当程序基础的尊严价值包含了：平等（equality）、可预测性（predictability）、透明（transparency）、理性（rationality）、参与（participation）、隐私（privacy）和其他价值。[2] 其二，贝勒斯则提出评价程序的三个标准，即经济成本、道德成本和内在于过程之中的多种价值（process benefits）。[3] 正当的程序应当致力于经济成本和道德成本的最小化，同时实现程序所具有的、独立于它们对结果的准确性影响的价值或利益。其三，在探究程序正义的过程中，除去程序正义的要素外，程序的有效发生条件也应被作为考察的对象。一般认为，现代程序发生条件被视为以下几个要素：通过分化和独立而对恣意的限制、理性选择的保证、国家和人民共同服从的作茧自缚的效应和反思性整合。[4] 这些要素对程序正义的实现也起不可或缺的作用。

2. 在一个法治社会，程序正义至少包含以下几种要素。一是裁判者的中立性，这是普通法早期的一个经典的界定，在当代仍然适用。二是程序的参与性，这是普通法早期的另一个程序正义标准，即每一方当事人都有陈述和被倾听的权利。三是平等参与，各方有平等的机会参

---

〔1〕 徐亚文：《程序正义论》，山东人民出版社2004年版，第10页。

〔2〕 See Jerry L. Mashaw, *Administrative Due Process: The Quest for a Dignitary Theory*, *Boston University Law Review*, Vol. 61, Issue 4, p. 899－906(1981).

〔3〕 参见［美］贝勒斯：《程序正义——向个人的分配》，邓海平译，高等教育出版社2005年版，第142页。

〔4〕 参见季卫东：《法律程序的意义》，中国法制出版社2012年版，第23～34页。

与,裁判者对各方的利益予以同等的尊重。四是程序理性,即裁判的程序应当符合理性的要求。五是程序的经济性,即程序应当是经济的、有效率的,其得到的效益至少不能过度地低于成本。六是程序的救济性和终结性,即依照程序作出的裁判应当受到尊重,当事人可以寻求程序内的救济,但应及时地终结诉讼程序,而不可无休止地进行。如果一个诉讼程序符合上述标准,我们就可以认为:基于上述标准而得出的判决本身具有正当性。承接上文的基本权功能理论分析,程序正义的标准是公民诉讼基本权的主客观功能体现,具体到事实认定程序中,诉讼基本权要求立法者建立符合上述程序正义标准的证据制度,要求司法者遵循上述程序正义的标准进行证据的采纳、评价和最终的事实裁判。遵循上述程序正义标准所作出的事实裁判本身具有正当性,应当受到当事人及社会公众的尊重。

二、证明政策规则中的程序正义

理论上通常认为:证明政策规则的最终目的是发现真实,这种观点固然是正确的,但它只揭示了证明政策规则的一个方面,证明政策规则本身也透露出强烈的程序观念,这与其所产生的对抗制环境有密切联系。控辩双方为保证对抗的过程符合程序正义,而提出了诸多证据规则方面的诉求,进而演变成今天的证明政策规则。

(一)证明政策规则对程序正义的促进

证明政策规则是通过前端的证据能力审查来降低处罚无辜者的成本,是程序经济性的必然要求。证明政策规则通过减少事实误判的可能性来减少处罚无辜者的道德成本,这是符合程序正义评判标准的。通过增加一定的程序上的成本,如交叉询问证人的成本,来降低一个更大的处罚无辜者的道德成本,其本身是经济的,也是程序正义所要求的。相反,通过不让证人出庭,减少一些程序上的成本,而可能造成一个更大的处罚无辜者的成本,这显然是不符合程序经济性的。我们可以认为,基于程序正义的标准,设置证明政策规则本身具有正当性,因为,与处罚无辜者的成本相比,证明政策规则本身的运行成本会小很多。国家需要借助证明政策规则的力量来降低处罚无辜者的成本。

程序正义的各标准要求在刑事诉讼中设置具体的证明政策规则。

证明政策规则所蕴含的程序正义标准则是各个参与者都能切身感受的“看得见的正义”。在这个过程中，司法过程实现了程序的公正。通过该规则筛选的证据以及据此获得的事实判断，本身就具有正当性。程序正义的中立、参与、平等、效率等标准也要求在刑事诉讼中设立具体的证明政策规则，以确保诉讼程序的公正性。在这一方面，体现最为明显的是基于偏颇效应超过证明价值而排除证据的规则。这一规则规定，在证据的证明价值被不公平损害、混淆争点、误导陪审团、不当拖延、浪费时间或者不必要地出示重复证据的危险所严重超过时，法官可以排除该证据。此时排除证据并非基于诉讼结果的考虑，更多的是维护程序本身的正当性，是对程序正义标准的贯彻。例如，出于程序效率，使用明显重复的证据显然是不经济的。再如，在证据有导致不公平损害的危险时，使用该证据对另一方当事人显然是不公平的，违反了平等参与的标准，为保障程序的公正，需要排除该证据。

（二）证明政策规则对程序正义的遵循

1. 传闻证据规则所贯彻的证人必须当庭作证的政策在一定程度上反映了平等参与和程序理性的要求。该规则要求的对证人进行交叉询问的程序本身，也是程序的参与性和程序理性的要求。它要求证人通过出庭的方式亲身参与到程序中来，因为当事人对证人进行交叉询问是保障当事人有效参与的手段。与此同时，只有经过交叉询问获取的证言才能作为裁判的根据，则是程序理性原则的要求，无法保障交叉询问而直接采用道听途说的传闻认定被告人有罪的，显然违背了程序理性的标准。无视被告人的对质申请而以此草率的证据判定被告人有罪，显然是把被告人视为程序的客体，侵害了被告人的参与权，即使获取了正确的裁判结果，该结果也不是正当的，无论是当事人还是社会公众都难以接受这种草率的事实认定。

2. 意见证据规则所执行的禁止证人发表意见的政策本身遵循了裁判者中立性和程序理性的程序正义理念。正如前文所述，排除意见证据的一个原因是允许证人发表意见会侵害事实裁判者的判断权，从而造成证人也是事实裁判者的不公正的现象。这说明限制意见证据的证据能力是基于“一个人不得既作证人又作事实裁判者”的思想，这符合程序正义所要求的裁判者的中立性和程序理性的标准。因为让裁判者同时兼职证人是无法保障他的中立性的，而且允许证人发表意见的做法会导致证人过度地粉饰自己的证言而无法客观作证，进而误导事实裁判者甚至导致事实的误判，这正是程序理性所反对的。

3. 品格证据规则所主张的禁止习性推论的政策也有维护平等参与原则和程序经济性的考虑。由于品格证据证明价值较低，而且可能带来“坏人偏见”和浪费时间，分散事实裁判者的注意力，因此使用品格证据来认定犯罪事实对被告人而言显然是不公正的。正如有研究者指出，排除品格证据的第一个原因就是其对被告人产生了不公平歧视的危险。[1] 因为允许被告人品格证据进入法庭的做法显然是过于看重控诉方利益，而没有考虑被告人一方的人格发展和改过自新的利益，显然违反了控辩双方平等参与诉讼的原则。同时，品格证据的证明价值低且有较大的误导风险，使用品格证据还会增加错罚无辜者的道德成本；使用此类证据将会浪费时间，增加审判的经济成本，也不符合程序的经济性。因此，即便基于程序正义理论的考虑，也应设置品格证据规则，以贯彻禁止习性推论的政策并维护程序的公正性。

4. 最佳证据规则在一些方面也体现了控辩双方平等参与诉讼的原则。与其他证明政策规则相比，最佳证据规则执行的书证必须出示原件的政策具有强烈的发现真实的目的。但如果被用来证明案件关键事实的证据的提出方无法解释或合理证明“原件的缺失并非因己方故意”，那么证据提出方提出的原件替代品就会被排除。限制此类证据的证据能力是符合程序理性的，其不仅有利于降低错判无辜者的道德成本，而且也符合控辩双方平等参与诉讼的原则。因为限制此类证据的证据能力遵照了“任何人不得从自己的错误中获益”的原则，此种方式很好地照顾到了非过错方的利益。如果原件的缺失是证据提出方的故意行为所致，此时如果不排除该证据，而允许证据提出方使用原件的替代品，对另一方当事人来说就是不公平的。

三、外部政策规则中的程序正义

程序正义具有保障结果正当性的功能，经过一定的正当程序获得

---

〔1〕 参见蔡巍：《美国联邦品格证据规则及其诉讼理念》，载《法学杂志》2003 年第 4 期。

的结果应被推定具有正当性。在刑事诉讼领域,程序正义要求建立外部政策规则以执行其对刑事证明过程正当性的要求,外部政策规则的主要内容体现了程序正义的标准。从非法证据排除规则和特免权规则这两个典型的外部政策规则剖析,我们可以看到外部政策规则回应程序正义理论的内在逻辑。

(一)非法证据排除规则的程序正义观

警察的取证行为可能会侵犯公民的基本权利,非法证据排除规则体现了公民基本权的防御功能以及组织和程序功能。那么如何设置警察侵害基本权的救济程序,则是程序正义理论所关注的重心。除了排除证据的救济途径,美国国内还有主张以下救济途径的观点:通过对侵权公务人员的比文斯诉讼(Bivens action)来救济,[1]禁止令救济(injunctive relief),刑事制裁(criminal sanction),以及诸如内部审查委员会(internal review board)、平民审查委员会(civilian review board)和行政监察专员制度(ombudsman)。[2] 但是,这些排除证据以外的救济途径对被告人而言显然是不充分的。[3] 美国联邦最高法院在 Mapp 案中指出,利用行政惩戒或民事赔偿等方式来阻吓警察违反宪法的行为的做法已被证明为彻底的失败,唯有将证据排除才能有效地遏制警察的违法。[4] 这种观点体现了非法证据排除规则的程序正义观。

1. 从平等参与和程序的救济性的标准来看,让检控方从自己的不

〔1〕 比文斯诉讼起源于比文斯诉 6 个不知名的被告案(Bivens v. Six Unknown Named Defendants),它特指公民的宪法性权利受到联邦官员的侵犯时,为维护该权利而主张损害赔偿的一种诉讼类型。提出该类诉讼的条件是,没有同等有效的方法可以用,立法机关没有明确宣示禁止恢复该权利,没有特别因素推迟对该权利的维护。薛波主编:《元照英美法词典》,法律出版社 2003 年版,第 155 页。

〔2〕 See Charles H. Whitebread, Christopher Slobogin, *Criminal procedure: An Analysis of Case and concepts*, Foundation Press, 2015, p. 61. 行政监察专员是由议会任命负责接收公民对行政机关不良行政的申诉并进行调查和报告的官员,其特点是:"其是立法机关中负责监督行政的独立的、无党派官员;具体处理公众对行政不公告和不良行政的申诉;有权调查、批评和公开行政行为,但无权撤销它。"薛波:《元照英美法词典》,法律出版社 2003 年版,第 1001 页。

〔3〕 美国学者对这种不充分性的研究综述可参见郑旭:《非法证据排除规则》,中国法制出版社 2009 年版,第 185 页。

〔4〕 See Mapp v. Ohio, 367 U. S. 643(1961).

当行为中获益对被告人是不公平的，应当通过排除非法证据的方式彻底救济被告人。尽管美国联邦最高法院确立了以阻吓警察违法为中心的阻吓理论，但美国的一些州法院仍然强调排除规则在提供有效救济上的功能。[1] 正如有学者认为：程序性违法行为之所以要受到制裁，一个重要理由在于这些行为导致公民权利受到侵犯，需要通过程序性制裁的方式来提供一个权利救济的机会。[2] 可见，通过对被告人提供有效救济来确保其“平等参与诉讼并与对方公平对抗”的理念依然是排除非法证据的一个重要根基。

2. 从裁判者的中立性标准来看，法院使用非法证据的行为本身就是核准了非法取证的正当性。被告人因涉嫌犯罪需要在法庭上接受审判，而检控方违法却丝毫没事，法院厚此薄彼的做法显然违背了公平法院的原则，因此使用非法证据也是不符合程序正义的。这种思想也深入美国联邦最高法院的判决中进而发展出了“司法正洁理论”（judicial integrity）。在1914年威克斯案中，最高法院推理道：警察非法取得证据材料侵害了《美国联邦宪法》所保障的被告人基本权，因而不得在联邦法院的刑事审判中作为证据，否则就等于司法机关核准了警察的违宪行为。[3] 法院使用非法证据认定案件事实相当于法院宽恕了侵犯人民基本权的政府，甚至是间接鼓励政府的非法行为，这显然不符合法院的中立性要求。

3. 从程序经济的标准来看，使用非法证据的经济成本会远大于其收益。即使不作细致的经济学分析，我们也会发现：公权力的违法对国家法治秩序的破坏要远远大于一般的民众。正如联邦最高法院在Mapp案中的论证：罪犯可能会因为法院排除非法证据而逍遥法外，如果必须要这样的话，也是法律导致他的开释，没有任何事情比政府不守法律会更迅速地导致政府的毁灭。[4] 而且在这个过程中，我们还需要考虑法院使用非法证据所带来的权威受损的成本，这种成本正如英国

---

〔1〕 参见[美]约翰·W. 斯特龙主编：《麦考密克论证据》，汤维建等译，中国政法大学出版社2004年版，第325页。

〔2〕 参见陈瑞华：《程序性制裁理论》，中国法制出版社2010年版，第142页。

〔3〕 See Weeks v. United States, 232 U. S. 383(1914).

〔4〕 See Mapp v. Ohio, 367 U. S. 643(1961).

哲学家培根所言："一次不公正的裁判，其恶果甚至超过十次犯罪。"这种裁判上的不公污染的是水源，其对司法权威的损害是深层次的且是长远的，国家需为此付出更大的成本予以弥补。因此我们可以认为：使用非法证据对行政部门和司法部门的公信力和权威性都将带来巨大损毁，进而导致结果失去正当性，这种经济成本并不因为迎合了被害人等主体的需求而得到有效弥补。

（二）特免权规则所蕴含的程序正义理念

现代诉讼作证制度有一个共同的理念：任何了解案件情况的人均有义务向法庭作证。但出于对个人基本权或公共利益的尊重，证据法需要尊重保护交流秘密的外部政策，因而部分主体是享有作证特免权的，这些作证特免权所依据的政策根植于一个国家的文化或宪法秩序，从马肖提出的尊严理论和贝勒斯的程序经济的标准来审视，它也反映了程序正义的要求。

1. 不得强迫自证已罪的特权反映了平等参与诉讼和尊严理论的要求。不强迫被告人自证已罪可以避免被告人沦为警察纠问的客体，进而防止政府以刑讯逼供等其他残暴方式对被告人逼供，[1]而刑讯逼供往往是冤案的罪魁祸首。不强迫自证已罪的特免权赋予被告人保持沉默的权利，迫使侦查人员尊重被告人的主体地位。从这个角度看，不强迫自证已罪的特权可以减少错罚无辜的道德成本。从平等参与的标准来看，不得强迫自证已罪的特免权是法律赋予被告人对抗强大控诉方的一个重要手段，由于被告人在刑事诉讼中处于弱势地位，赋予被告人不被强迫自证已罪的特权是确保双方力量大致平衡的一个重要举措，该作证特免权确保了政府和被告人之间的公平对抗，使每一方都能有一个平等获胜的机会。[2] 而且它能确保被告人不至于掉入被迫自己反对自己的更糟糕的境地。由此可见，不被强迫自证已罪的特权对于保障控辩双方平等参与诉讼具有重要意义，迎合了程序正义的要求。

---

[1] See Donald A. Dripps, *Foreword*: *Against Police Interrogation*: *And the Privilege against Self - Incrimination*, The Journal of Criminal Law and Criminology, 699, Vol. 78, No. 4, p. 712 (1988).

[2] See David Dolinko, *Is There a Rationale for the Privilege against Self - Incrimination*, UCLA Law Review, Vol. 33, Issue 4, p. 1076 (1985).

此外,强迫自证已罪会使作证者陷入伪证、藐视法庭和自我控诉的三难境地,赋予作证者不强迫自证己罪的特免权意在保护其意志的自由和自决这一人格尊严权,拒绝使用强迫自证己罪的证据迎合了程序理性的要求。

2. 婚姻家庭中的特免权也反映了程序理性和尊严理论的标准。夫妻证言特免权的目的是促进婚姻家庭的和谐。正如美国最高法院的论述,这样的政策对于培育家庭的和谐(family peace)至关重要,而家庭的平和不仅是丈夫、妻子和孩子的利益,也是公众的利益。[1] 因此在诉讼程序中赋予夫妻之间拒绝互为证人的特权是符合程序理性的标准,它可以最大限度地增进家庭和社会的福祉。这也避免了强迫夫妻在法庭上反目成仇、相互攻讦的非人道场景,维护了人的尊严和社会公众的一般价值观,减少了人们对裁判正当性的责难。此外,婚内交流特免权更多的是保护配偶间亲密交流的隐私,其对鼓励婚内的亲密交流起重要的作用。如果任由司法机关强迫夫妻透露其交流的秘密,夫妻双方在婚姻中的信任和坦诚将会受到极大的抑制,以此为代价来获取证据是不符合程序理性原则的。从这个意义上讲,夫妻交流特免权迎合了程序正义的要求。

3. 职业特免权也是为了服务更为重要的外部政策而限制信息披露。根据贝勒斯提出的评判程序正义的经济成本标准,我们可以发现,之所以对此类交流隐私作特别的保护,是因为一旦放弃对该类隐私或秘密的保护,其所带来的经济成本远远大于其微弱的事实利益。现代刑事诉讼都允许通过强制证人作证、搜查、监听等手段合理地干预公民的隐私权,这被视为为维护公共秩序而对公民隐私权的合理限制,但是在职业特免权中隐私或秘密被赋予重要的地位。一旦强迫该类人披露隐私,将对该职业依赖的"坦诚交流与信息披露的最大化"这一根基产生致命的摧毁,该种取证方式所获得的微弱的真实利益与它对该职业

---

[1] "The basic reason the law has refused to pit wife against husband or husband against wife in a trial where life or liberty is at stake was a belief that such a policy was necessary to foster family peace, not only for the benefit of husband, wife and children, but for the benefit of the public as well." Hawkins v. United states, 358 U. S. 74(1958).

所造成的致命打击是不成比例的。这可以从以下三类典型的作证特免权规则进行剖析。其一,律师与委托人特免权体现了立法对法律服务行业坦诚交流的重视。正如麦考密克在分析律师与委托人特免权的理论基础时所言:“如果不能保证律师在法庭上不被强迫说出违背委托人意愿的秘密,我们就不能期望委托人把全部事实告诉律师,委托人在律师办公室坦诚交流带来的利益远远超出了把所有事实都提交法庭而造成的损失。”[1]强迫此类证人作证是一种非理性的且无视隐私的程序不正义,也不符合程序的尊严价值标准。其二,医患关系特免权和教友的特免权也是出于类似的成本收益分析的考虑。鼓励患者无后顾之忧地提供相关信息,将有利于医生对病人疾病进行更好的治疗,尤其是严重依赖坦诚信息交流的精神病医师、心理医师和内科医师。如果缺乏特权的保障,病人对自身隐私泄露的担心将会严重影响其社会功用,甚至严重损毁该项医疗制度。我们在教会与教友特免权以及记者特免权等职业特免权的理论中都会看到类似的分析。其三,国家秘密特免权是一种绝对的特免权,其理论基础依然是程序理性项下的成本收益分析,因为政府工作人员一旦披露会给公众或国家带来危险,此种危险显然严重超过了事实利益。还有一些其他非国家秘密的政府工作人员作证特免权,这类特免权也是为了服务更为重要的外部政策。例如,为鼓励自由交流以帮助确立政策而设立的“政府审议程序的作证特免权”。再如,为确保法律有效实施而设定的“与法律实施相关信息和文件的作证特免权”。当然这些非国家秘密的作证特免权是相对的,在充分证明具有必要性时可能会受到限制。

第三节 作为部分规则根基的认知哲学

边沁及其追随者们认为,立法者如果废除所有的证据筛选规则并让事实裁判者自由地评价证据则效果会更好。其潜在的主张是:信息

---

〔1〕[美]约翰·W.斯特龙主编:《麦考密克论证据》,汤维建等译,中国政法大学出版社2004年版,第175页。

越多则越接近真相。[1] 事实上，这种想法依赖于这样一个前提：证据本身是可靠的。当证据本身就是可靠的同时，信息越多当然就会越接近真相。但认知哲学告诉我们：证据不等于事实，证据本身也并不天然具有可靠性，为保障证据的可靠性，我们需要借助一定的程序和规则。与此同时，我们还需要认识到证据能力规范并不只执行证明政策，证据能力规范还肩负有实施宪法所倡导的外部政策的使命。从这个角度上看，证据能力规范和认知哲学本身存在理论上的距离，不应简单地把证据能力规范看作事实认知的媒介，而应把其看作政策实施的规范。

一、证据能力理论中的两个认识论问题

在认识论层面，证据法面临两个基础性理论问题：一是诉讼中的事实意指为何？二是证据就代表事实吗？对这两个问题的回答既是厘清证据能力认识论的基础的前提，也是在认识论层面考察证据能力正当性的前提。

（一）诉讼中的事实之意指

1. 诉讼事实仍追寻本体论层面上的真实。事实是指“事情的真实情况”[2]，其是“实际发生的事情、事件及通常存在的有形物体或外观，具有确实的、绝对的真实性”[3]。因此事实具有真实性，这是从事实的本体论特征来讲的。人们在本体论层面对事实的认知对现代哲学和社会生活产生了广泛的影响，至今许多认识论的探讨都离不开对事实本体论的探讨，人们在生活中所主张的事实或真实都带有一定的本体论的成分。诉讼中的事实也概莫能外，它在一定程度上也追寻本体论层面上的真实。世界各国刑事诉讼立法千差万别，但都把发现真实作为诉讼的一个目的，此即一个典型的例证。

2. 诉讼事实又具有经验性和可陈述性的特征。“事实的真实性”与“存在的客观性”有本质的区别，存在是纯客观的，相比之下，事实只

---

〔1〕 有学者反驳道，这些观点是否正确只能取决于认识论和逻辑原则，这些原则表明，“信息越多，真相越可能”的主张显然是错误的。参见［美］亚历克斯·斯坦：《证据法的根基》，樊传明、郑飞等译，中国人民大学出版社 2018 年版，第 4 页。

〔2〕 中国社会科学院语言研究所词典编辑室编：《现代汉语词典》（第 7 版），商务印书馆 2016 年版，第 1194 页。

〔3〕 薛波主编：《元照英美法词典》，法律出版社 2003 年版，第 525 页。

是人通过感官和思维所把握的真实存在,因而具有经验性。[1] 由此看来,诉讼中的事实具有经验性的特征,经验事实通过陈述一个命题的方式向外界表达,使不知情的事实裁判者获取相应的知识。除此之外,诉讼事实具有可陈述性的特征,并非所有号称陈述事实的命题都表达事实,而命题的真假取决于其陈述的内容是否与事实一致,如果一个命题报告了一个事实则该命题就是真命题,相反,表达虚假判断的命题就是假命题。事实的经验性和可陈述性使现实中的事实证明问题变得复杂起来。例如,人的感官或思维对事实的把握是否准确,人的陈述是否基于亲身知识、是否精确,陈述是否有修饰、增减的成分等,这些都需要进一步的分析和检验。也正是由于这种复杂性的存在,才决定了创设证据规则的必要性。

(二)证据与事实之间的关系

1. 证据是任何对待证事实的存在进行证明或反证的可以呈现于感官的东西。关于证据与事实的关系,我国理论界和刑事诉讼立法曾坚持“证据是事实”的主张,典型的表述是:诉讼证据是司法人员用于证明案件真实情况的各种事实。[2] 也有学者表示质疑而提出“证据是证明案件事实的根据”这一根据说,也有学者提出“证据是证明案件事实的材料”这一材料说。[3] 后来 2012 年我国《刑事诉讼法》修改时正式采纳了材料说,把用于证明案件事实的材料都视为证据。美国对证据的定义强调“证据对事实存在或不存在的证明作用”。例如,美国《加利福尼亚证据规则》第 140 条给证据下的定义是:证据是指证言、文书、物件或其他提出用以证明某一事实之存在或不存在之事物。也有观点认为:证据是由证人的证言、文字材料、实物对象或者任何可以呈现于感官的东西所组成的,用以证明一个事实的存在或不存在。[4] 由此可以看出,证据是对待证事实的存在进行证明或反证的任何可以呈现于

[1] 参见张保生:《事实、证据与事实认定》,载《中国社会科学》2017 年第 8 期。

[2] 参见陈一云主编:《证据学》,中国人民大学出版社 2000 年版,第 99 页。

[3] 参见宋英辉、汤维建主编:《证据法学研究述评》,中国人民公安大学出版社 2006 年版,第 150 ~ 152 页。

[4] 参见[美]艾伦、库恩斯、斯威夫特:《证据法:文本、问题和案例》,张保生、王进喜、赵滢译,高等教育出版社 2006 年版,第 79 页。

感官的东西，这就从最大限度上接纳了不同形式的证据，尤其是声音、表情、示意等事实裁判者在法庭上直接感知的东西也可称为证据。

2. 证据性事实(evidentiary fact)不等于事实本身，其通过对要素性事实(fact of consequence)的证明来证明法律要件。证据与事实的关系被定义为证明与被证明的关系只是一个表象，从实质上看，证据与事实的联系可以从证据性事实这一概念来看。在《布莱克法律词典》中证据性事实有三种含义：其特指决定最终事实(ultimate fact)所必须的事实，或者说导致最终事实确定的事实；其也指为其他事实存在提供证据的事实；最后其还指在审判或听审中被采纳为证据的事实。〔1〕从上述定义看，证据性事实不是事实本身，而是关于事实的主张。证据性事实是在法庭上向陪审团提供证据，用于证明关于某一事实主张的要素性事实，该要素性事实不是由什么人提供的，而是陪审团可以根据证据推论决定予以相信的事实，要素性事实再通过推论与实体法上的构成要件(essential element)联系起来。例如，"目击证人作证说，他看见被告拿着一个冒烟的枪对着被害人，这是一个被提供作为证据的证据性事实。陪审团可以据此做出被告人实际上射击了被害人的推论，这是一个要素性事实。最终陪审团根据该要素性事实推断出造成被害人死亡之人的身份，这是一个关于凶杀的法律要件"〔2〕。质言之，证据性事实指向要素性事实，而要素性事实指向法律要件。

3. 证据与事实之间的关系要求设置证明政策规则，以确保证据的可靠性。具体而言，证据与事实的关系对证据能力设定的影响可以表现为以下两个方面：一方面，证据与事实的关系对相关性的判断产生影响。相关的证据特指提供用以证明要素性事实的证据，因此，那些对要素性事实没有任何证实或证否倾向的证据，也即不是指向要素性事实的证据，都是不相关的。另一方面，证据性事实是关于事实的主张，其表征的是事实的经验性和可陈述性，并不等于事实本身。证据性事实

---

〔1〕 See Bryan A. Garner, Editor in Chief, *Black's Law Dictionary*, 9th ed. ,West Publishing Company,2009,p. 669.

〔2〕 [美]艾伦、库恩斯、斯威夫特：《证据法：文本、问题和案例》，张保生、王进喜、赵滢译，高等教育出版社2006年版，第149～150页。

要通过对要素性事实的证明来证明法律要件。既然一项事实主张可能存在虚假或修饰增减的成分,那么如何从形式上保障证据性事实的可靠性便成为证明政策规则所关心的问题。换言之,由于证据性事实不等于事实本身,那么为确保证据性事实反映事实的证明政策规则便有了存在的必要。

二、证明政策规则在认识论上的根据

诉讼事实的特征以及证据与事实的关系揭示了证据在现实中的一个重要问题,即并非所有证据都是可靠的。那么如何甄别和处理不可靠的证据?这取决于诉讼证明所坚持的真理理论和基本的证明原理。刑事证明所坚持的符合论和证据之镜原理,要求设置证明政策规则来事先排除不可靠的证据。

(一)证据之镜原理的运作需要证明政策规则

1. 证据法的理性主义传统根植于符合论。英国证据法学家特文宁认为:在理性主义的传统之内,证据法有一个特有的假设,即"认识论是一种可知论而非怀疑论,比起真理融贯论来一般更偏爱于某种真理符合论"[1]。符合论的基本观点是:一事件发生后,即被特定的主体所感知并留下存在的证据,随着时间的经过而成为不可改变的客观事实。在当下的人们通过直接感知和间接证据认知该事件,并针对该事实提出不同的命题,当命题与客观事实相符时,该命题即为真,不相符时即为假。[2]所谓的事实是指"实在"本身,是命题所指的对象,其自身并无真假,而只是一种存在。在近代哲学的发展历程中,符合论在本质上专属于以强调知觉作用为特征的经验主义哲学的真理理论,并通过以

---

〔1〕[英]威廉·特文宁:《证据理论:边沁与威格摩尔》,吴洪琪、杜国栋译,中国人民大学出版社2015年版,第23页。

〔2〕需要说明的是,证据学意义上的"事实命题"一定是综合命题而非分析命题。命题有分析命题和综合命题之分,"当一个命题的效准仅依据于它所包括的那些符号的定义,我们称之为分析命题。当一个命题的效准决定于经验事实,我们称之为综合命题"。换言之,分析命题并不提供事实的报道,其真假之判断依赖于其内部的符号定义,而综合命题涉及事实内容,其真假之判断依赖于经验。参见[英]艾耶尔:《语言、真理与逻辑》,尹大贻译,上海译文出版社2006年版,第54页。

洛克为代表的经验论哲学家的真理学说得以发展。[1] 符合论由于迎合了人们关于真实的直观概念而具有较强的说服力，它敏锐地洞察到了“客观实在”对保证一命题为真的根本作用，即一命题的“真”是建立在实在基础上的“真”，而非想象的“真”或自明的“真”。

2. 诉讼事实通过证据之镜的反映过程需要证明政策规则的保障。在符合论的基础上，我国学者提出了证据之镜的原理。事实认定者对过去发生的事实只能通过证据进行推论而间接地认识。在审判过程中，事实认定者只能感知事实发生后留下的证据，而不能直接感知案件的事实，即事实认定者只能通过证据这一媒介来认定事实。“证据就像一面镜子，折射出事实，事实认定者只能通过证据之镜来认定事实，其所认定的事实有点像水中月或镜中花，证据是将事实客体和认识主体联系起来的唯一桥梁。”[2] 在证据之镜原理中，存在“先由事实客体到证据，再由证据影响事实认定者”的过程，在这一过程中，由事实客体到证据的过程并非一帆风顺，而由证据到事实认定的过程也非坦途，这两个过程中容易混入一些不可靠的因素导致证据性事实的失真。这就需要事前设定一定的规则来甄别并剔除这些不可靠的因素，进而确保证据在事实证明过程中的可靠性。而证明政策规则正是该类规则的一个代表。

（二）证明政策规则对证据可靠性的保障

从某种程度上讲，证明政策规则是通过否定证据进入法庭调查的资格，来堵截证明过程中出现的不可靠证据。这类证据首先表现出形式上的不可靠性。例如，传闻、意见、副本等在形式上都表现出一种不可靠性，属于典型的劣质证据，在有优质证据能够替代此类劣质证据的情况下，为确保事实认定的准确性，事实裁判者会首先考虑优质证据。证明政策规则之所以要堵截这些证据，本质是出于贯彻证明政策的考虑，该种证明政策在认识论上具有保障证据可靠性的功能。

1. 禁止传闻进入法庭的传闻证据规则本质是为执行证人必须出庭

[1] 参见曾志：《真理符合论的历史与理论》，载《北京大学学报（哲学社会科学版）》2000 年第 6 期。

[2] 张保生主编：《证据法学》，中国政法大学出版社 2014 年版，第 13 页。

作证的证明政策规则。在从事实客体到证据形式的过程中，传闻属于转述庭外陈述者的话语，这一转述带有庭外陈述者和证人的双重知觉缺陷，因为陈述人和转述人都存在认知、记忆和表述上的缺陷，传闻是两个人的知觉缺陷的叠加，具有极其不可靠性。不仅如此，传闻不仅没有经过宣誓，还不能接受法庭当事人的交叉询问。因此从认识论上讲，很难保证传闻所包含的证据性事实是对客观事实的准确表述，这就需要通过否定该证据的证据资格来阻挡它对事实裁判者产生影响。从这个意义上讲，传闻证据规则具有认识论上的正当性。

2. 意见证据规则和最佳证据规则本质是执行禁止证人发表意见和书证、必须出示原件的证明政策，这一政策表达了对意见和文书替代品可靠性的担忧。一方面，普通证人的意见不是对事实客体的准确描述，而是对事实客体的一种推断，该种意见是否是证人依据其所见所闻进行推断，以及其推断过程是否正确，都是不得而知的，让意见通过证据之镜原理影响事实裁判者，在认识论上显然是站不住脚的；另一方面，最佳证据规则对书证替代品的可靠性的担忧也有认识论上的根据。在法庭上展示文书原件可以提高发现伪造或篡改的可能性。由于书证的细节不易记得，准许有关替代书证原件的证词而没有实际的书证原件查验作证人记忆的正确性，也是不公平的。[1] 书证的替代品在转述原件内容的过程中也可能会造成内容上的失真，而书证替代品内容上的"差之毫厘"，则会使书证所真正表达的意思"谬以千里"。从这种意义上讲，意见证据规则和最佳证据规则都有认识论上的根据。

3. 证据的验真法则本质是执行证据必须具有同一性的证明政策，也即禁止"挂羊头卖狗肉"；证人资格本质是执行证人必须在形式上可靠这一证明政策，也即"禁止在形式上就不靠谱的人作为证人"。设置这两类规则的初衷也主要是从认识论上考虑的。因为证据本身应当是对事实客体的证明或反证，如果证据与事实客体的关系是不明朗的，那么其能否证明待证事实就是不确定的。如果一证据提出者无法证明该证据就是其主张的证据，那么其"挂羊头卖狗肉"的嫌疑就无法消除，

---

〔1〕 参见［美］Arthur Best：《证据法入门：美国证据法评释及实例解说》，蔡秋明等译，台北，元照出版公司2002年版，第289页。

证据的来源就成问题，自然无法认定该证据的可靠性。此外，如果一证人在形式上就不靠谱，不能证明其对待证事实有亲身知识或不能郑重声明如实作证，那么该证人在形式上就不具备可靠性，证人对事实客体的描述就很可能是不存在的或虚假的，自然应当排除此类不可靠的证据。

三、独立于认知哲学的外部政策规则

在诉讼证明中，认识论对我们影响广泛，但诉讼所具有的多元化目的决定了并非所有的证明问题都与认识论相关联，并非所有的证据能力规范都有发现真实的考虑。外部政策规则是否有认识论上的考量，在此有必要予以系统探讨。

（一）外部政策规则中的认识论地位

外部政策规则具有认识论上的考量吗？这个问题确实非常棘手。一方面，我们根据外部政策规则的定义可以发现，外部政策规则是为了贯彻独立于证明价值的外部政策而设定的证据能力规范，从这个层面上看，认识论与外部政策规则似乎并没有什么关联。另一方面，我们又不得不承认，外部政策规则有时的确排除了不可靠的证据，这就意味着，有时外部政策规则也会戴有认识论的面具。具体而言，有以下两点。其一，作为外部政策规则的非法证据排除规则有时也从认识论上的准确性来为自己的存在辩护。这种辩护的措辞通常是：非法获取的证据往往是不可信的，至少在真实性上是存在瑕疵的，因此排除此类证据有利于促进结果的准确性。麦考密克认为：以促进结果的准确性为基础，某些排除规则可能会得到支持。例如，排除违反律师帮助权利而获得的列队辨认的证言，可能的解释是律师到场会减轻受到暗示的风险，排除此类证言是对不可靠证据的放弃。〔1〕这在一定程度上为非法证据排除规则找到了认识论上的依据。其二，有时特免权的理论基础也会提及认识论。例如，美国最高法院在 Murphy 案中对反对自证其罪的特权进行论述时提出：“该特权反映了我们对攻击自己供述的不

〔1〕 参见［美］约翰·W.斯特龙主编：《麦考密克论证据》，汤维建等译，中国政法大学出版社 2004 年版，第 316 页。

信任。”[1]这种论述实际上也是正确的,至少我们无法有效反驳。

在外部政策规则的论述中,这些认识论上的论述很容易迷惑人,使人误以为外部政策规则的理论基础是“促进结果的准确性”或者保证证据的可靠性。事实上,如果仅把这些作为外部政策规则正当性的一个注脚,也是未尝不可的。但如果把这种认识论上的考虑作为外部政策规则的理论基础,进而在外部政策规则适用过程中作为一个是否排除证据的标准,那就大错特错了。理解外部政策的理论根基,需要我们回到理论的原点,外部政策规则所考虑的是无关真实的外部政策,其理论基础独立于证明政策。正如威格摩尔所言:外部政策规则是基于独立于证明价值的政策,也即这些规则为了维系其他政策的完整性而牺牲有用的证据。[2] 认识论至多只能是该规则存在的一个注脚而非基础。

(二)外部政策规则的立论之根基

事实上,外部政策规则追求的外部政策独立于事实的准确性。在真相与其他价值的竞争关系中,外部政策规则选择牺牲事实的准确性以追寻外部政策的实施。正如艾伦教授所言:事实的准确性与政府追求的一些其他外部政策存在竞争关系,这类政策的清单很长,其具体内容取决于文化因素。外部政策规则所追寻的政策目标具有多样性。例如,豁免权可以培育和保护很多社会关系,事故补救规则要求一场事故后的诉讼不应当阻碍风险减少,为鼓励调解而把调解过程中的陈述排除在证据之外,为规制警察调查行为而设置了非法证据排除规则。[3] 这种观点清楚地指明了外部政策规则与证明政策之间互相独立的关系,两种政策之间不可混淆,基于两种政策而制定的不同证据能力规范更不能混淆。在排除非法证据的过程中,即便非法证据存在不可靠的

---

[1] It reflects many of our fundamental values and most noble aspirations: our distrust of self – deprecatory statements. See Murphy v. Waterfront Common of New York Harbor, 378 U. S. 52(1964).

[2] See John H. Wigmore, *A Students' Textbook of the Law of Evidence*, The Foundation Press, 1935, p. 30.

[3] 参见[美]罗纳德·J. 艾伦:《艾伦教授论证据法》(上),张保生、王进喜、汪诸豪等译,中国人民大学出版社 2014 年版,第 4 ~5 页。

情况，排除此类证据也不是基于其不可靠性，而是基于人权保障、交流秘密保护等对外部政策的贯彻。

这种立论根基决定了“外部政策的贯彻执行”是外部政策规则实施时应考虑的主要因素。这在非法证据排除规则的适用中应当特别注意。例如，日本非法供述的排除规则的根据曾经有过“虚伪排除说”，该种学说主张之所以排除非法供述主要是考虑到该自白是虚伪的，反过来说，如果自白是真实的，即便取得它的手段违法，该证据也是可以采用的。这就产生了一种“证明力反制证据能力”的现象，背离了非法证据排除规则的目的。现在日本的多数说选择的是“违法排除说”，排除供述的标准不是供述是否可靠，而是获取供述的程序违法性。[1] 执行人权保障的外部政策已成为当今日本排除非法证据的主要根据。与此同时，需要我们看到的是：一些所谓的非法证据排除规则在实际上可能是一种证明政策规则。在一些非法证据排除规则的适用中，也出现了裁量排除非法证据的情况，裁量排除过程有时会考虑到证明价值或犯罪的危险性、实害性，这就会使该规则背离非法证据排除规则的初衷，成为一种裁量限制关联性的证明政策规则。与其说该类规则是非法证据排除规则，毋宁说它是一个裁量限制关联性的证明政策规则。其裁量限制关联性的逻辑可作以下解释：公共利益的维护与证据的证明价值相关，证据的证明价值越大，维护公共利益的必要性就越高；非法取证会产生或加剧证据的偏颇效应。当证据的证明价值被该证据的偏颇效应所严重超过时，法官可以排除该证据，这就成了一种典型的证明政策规则。

---

〔1〕 参见［日］田口守一：《刑事诉讼法》，张凌、于秀峰译，中国政法大学出版社 2010 年版，第 296～297 页。

第四章　刑事证据能力的制度模式与中国选择

模式是“事物的标准样式”，模式分析是我们理解并把握某一事物整体样态和基本规律的一种方法。在世界范围内，刑事证据能力的立法和实践主要表现为英美法系理性化的体系模式和大陆法系经验化的分散模式，两种模式镶嵌于各自的诉讼理念和诉讼模式之中，都有其自身特色和与之相适应的运行条件。我国刑事证据能力的制度模式属于不完整的分散模式，在实践中表现出诸多弊端，未来有必要结合我国制度特色作出中国的变革选择。

第一节　英美法系理性化的体系模式

如果把英美法系的证据立法和实践视为一个整体，我们可以发现该整体内部分享着某种共通性的东西。这种共通性的东西代表着英美法系所坚持的一种诉讼理念和制度模式，在刑事证据能力层面突出地表现为以理性主义为核心的体系模式。这种模式镶嵌于特定的运行条件之中，其内容看似繁杂，实则严谨且处处讲求成本控制，代表着英美法系在事实认知和程序正义方面的思考。

一、内部样态：体系模式的两类规范

正如前文所述，为保证证据制度的体系性，英美法系的诸多国家制定了证据法典，即便未制定证据法典的国家，普通法所提供的体系性的先例观点依然能指引法院进行裁判。这些体系化的证据能力规范镶嵌于英美证据法的理性传统之中，从而形成了其理性化的体系模式。所谓“理性化的体系模式”是指：证据能力的立法和实践坚持理性主义的

传统,其坚持着一种证据与证明的理性主义理论,分享着一些共同的假设,[1]根据这些理论和假设,发展出一套具有体系性的证据能力规范。

（一）威格摩尔三分法:证据能力规范体系的经典概括

既然英美法系证据能力的制度模式是体系性的,那么这个理性化的体系都包含哪些证据能力规范呢?根据威格摩尔的论述,证据能力或可采性规则可以分为三类:第一类处理的是特殊证据的证明价值;第二类则包括那些并不公开宣称或定义证明价值却以提升或保证证明价值为目标的人造规则;第三类包括那些基于外部政策而不考虑证明价值的规则。

1. 第一类规则试图定义使一个证据具有证据资格所要满足的证明价值,法律关注的是基于实际经验运用的逻辑和推理规则,这就是关联性或相关性。第二类规则在逻辑关联性要求的最小限度的证明价值之上,为特定的事实类型规定了附加的测试和保障措施。传闻规则、定量规则(the rules of quantity)、宣誓规则和其他许多规则都属于此类。第一类和第二类组合在一起被称为证明政策规则。

2. 第三类规则是援用外部政策来排除特定种类的证据,在其制度内部的价值权衡中,该外部政策优于利用一切手段查明真实的政策。与第一类和第二类形成对比的第三类规则因而被称为外部政策规则。此外,其把属于实体法规则的口头证据规则也列为证据规则的行列。[2] 尽管威格摩尔界定的一些规则在后来发生了变化,而且人们也不再使用诸如定量规则、宣誓规则等概念,但是证明政策规则和外部政策规则的这种分类框架被保留了下来。需要注意的是,威格摩尔在专论中又对证明政策规则进行了细化,把关联性规则从证明政策规则中分立开来,成为一个单独的可采性规则,而其余的证明政策规则被其称

---

〔1〕 关于英美证据法的理性传统以及证据与证明的理性主义理论,参见[英]威廉·特文宁:《反思证据:开拓性论著》,吴洪淇等译,中国人民大学出版社 2015 年版,第 91 页。

〔2〕 See John Henry Wigmore, *Evidence in Trials at Common Law*, Vol. Ⅰ, Revised by Peter Tillers, Little, Brown and Company, 1983, p. 688 – 689.

为辅助证明政策规则(rules of auxiliary probative policy)。[1]

综上所述,威格摩尔对证据能力规范体系的界定在当今证据理论中仍具有举足轻重的地位,当今多数证据法学家仍然援用着“外部政策规则”的术语。但需要承认的是,威格摩尔的一些界定已经不合时宜。例如,把口头证据规则也纳入证据能力规范的体系。这些需要结合当下的情况予以调整。

(二)当代证据能力规范可划分为两类

如果说赛耶的研究精简了证据法的范围,那么威格摩尔的这种体系化的努力则结束了普通法中证据能力规范混乱、繁杂的状态。威格摩尔的此种体系化的总结并非其臆想之物,而是在普通法的基础上做出的体系化的努力。在制定证据法典的国家,如美国和澳大利亚,通过考察其证据法典和该国最高法院的判例,我们可以发现证明政策规则和外部政策规则的具体内容。即使在未制定证据法典但适用普通法的国家同样存在这些规则。概括而言,英美法系证据能力规范主要包含两类规则。

1. 第一类是证明政策规则。该类规则是以保障证据的可靠性贯彻证明政策的规则,由于该类规则具有较强的技术性,有时也被称为技术性规则。在该类规则之下,又可划分关联性规则和辅助证明政策规则。其一,关联性规则是为判断证据与待证事实是否具有关联性而设定的规则。关联性的限制规则虽然被威格摩尔纳入证明政策规则,但其也承认这些规则的理论基础,部分是基于关联性,部分是基于政策。[2]因此,一些关联性规则还包含实施外部政策的因素。关联性规则不仅包括逻辑关联性规则,还包括当证明价值被偏颇效应所严重超过时限制关联性的规则,如品格证据规则、裁量限制关联性的规则等。因此,《美国联邦证据规则》第四章把这些关联性规则放在一起讨论,并将其命名为“关联性及其限制”。从广义上讲,关联性规则还包括附条件的

---

〔1〕 See John Henry Wigmore, *Evidence in Trials at Common Law*, Vol. Ⅰ, Revised by Peter Tillers, Little, Brown and Company, 1983, p. cxxxi.

〔2〕 Rules which merely exclude certain kinds of evidence, on grounds partly of relevancy and partly of policy. John H. Wigmore, *A Students' Textbook of the Law of Evidence*, The Foundation Press, 1935, p. 27.

关联性规则。例如,证据的验真法则,证人必须对作证事实具有亲身知识等附条件关联性条件。其二,辅助证明政策规则是帮助提升证据的证明价值而设定的证据能力规范,它具有保障证据可靠性的功能。这些政策包括证人必须当庭作证的政策、禁止证人发表意见的政策和书证必须出示原件的政策等。基于这些政策而形成的规则主要包含传闻证据规则、证人资格规则、意见证据规则、最佳证据规则等。上述这些规则的最终目的都在于发现事实真相,因此它与证明政策有密切的关系,也正是在这个意义上,才把其称为证明政策规则。

2. 第二类是外部政策规则。外部政策规则主要是为了贯彻实施独立于证明价值的外部政策而设定的规则,这些外部政策有很多,例如,"阻吓侦查违法""保护交流秘密"等。外部政策所追寻的目的无关证据的证明价值,而是追求证明价值之外的其他政策的实施。外部政策规则主要包括非法证据排除规则和特免权规则。从广义上讲,其还包括因实施其他外部政策而限制关联性的规则,这些规则所追求的主要目标是其他外部政策的贯彻实施。但需要注意的是,因实施其他外部政策而限制关联性的规则也可归入关联性规则。正如前文所言,这类规则虽然有外部政策的考虑,但其部分理论基础也在于:此类证据的证明价值严重被其自身的偏颇效应所超过,这包括禁止使用事后补救措施、和解提议与谈判、提议支付医疗和类似费用以及责任保险有关的证据来证明过错和责任的规则,还包括禁止使用答辩、答辩讨论与相关陈述的规则,以及性犯罪案件中禁止使用被害人性行为和性癖好证据的规则。在美国,由于与关联性无法割舍的密切联系,此类外部政策规则多和关联性规则一起讨论,多被美国证据法学者称为"相关性规则"。[1] 然而需要注意的是,这些外部政策具有多样性,并与事实的准确性之间存在竞争关系,其与证明政策规则所追求的目的有本质的不同。

---

〔1〕 参见[美]艾伦、库恩斯、斯威夫特:《证据法:文本、问题和案例》,张保生、王进喜、赵滢译,高等教育出版社2006年版,第347页。

二、适用情况:体系模式的成本控制

在英美法系,体系模式的复杂性必然会带来高额的司法适用成本,因此,体系模式处处都考虑成本的控制。这突出表现在:并非所有的诉讼程序都会适用体系模式,而且并非所有的有事实争议的案件都要求适用陪审团审判。不仅如此,证据能力规范本身在适用上也呈现一种宽和化的趋势。

(一)范围的控制:不适用证据能力规范的程序

1. 上诉救济程序中一般不适用证据能力规范。证据能力规范属于精密司法所要求的规则,在事实证明过程中,其通过证明政策和外部政策的贯彻而形塑一个类似“纯粹程序正义”的程序,经过该程序而得出的事实认定往往被赋予崇高的权威。尽管当事人可以对陪审团裁决向法庭法官提出审后动议,但法官对审后动议作出裁决后,上诉法院对陪审团裁决的复审实际上是对初审法官作出的该项裁决的复审,而不对事实进行重新审理。上诉法官仅对下级法官在涉及事实的法律判断上是否存在错误,以及该错误是属于“无害错误”或“明显错误”还是“当然发回的错误”进行裁断。[1] 因此,证据能力规则主要适用于初审的事实审判。

2. 除特免权规则外,证据能力规范也不适用于大陪审团程序等。但证据能力规范对这些程序仍有指导意义。考虑到司法经济原则,证据规则在一些审前或简易程序等程序中并不适用。根据《美国联邦证据规则》第 1101 条的规定,证据规则适用于三类程序:一是民事诉讼和程序,包括破产、海事和海商案件;二是刑事案件和程序;三是藐视法庭程序,法院可以简易处理的除外。[2] 同时,证据规则并不适用于以下

---

〔1〕 在美国,上诉审查制度将原审法院违背法令称为“错误”,并把其分为三大类型,即明显错误(plain error)、无害错误(harmless error)、当然发回错误(reversible error),当然发回错误是特别针对宪法错误。明显错误和当然发回错误属于法院应予纠正或发回重审的错误。参见王兆鹏:《美国刑事诉讼法》,北京大学出版社 2014 年版,第 682 页以下。

〔2〕 根据《联邦刑事诉讼规则》第 42 条(a)的规定,如果法官证实其目击或听见在法庭现场实施的构成藐视法庭的行为,则可以对此藐视法庭行为进行简易处罚。处罚命令应当叙述有关事实并由法官签名,并归入案卷。

各类程序:法院确定关于可采性的预备性事实问题;大陪审团程序;其他程序,例如引渡或者州际引渡,签发逮捕令、刑事传票和搜查令,刑事案件的预审,量刑程序,批准、撤销缓刑或者监督释放,以及考虑是否根据保释或者其他原因予以释放。尽管该条规定了不适用证据规则的程序,但在一些情形下,即使不适用证据能力规范,该规则仍会为法院提供有用的指导,法院有时也会在其他程序中使用该规则决定证据的证明价值。[1] 需要特别注意的是,考虑在任何诉讼阶段使用受特免权保护的信息都会破坏特免权保护的价值,“机密一旦被摧毁就无法恢复,只有在所有时间禁止披露才能保障特权的有效性”[2]。因此作为一个特例,特免权规则适用于案件或者程序的所有阶段。

(二)方式的变通:无陪审团的审判程序中证据能力的适用

1. 在无陪审团审判的初审程序中依然需要适用证据能力规范。正如威格摩尔所言:“陪审团审判中的证据规则源自陪审团审判,专属于历史上法官对陪审团的控制。因此,在原则或政策上,它们不会作为一个法律问题来约束法官和其他任何形式裁判庭的主持官员。但是,它们已经对其他裁判庭的程序产生了重要影响。主要原因是,对陪审团规则的研究与使用,使它们被法律界视为确认司法真相的系统性工具(systematic instrument)来加以敬重(venerated),而且在几乎所有其他裁判庭中,这些规则在法官和律师的脑海中已经不能磨灭根深蒂固。”[3]证据能力规范的影响力是如此之大,大到司法人员在心理上都会主动加以敬重,这实际上是一种对事实负责的态度。因此,在无陪审团的审判(nonjury trial)或称法官审判(bench trial)的程序中,证据规则依然需要如同在陪审团审判中那样得到全面的适用。如果一个证据在陪审团审判中不可采,那么它在法官审判的程序中也是不可采的。审判法官被假定比陪审团能更好地忽视他听到的不可采的证据,然而,与

---

〔1〕 See Jack B. Weinstein & Margaret A. Berger, *Weinstein's Evidence Manual*, Matthew Bender, 1991, p. 1 – 12.

〔2〕 Appeal of Malfitano, 633 F. 2d 276 (3d Cir. 1980), cited in Jack B. Weinstein, Margaret A. Berger, *Weinstein's Evidence Manual*, Matthew Bender, 1991, p. 1 – 11.

〔3〕 John H. Wigmore, *A Students' Textbook of the Law of Evidence*, The Foundation Press, 1935, p. 16 – 17.

此同时,他也经常不能保护自己"如同其保护陪审团那样"免听这些内容。

2. 在无陪审团的审判中,初审法官会变通使用证据能力规范。在美国,上诉法院的两种做法影响了下级法官在无陪审团审判中对证据采纳的做法。一是足够的适格证据规则(sufficient competent evidence rule)。概括而言,在有足够适格证据支持原审法官的事实认定时,采纳不适格证据的上诉异议一般不是撤销原判的理由。上诉法院会假定:原审法官忽视了不可采的证据,并依赖可采的证据作出了事实认定。二是如果原审法官在无陪审团的审判中错误地排除了证据,那么,上诉法院也不会拼命地维持原判,如果错误排除证据实质上对败诉方是有害的,上诉法院则会撤销原判。[1] 上述两种实践造成这样一种现象,在无陪审团审判中,许多有经验的一审法官为避免自己的判决被上级法院撤销,会采取变通措施:"暂时采纳所有有争议的证据,等所有证据被采纳后,再考虑证据的可采性问题。案件终结之前,法官会审查反对方重新提出的删除申请,如发现有清楚、可采的证言来支持他对事实的认定,那么法官会倾向采纳这个证据。"[2] 这样既节省了争辩证据的可采性所消耗的时间,又避免了被上诉法院撤销原判。在英美法系的许多司法区,这种做法已经较为普遍。

3. 考虑到案件的背景,这种做法对被告人权利侵害并不大。法官变通使用证据能力规范的做法虽然便利,但侵害了被告人要求用适格证据公平审判自己的权利。然而如果我们据此进一步说,美国的审判实际上并没有其证据规则显示的那样严格,这种做法对被告人权利造成较大侵害,这恐怕是错误的。我们需要考虑的是此类案件的背景。在美国,要求陪审团审判是《联邦宪法第六修正案》赋予被告人的一项权利,尽管该权利被限制在严重犯罪,但美国以"客观表现"为标准对

---

〔1〕 See Steven L. Emanuel, Founder & Editor - in - Chief, *Evidence*, Wolters Kluwer Law & Business, 2013, p. 564.

〔2〕 [美]约翰·W. 斯特龙主编:《麦考密克论证据》,汤维建等译,中国政法大学出版社 2004 年版,第 129 页。

严重犯罪的界定是“该罪授权的最高刑罚超过六个月”〔1〕。在联邦法院，多数重罪是由陪审团审判的，而绝大多数轻罪是由法官审判的。〔2〕宪法和法律充分保障刑事被告人获得陪审团审判的权利。被告人在自愿的前提下当然可以放弃这项要求陪审团审判的权利，被告人选择放弃该权利可能出于以下原因：被告人对事实不存在争议，或者只是围绕技术性的犯罪定义进行辩护；当地公众的情绪都是反对他的，而其又无法变更审判地；他犯的罪令人厌恶，无论哪里的陪审团审判都会表现出诸多风险，因此，与其这样，他们更愿意相信法官；由于案件过于复杂，他们认为陪审团不能理解该案件。〔3〕但是，无论如何，法律赋予了被告人这一权利，真正希望严格适用证据规则来进行一场高度程序正义的审判的被告人是会行使自己该项权利的，〔4〕在重罪案件或主张无罪的案件中，更是如此。

（三）松紧的控制：证据能力规范在适用上的宽和化趋势

至于英美法系证据能力规范的发展趋势，我们可以从《美国联邦证据规则》中看到一种宽和化的风向。1974 年《美国联邦证据规则》表明了一种“自由主义的立场”支持证据的可采性，特别是在专家证言方面表现得更为突出。这表明规则制定者对对抗制和陪审团智慧的信

〔1〕最高刑期是 6 个月或更低那么该罪就被推定为轻微。如果被告人能够证明虽然该项刑罚等于或低于 6 个月，但额外的成文法刑罚足以清楚反映该罪是严重时，也可赋予其要求陪审团审判的权利，尽管被告人很难推翻该推定。参见[美]德雷斯勒、迈克尔斯：《美国刑事诉讼法精解：第二卷 · 刑事审判》，魏晓娜译，北京大学出版社 2009 年版，第 197 ~ 198 页。

〔2〕2003 年联邦法院，被指控重罪的被告人有 4% 选择了审判。其中 93% 获得了陪审团审判，另外 7% 得到了职业法官审判。See Bureau of Justice Statistics, U. S. Dep' t of Justice, Compendium of Federal Justice statistics, 2003tabl. 4. 2(2005). 转引自[美]德雷斯勒、迈克尔斯：《美国刑事诉讼法精解：第二卷 · 刑事审判》，魏晓娜译，北京大学出版社 2009 年版，第 202 页。

〔3〕See Charles H. Whitebread, Christopher Slobogin, *Criminal procedure*: *An Analysis of Case and concepts*, Foundation Press, 2015, p. 641.

〔4〕尽管陪审团审判会比法官审判耗费更多的时间，美国有统计显示前者会比后者的时间耗费延长至少 2.5 倍，但公正重于速度，据统计，全世界使用陪审团审判的案件，有 90% 发生在美国。参见王兆鹏：《美国刑事诉讼法》，北京大学出版社 2014 年版，第 599 页。

心。《美国联邦证据规则》的起草者采取了一种倾向认许可采性(pro - admissibility)的路径,以促使事实裁判者作出“见多识广”的决定,在证据规则方面避免不必要的上诉。[1] 也有人批评这种自由主义的立场并没有考虑无辜者的担忧,致使垃圾科学和可疑的专家意见如洪水般涌入法庭。但是我们也可以看到,DNA 等优质的科学证据已经为诸多无辜者洗冤。需要考虑的是,近来扩大证据容许性的做法,比如让陪审团接触习性证据,扩大传闻的例外等,需要进行严格限制,应当把此类做法“关进笼子里”。认知心理学的研究也表明:这种修订会无意识地为准确的裁决带来负面影响。[2] 从某种程度上讲,倾向认可证据可采性的趋势符合边沁等人倡导的自由证明的理论。需要说明的是,这种宽和化的趋势是在“普通法烦琐的可采性规则”的背景下发生的,即便《美国联邦证据规则》表现出一种宽和化的趋势,也并不意味着废除证据规则的倾向。至少《美国联邦证据规则》的规定已经表明了证据规则的精简化的努力,这可视为证据规则在联邦层面上的最低限度的共识。

第二节 大陆法系经验化的分散模式

与英美法系相比,大陆法系证据能力的立法与实践表现出较大的不同,其表现出一种经验化的分散模式。正如前文所述,这种模式的形成与其历史遭遇密切相关,代表了欧洲大陆对事实发现和证据制度的认知。分散模式的外部轮廓和内部样态与体系模式迥异,并有与体系模式截然不同的运行条件,有必要对其展开详细的探究。

一、外部轮廓:以经验为中心的分散模式

出于对法定证据制度的警惕以及对文明价值的迎合,大陆法系的

---

〔1〕 See Daniel W. Shuman, *Science, Law, and Mental Health Policy*, 29 Ohio N. U. L. Rev. 587, p. 591 - 592(2003).

〔2〕 See Myrna Raeder, *What Does Innocence Have to Do With It: A Commentary on Wrongful Convictions and Rationality*, 2003 L. Rev. M. S. U. - D. C. L. 1315, p. 1323(2003).

证据能力规则呈现一种分散性的样态，而且其对经验具有较大的依赖性，这也是经验化分散模式的典型特征。这与英美法系理性主义传统有本质的区别。

（一）分散模式所表现出的规则分散性

大陆法系证据能力规范的首要特点是分散。这突出的表现在：一方面，我们很难在大陆法系国家找到证明政策规则，这些规则暗藏于法官基于经验的裁量；另一方面，我们也可以发现许多大陆法系国家都存在外部政策规则，这些规则分散在各个诉讼法的规定或法院的判例中。同时，我们很难在大陆法系的国家找到证据法典，也无法找到类似于普通法的判例或理论体系。即便我们在一些国家的刑事诉讼法中找到了专门规定证据的篇章，例如日本和意大利，我们也可以发现这些规定与其整个刑事诉讼法的条文数量相比要少很多，而且一些诸如意见证据、证人资格、特免权规则等规定分散在其他章节中，显得不成体系。[1] 即使多数国家存在外部政策规则，诸如证据禁止和特免权规则，这些规定也都分散在刑事诉讼法的不同章节中。例如，德国证据使用禁止规定在《德国刑事诉讼法》的第十章"询问被指控人"中，而特免权规定在《德国刑事诉讼法》第六章"证人"中。

之所以会出现这种分散性的特点，主要原因有二：一是大陆法系的许多国家背负着法定证据制度的历史包袱，拒绝在其立法中规定成文的证据规则，更勿论集中规定证据规则。前文有详细论述，在此不再赘述。二是缺乏一个独立实施证据规则的二元制法庭，而且法官依职权发现真实的积极性压制了庭审对抗的活动。基于上述原因，即使后来规定了一些外部证据规则，这些规则被视为程序性规则或程序性规则的附庸，而不被视为独立的证据规则。例如，尽管存在自主性证据使用禁止，但通常的证据使用禁止是被作为证据取得禁止的效果来考虑的，因此被称为依附性证据禁止。[2] 换句话说，这些证据能力规则都是带

[1] 例如，《日本刑事诉讼法》第二编"第一审程序"第三章"审判"第四节专门规定了"证据"，但是其关于证人的资格分散在第十一章"询问证人"和第十二章"鉴定"中，特免权的规则也是规定在"询问证人"的章节中。

[2] 参见岳礼玲：《德国证据禁止的理论与实践初探》，载《中外法学》2003 年第 1 期。

着外部政策的使命来的,其带有鲜明的依附性,因此,它们被分散的规定在诉讼程序的各个章节中。这也不难理解为何在大陆法系国家很难找到证明政策规则。

(二)分散模式所表现出的对经验的依赖

大陆法系证据能力规范的第二个特点是经验性,突出反映在:证据的审查或证据能力规范的运用高度依赖职业法官的经验。这与英美法系强调“理性人假设”不同。[1] 这主要表现为以下两点:

1. 诸多证明政策规则被法官的逻辑和经验判断所替代。在大陆法系,虽然很难找到证明政策规则,但是根据其奉行的自由心证原则,诸如意见证据等都交由法官依照逻辑和经验判断其证明力。需要承认的是,大陆法系的多数国家存在证明政策规则的替代制度。例如,法庭调查范围的预先审查制度发挥了部分关联性规则的功能,而直接言词原则发挥了部分传闻证据规则的功能。但这些替代性制度的运作过程都赋予法官较大的自由裁量权,而这种自由裁量权的运用严重地依赖法官的经验。例如,《德国刑事诉讼法》第 244 条第 3 款规定了法官拒绝查证申请的情形,如无收集证据必要、待证事实对裁判无意义、证据材料毫不合适等,这些都可以成为法官拒绝查证申请的理由。与美国关联性及其限制规则相比,这些规定较为宏大和粗略,这就给予法官充分运用自身经验来进行自由判断的广阔空间。

2. 即便是成文的外部政策规则,其对法官经验的依赖也是明显的。这突出的反映在大陆法系国家对权衡排除证据的偏爱,而权衡排除无不依赖法官的智识和经验。在德国,法官在判例中多运用权衡理论解决证据应否禁止使用的问题,其一般会考虑以下主要因素:违反程序规

---

[1] 在美国,法官在运用《美国联邦证据规则》第 403 条裁量排除证据时,往往会考虑一个理性的陪审员是否会产生偏见、混淆争点或受到误导,而在对附条件的关联性问题进行判断时,也往往会考虑一个理性的陪审员能否认定该基础事实的存在。在其许多判断程序中,这个理性人假设都会出现。这种理性的假设即使在陪审团裁决事实时也会出现。正如达马斯卡所言,法律要求陪审员想象如果一个理性的人面对这些证据会作出什么样的裁决,而不是要求他们诉诸自己的内心确信。宣称被告人无罪也不是事实裁判者个人的任何怀疑,而是具有公共正当性的合理怀疑。参见[美]米尔吉安·R. 达马斯卡:《比较法视野中的证据制度》,吴宏耀、魏晓娜等译,中国人民公安大学出版社 2006 年版,第 216 页。

定的程度、相关人员的保护需求、犯罪的严重程度、证据是否通过合法途径也能获取、具体证据材料对证明犯罪事实的重要性。[1] 这些因素的判断都需要诉诸法官的经验,也正因如此,权衡理论多被批评"无形无貌",具有高度的不确定性,成为法官粉饰预先定好的审理结果的工具。[2] 这是证据能力规范高度依赖法官个人经验所必然带来的后果。

二、内部样态:外部政策规则的一家独大

在大陆法系,证据能力规范一般表现为由"证据禁止和特免权规则"组成的外部政策规则,而普遍缺乏明确的证明政策规则。因此,为大陆法系的证据能力规范确定一个体系往往是不现实的,但是也存在两种尝试描述分散模式内容的方式。

(一)第一种方式:以证据禁止理论来描述分散模式的内容

在德国和奥地利等国,试图形成一个证据能力规范体系的是证据禁止理论。以德国为例,证据禁止理论发展出证据提出禁止和证据使用禁止。一方面,证据提出禁止包括了四类:一是证据主题的禁止,如前科不能作为证据使用;二是证据方式的禁止,如某些特定身份的主体享有拒绝作证权;三是证据手段的禁止,如用法律禁止手段取得的证据不得使用;四是相对的证据禁止,即一些证据只能从特定主体那里获得,如身体检查和验血只能由医师进行。此外,它还包括只有在特定主体命令下才能进行某项证据收集,如必须有法官的命令才能进行身体检查。另一方面,证据使用禁止又划分为依附性证据使用禁止和自主性证据使用禁止。因违背证据提出禁止而导致的禁止使用被称为依附性证据使用禁止,而自主性证据使用禁止不依赖证据提出禁止。由此,证据提出禁止和证据使用禁止的关系可概括为:违背证据提出禁止并不一定导致证据使用禁止,证据使用禁止也并非以证据提出禁止为前提。而从证据提出禁止到依附性证据使用禁止,需要经受权衡理论等证据禁止理论的检验。自主性证据使用禁止主要包括侵害个人基本宪

---

〔1〕 参见[德]迈克尔·赫格曼斯:《德国刑事诉讼法中的证据使用禁止》,周婧译,载《证据科学》2016年第5期。

〔2〕 参见林钰雄:《刑事诉讼法》(上册),台北,2013年自版发行,第614页。

法性权利、人格尊严的行为，以及私人通过不正当取证方式获取证据。[1] 这些证据禁止的体系带有浓厚的学理气息，尽管分类广泛，但其本身的内容比较晦涩和模糊，这减损了其逻辑性和实效性。而且从内容的丰富性上看，这种证据禁止的体系恐怕尚无法与英美法系的体系相比肩。

（二）第二种方式：结合英美法系概念和证据禁止来描述分散模式的内容

1. 日本对其证据能力立法和实践的内容描述采用了“三分法”。在证据能力体系的发展上，近年来频繁向当事人主义靠近的日本做得相当出色。日本不仅在立法上借鉴非法证据排除规则和传闻证据规则等，还在理论上形成了一套趋近于英美法系的证据能力体系，这也为大陆法系国家借鉴并融合英美法系证据规则指明了一个方向。日本的通说认为，证据能力规范的体系主要包括：一是自然的关联性，也即证据对待证事实具有必要的最小限度的证明力。二是法律的关联性，也即如果存在导致该证据证明力出现错误的情形则否定该证据的证据能力。三是没有违反禁止证据的规定。[2] 自然的关联性和法律的关联性主要考虑的是证据在事实认定上造成的错误和混乱的危险，而证据禁止的规定主要考虑到与事实认定不直接相关的利益；[3] 前者类似于证明政策规则基本取向，而后者类似于外部政策规则。这种划分是对英美法系关联性的概念和大陆法系证据禁止概念的一个结合。

2. 这种“三分法”与英美法系严谨的体系划分存在一定差异。与英美法系相比，上述第一类规则类似于关联性规则，但该类的范围较

---

〔1〕 参见张袁：《德国证据禁止理论与实践及对我国的启示》，载卞建林主编：《诉讼法学研究》第21卷，中国检察出版社2017年版，第326页。

〔2〕 参见［日］田口守一：《刑事诉讼法》，张凌、于秀峰译，中国政法大学出版社2010年版，第287页。

〔3〕 中川孝博『刑事訴訟法の基本』（法律文化社，2018年）186頁参照。

窄,不包含一些关联性的限制规则。上述第二类则类似于证明政策规则。[1] 但此类规则似乎受到威格摩尔提倡的法律关联性的影响,[2] 而把一些防范偏颇效应的关联性规则也包含在内。值得注意的是,在美国,由于赛耶坚称关联性的检验方式指向逻辑和经验,因此不存在法律关联性。[3] 受此影响,《美国联邦证据规则》拒绝了法律关联性的概念。从某种程度上讲,在美国,法律关联性这一概念几乎已被弃用。然而,这一被弃用的概念却被本属于大陆法系的日本所吸收。上述第三类规则类似于外部政策规则。只是这种规则深受德国证据禁止理论的影响,带有一定的保守性。

3. 日本是通过理论和实践的互动来贯彻其证据能力体系的。需要

---

〔1〕 这些证明政策是从广义上讲的,包括关联性规则。一些学者认为,没有法律关联性通常是指可能使裁判者抱有不当的预断和偏见,从而有导致事实误认的高度危险,进而否定其证据能力。传闻证据、科学证据和品格证据等都应当从上述观点考察其证据能力。参见[日]铃木茂嗣:《刑事证据法的若干问题》,载[日]西原春夫主编:《日本刑事法的形成与特色——日本法学家论日本刑事法》,李海东等译,法律出版社 1997 年版,第 98 页。

〔2〕 法律关联性这一概念,为威格摩尔所拥护,他所展示的效果是与普通的推理相比,他要求对递交给陪审团的所有证据要有更高的证明价值,法官通过自身努力阻止陪审团被轻微的证据价值所满足,因为偏见或轻率的推理而夸大证据价值,法官排除这些无法上升至清晰和充分的证据价值程度的法律关联性表达的是一些高于最低限度证明价值的东西,即每一个证据都必须有正面的价值(plus value)。See John H. Wigmore, *Treatise on the Anglo - American System of Evidence in Trials at Common Law including the Statutes and Judicial Decisions of All Jurisdictions of the United States and Canada*, 1923, p. 234. 这一理论也被称为威格摩尔—库欣理论(Wigmore - Cushuing Theory)。美国新罕布什尔州最高法院首席大法官库欣在 State v. Lapage 一案中指出证据的关联性毋庸置疑是逻辑和常识问题,尽管如此,在很多实例中,涉及特殊议题的证据资料常常会成为法庭辩论的主题,常常根据大多数法官和律师同大多数人一般的观念一致的逻辑裁决,因此,准确地说,最好的证据是常识,并因此获得法律的权威。基于这个原因,证据的关联性在很大程度上成为先例和权威的问题,我们可以完全适当的称为法律关联性。See 57 N. H. 245, 288 (1876). Cited in George F. James, *Relevancy, Probability and the Law*, 29 Calif. L. Rev. 689, p. 694(1941).

〔3〕 赛耶认为根本不存在法律上的关联性,法律不提供关联性的检验,这种检验方式心照不宣地指向逻辑和一般经验。假定推论的原则是被法官知悉的,就像大量的其他事情已经假定被他们所熟知一样。See Thayer, *Preliminary Treatise on Evidence at the Common Law*, p. 265(1898).

注意的是，日本的理论虽然搭建了这种证据能力的体系框架，但关于证据能力的规定，其刑事诉讼立法主要集中于"非自愿自白的排除规则"和"传闻证据规则"，多数证据能力规则并未规定在法律文本中。然而，这些法外证据能力规则同样在日本发挥着作用，这种作用的发挥是靠判例和理论学说的互动完成的。[1] 这种判例和理论互动来实施法律无明文规定的证据规则，在大陆法系近乎成为一种特色。

(三)分散模式适用状况的新发展

近年来，大陆法系证据能力的适用范围有大于英美法系的倾向。(1)关于证据能力适用的事项，在大陆法系，关于证据能力规则的适用范围，多以需严格证明的事项为限。关于被告人的罪责的实体法上的事实，有时也扩张到加重被告人刑罚的事实。而自由证明则主要适用于程序性事实和量刑事实，在自由证明中并不要求适用证据能力规则。当然，仅需经自由证明的待证事项，法院也可慎重其事而采取严格证明的程序来证明。(2)关于证据能力适用的程序，有学说主张把证据能力扩张适用到刑事诉讼的所有程序。例如，在德国，有学者主张：整个刑事诉讼程序都应当遵循关于使用证据禁止的规定，无论是判决还是先前的决定或裁定，都不能建立在不可采纳的证据基础之上。但法庭可以尽力纠正先前发生的错误，从而挽回有争议的证据。[2] 在意大利，《意大利刑事诉讼法》第191条第2款规定：可以在诉讼的任何阶段和审级中指出违反法律禁令获取的证据的不可使用性。这些主张扩张适用范围的学说或立法主要关注的是"非法证据排除规则"，而非诸如传闻证据规则、意见证据规则等证明政策规则，而且这些证明政策规则在其立法中也未作规定。

另外，近年来，大陆法系开始重视庭审的对抗性和被告人的人权保障。其一，它在排除非法证据方面出现了诸多进步性案例，并涉及"毒树果实"的排除。其二，日本在借鉴美国证据规则和对抗制审判的基

[1] 如日本法律并未规定违法获取的物证的证据能力，但通过理论和判例的互动，该领域的非法证据排除规则却在日本发挥作用。参见[日]石井一正：《日本实用刑事证据法》，陈浩然译，台北，五南图书出版公司2000年版，第106页以下。

[2] 参见[德]魏根特：《德国刑事诉讼程序》，岳礼玲等译，中国政法大学出版社2004年版，第200页

础上,对其审判组织进行了重大改革,2004年制定了《日本关于裁判员参加刑事裁判的法律》并于2009年开始全面实施,[1]正式的合议庭由职业法官3人和裁判员6人组成,共同决定被告人是否有罪及量刑的轻重。[2] 根据该法第49条的规定:在裁判员参加的制度中必须有审前整理程序,以处理证据能力等事项。在正式庭审中的开头陈述后,正式的证据调查前,法庭还应宣读审前整理程序结论报告。其三,在欧洲大陆诸国,《欧洲人权公约》敦促成员国司法系统采用对抗模式,该模式从程序的预备阶段起,便可对证据进行辩论,审判阶段存在口头辩论和交叉询问。该公约还抛弃传统的"合法性"立法技术,采用了另外一种合法性标准,即尊重个人基本权利的标准。[3] 有学者甚至认为,欧洲人权法院已成为改造欧洲旧刑事诉讼传统的新力量,[4]欧洲人权法院涉及证据能力的裁判对内国立法和法院判决产生了重要的影响。

第三节 我国证据能力的制度模式之选择

我国刑事证据能力立法和实践表现出一种不完整的分散模式。这种模式和我国证据立法的历史有着密切的关联,时至今日已经暴露不少弊端而难以为继,需要对我国证据能力的制度模式展开彻底反思,并探索未来革新之道。

一、我国不完整的分散模式之弊端

从我国现行立法和司法实践来看,我国刑事证据能力既不属于体

---

〔1〕 这一制度将促使自白任意性的证明发生改变,而且将进一步提高证人出庭作证的比率,增加传闻规则的效力。参见[日]田口守一:《日本裁判员制度的创设与证据法的变动》,张凌译,载《证据科学》2008年第5期。

〔2〕 但是,根据该法第6条规定,有关法律解释的判断、有关诉讼程序的判断和其他裁判员参与判断的判断,由专职法官进行合议。

〔3〕 参见[法]米海依尔·戴尔玛斯-马蒂:《刑事证据研究》,施鹏鹏、陈乔译,载樊崇义主编:《诉讼法学研究》第10卷,中国检察出版社2006年版,第404页。

〔4〕 参见[瑞士]萨拉·J.萨默斯:《公正审判——欧洲刑事诉讼传统与欧洲人权法院》,朱奎彬、谢进杰译,中国政法大学出版社2012年版,第224页。

系模式,又异于分散模式,表现出自身的特色。那么我国到底是怎样一种模式呢,其自身又存在哪些问题?对此,有必要展开进一步的理论探究。

(一)我国刑事证据能力属于不完整的分散模式

我国刑事证据能力的制度模式属于分散模式。从清末变法以来,我国法治就深受大陆法系的影响。在刑事证据能力的立法和实践方面也不例外,我国刑事证据能力的制度模式与大陆法系的情况具有较大的相似性。首先,我国刑事证据能力的规范也是分散性的,现行《刑事诉讼法》规定了非法证据排除规则这一证据能力类型,其他相关的证据能力规范则分散在各司法解释中。与大陆法系类似,我国法律并未规定证明政策规则,就是传闻证据规则也付之阙如。其次,我国刑事证据能力规范的运行严重依赖法官个人的智识和经验。在非法证据排除规则的实施方面,我国法官具有较大的依靠经验进行裁量的空间。例如,在判断非法取证是否"可能严重影响司法公正"时,法官就不得不动用自己的经验去判断这一模糊的术语。此外,由于证明政策规则的缺失,法官不得不依靠经验和逻辑的判断方式去剔除一些不适格的证据。从这些方面来讲,我国刑事证据能力的制度模式与大陆法系有相通之处,即都属于分散模式。

我国的分散模式是一种不完整的分散模式。之所以说我国刑事证据能力的制度模式是一种不完整的分散模式,主要基于以下原因:(1)在内容方面,我国既不存在类似于证据禁止的理论体系,也不存在类似于日本"三分法"的证据能力体系。毋庸讳言,受制于立法和司法的因素,我国证据能力的理论体系尚不成熟。例如,我国特免权证据规则普遍缺失。(2)在证明政策方面,我国也不存在类似于大陆法系的各种替代措施。比如,在传闻证据规则方面,许多大陆法系国家也是缺失的,但是它们采取了直接言词原则予以替代,以此弥补了传闻证据规则缺失所造成的功能障碍。但即便是此种替代措施,在我国也是不存在的。长期以来,我国证人不出庭作证,法庭进行笔录审判,即是明证。(3)在运行条件方面,大陆法系分散模式所赖以运行的一些重要条件,在我国也不具备。例如,对职业法官证据评价能力的尊重和信任在我国就存在明显不足。再如,我国虽然存在裁判说理的要求,但是裁判说理的形式化比较严重,说理的充分度和质量亦不充分。

(二)我国不完整的分散模式存在的问题

统合性理论的缺失使该模式无法整合起分散的规则。大陆法系虽然是分散模式,但都发展出了一套统合性的理论来把分散的证据能力规范整合起来,通过理论与司法实践的互动弥补分散模式的先天不足。正如前文所述的证据禁止理论和"三分法"理论都属于证据能力的统合性理论。这种统合性理论对司法实践的影响不容小觑。但是我国并不存在这种统合性理论,而长期活跃在质证领域的证据属性学说,由于内部存在一些矛盾且无法提供一个精细化的标准,也不能充当起这种统合性理论。统合性理论的缺失危害甚大,一方面,它使分散的证据能力规范无法有效地整合起来。虽然我国《刑事诉讼法》包含的证据能力规范极少,但司法解释中规定了数量可观的证据能力规范,然而这些分散的规范至今未能整合起来并发挥实际的功用,其中一个重要原因就是缺少一个统合性理论。另一方面,证据能力规范的发展总是与理论的发展相伴而生,前述证据能力的历史研究部分已经揭示了这一点。统合性理论的缺乏也使司法实践在处理"立法未能涉及的证据能力问题"时,无法找到一个有力的工具。

主要制度的缺失使该模式无法发挥证据能力的应有功能。作为一个法治后起国家,证据能力规范的产出,不可能再进行漫长的孕育过程,而更多地需要通过对历史传统的梳理和对域外经验的总结来完成。但我们国家的立法和实践对此做得还不够。一方面,证明政策规则或替代制度的缺失使司法领域内事实的误判时自发生。证明政策的主要功能就是通过前端控制的方式保障证据的可靠性或真实性,大陆法系即使没有直接规定该规则,其也发展出了一套类似的替代制度来发挥该功能。但我国既未直接规定证明政策规则,又未发展出一套替代制度,证据的可靠性无从保证。例如,我国既未有传闻证据规则,又未能规定实质意义上的直接言词原则,证人不出庭作证的现象非常普遍,证人证言的可靠性或真实性无从保证。另一方面,我国的外部政策规则的相关规定也并不充分。近年来,我国虽然在非法证据排除规则的移植上下了功夫,但诸如"毒树果实"原则和特免权规则仍处于缺失的状态。"毒树果实"原则的缺失使非法证据排除规则的效果大打折扣。

在刑事司法领域，特免权规则的缺失使得隐私权这一基本权利的保护无从谈起。

二、我国向体系模式转型的必要性

既然我国分散模式存在诸多问题，那么我国应当如何解决这些问题？是对现有不完整的分散模式进行修补，还是向英美法系的体系模式转型？这是现阶段刑事司法所面临的一个重要的问题。本部分的观点是：根据我国的现实情况，我国宜从分散模式向体系模式转型。

（一）向体系模式转型的必要性

证据制度的中国式现代化首先是证据能力制度的中国式现代化，这种现代化发展既要立足于我国国情，不能脱离我国的问题和制度条件进行现代化，又要胸怀天下，以世界的眼光研究中国的问题，吸收世界上一切优秀的制度成果发展我国的证据制度。这就要求证据能力的立法要采用一种长远的、发展的眼光去审视我国证据制度的转型道路，不能仅局限在眼前的问题和当下的制度条件，要确保证据制度的实用性，并能在今后一个很长的时期内解决社会发展带来的问题，经受住全面现代化后复杂的社会现实带来的挑战。从这一角度讲，为实现证据能力制度的中国式现代化，我国证据能力制度的模式有必要从不完整的分散模式逐步向体系模式转型。

1. 分散模式存在固有缺陷，并不适合我国。这主要表现在以下三个方面：(1)分散模式存在固有的缺陷，它自身有着诸多不合理的成分。这突出反映在：不注重证明政策规则的构建，导致证据可靠性无从保障；不设法避免事实裁判者知悉不可采的证据，任由不适格证据影响裁判者心证；不注意审理证据异议的时点，放任不适格证据充斥法庭；不注重卷宗制度的建设，放任事实裁判者在审前接触所有卷宗；为了弥补证据能力规范的不足，又不得不依赖高素质的职业法官、裁判者说理制度和复审制等其他外部制度，来确保事实认定的准确性和正当性。(2)分散模式所存在的缺陷在我国也有相应的体现。但是，我国并不存在一套行之有效的运行条件来弥补这些缺陷。那么，我国是否可以通过运行条件的建构来保障现有分散模式的有效运转呢？如果不考虑其他因素，这种方案也是可以接受的。然而，这些配套制度建设的成本并不低于引入体系模式的成本。更为关键的是，大陆法系国家运行条件的建设只是弥补分散模式的不足，并不是消除了分散模式所固有的弊端，即只是起到了一个治标的功能，其实际功效并没有想象的那么大。例如，事实误判的前端控制机制依然薄弱，事实裁判者对不适格证据的“知而不用”的难题依然存在，事实认定的正当性依然无法得到有效的保障等。如果要解决上述问题，恐怕还是要借助体系模式的力量。(3)我国在向体系模式转型中不存在类似于大陆法系的历史包袱。在前文证据能力的历史研究部分，我们可以发现，大陆法系之所以会走上分散模式，与其自身的历史是分不开的。由于其先前实行的法定证据制度对国家司法和国民心理的摧残，造就了一段不光彩的历史，废除法定证据制度后，大陆法系国家一直未能摆脱这种历史阴影，十分忌讳证据规则。在这种国民心理之下，大量移植体系模式的内容显然是不可能的。加之，大陆法系对职权主义诉讼模式和自由心证制度的推崇，造就了当前的分散模式。由于日本并不存在这种历史，因此，我们可以看到，其在第二次世界大战之后较为迅速地实施了向体系模式转型的计划。我国的情况与日本有相似之处，向体系模式的转型所面临的历史和国民心理上的障碍并不严重。

2. 以审判为中心的诉讼制度改革需要体系模式的配合。党的十八届四中全会提出“推进以审判为中心的诉讼制度改革”和“全面贯彻证据裁判规则”的要求，改革举措的落实也有赖体系模式的建设。以审判为中心的诉讼制度改革需要改变以往以侦查为中心的做法，这就需要诸多制度形成合力。之所以会形成以侦查为中心的做法，其中一个重要的原因是：在控制侦查行为和侦查卷宗方面，不完整的分散模式导致证据能力规范未能发挥效用。例如，传闻规则的缺失导致侦查卷宗直接进入法庭调查，法官庭前和庭后阅读侦查卷宗直接导致庭审走过场等。为改变以侦查为中心的现状，刑事证据能力的立法和实践必须改变当下不完整的分散模式，向体系模式转型，以此改变侦查行为和侦查卷宗对刑事审判的支配。

3. 公民基本权利的保护和程序正义的呼声要求建立体系模式。一方面，正如前文刑事证据能力的理论基础章节中的分析，刑事证据能力规范是公民基本权在功能上的要求。我国《宪法》规定了诸多公民基本权,而且随着社会的发展,现行宪法未列举的基本权也显得越来越重要,如正当程序的权利和隐私权等。在刑事司法领域,如何回应这些基本权的功能要求,有待立法和司法予以回应。在当下,分散模式已经难以满足基本权利日益广泛的要求,作为对基本权功能的回应,刑事证据能力体系模式的建设就变得非常必要。另一方面,随着社会经济的发展和人们认识水平的提高,公民对程序正义的呼声已经越来越高。在刑事证据能力领域,为使立法和司法实践符合程序正义的标准,需要从现有的分散模式转向体系模式,以体系化的证据能力规范从前端保障事实认定准确性和正当性。此外,根据程序正义的标准,刑事司法的参与性和对抗性也要求构建体系模式,现代大陆法系与英美法系的区别主要是事实认定的参与模式:"在欧陆各国,尽管司法调查在许多重要方面由当事人律师指导和限制,但是担负调查和裁判责任的是专业法官。在以普通法为主的英美法系,事实认定由三组人参与:当事人的律师、专业法官以及担任陪审团成员的非专业人士。"[1]这种参与模式的区分在一定程度上受经验模式和体系模式的影响。在刑事证据能力方面,为提升辩护律师在事实认定方面的参与空间,使其符合程序正义的标准,现有模式也需要向体系模式转型。

4. 提升事实判断的准确性也需要体系模式的保障。发现真实是刑事诉讼的一个重要目的,而确保证据的可靠性或真实性是实现该目的的不二法门。从这个意义上讲,证据的质量对提升事实判断的准确性有重要的意义。在保障证据的可靠性方面,经验模式并不占据优势,因为它本身并不看重证明政策规则,而是依靠一些替代措施来发挥类似的功能。相反,体系模式非常重视证明政策规则的建设,在审判之前,其通过证明政策规则排除掉了不可采的证据,使得事实裁判者根本没有接触不可靠证据的机会。即使一些不可采证据在法庭上出现,也可以通过法庭上的异议机制来排除掉不可采的证据,并使其不影响事实裁判者的心证,或者把这种影响降至最低。这种精细化的作业方式是

---

〔1〕 John H. Langbein, *Historical Foundations of the Law of Evidence: A View from the Ryder Sources*, Columbia Law Review, Vol. 96, Issue 5, p. 1168(1996).

大陆法系的分散模式所无法相比的。此外,体系模式还配套有各种机制来保障事实裁判者的心证不受不可采证据的影响,而分散模式在这一点上做得还远远不够。因此,为提升事实判断的准确性,现有模式需要向体系模式转型。

(二)中国证据能力规范体系转型的历程

我国学者曾提出过一些卓有见地的证据立法方案,其中包括了证据能力的立法和实践向体系模式的转型。我国刑事证据能力的体系化可追溯至2000年前后的学术著作,2000年后产生了一些卓有见地的学术著作。有学者提出了统一证据立法的方案。例如,有的方案在"一般规定"中阐述了证据能力的原则和限制证据能力的证据规则。[1] 有方案专章规定了证据的可采性,包括证据的相关性及其限制、非法证据排除规则和传闻证据规则。[2] 也有学者提出了"专门的刑事证据法方案",并在通则中规定了证据能力的一般规定和检验证据能力的证据规则。[3] 这些证据立法方案的提出把我国证据理论推向了一个新的高度,为证据理论和证据立法的发展提供了宝贵的智力支持。虽然在2005年以后,一度热烈的讨论和立法呼声趋于沉寂,[4] 但是,整体而言,这一阶段提出的向体系模式转型的观点,丰富了我国证据能力的改革方案,为后来的立法和进一步学术研究奠定了坚实的基础。

近年来我国在向体系模式转型中做出了诸多有益的尝试,这些尝试率先在司法解释方面获得突破。例如,2008年,证据统一规则又取得了新进展,有学者提出了人民法院统一证据规定的方案。该方案除在总则中规定了证据能力的一般条款外,还另辟章节专门规定了"证

---

〔1〕 参见江伟主编:《中国证据法草案(建议稿)及立法理由书》,中国人民大学出版社2004年版,第2页以下。

〔2〕 参见毕玉谦、郑旭、刘善春:《中国证据法草案建议稿及论证》,法律出版社2003年版,第102页以下。

〔3〕 参见陈光中主编:《中华人民共和国刑事证据法专家拟制稿(条文、释义与论证)》,中国法制出版社2004年版,第120页以下。

〔4〕 参见吴丹红:《证据立法呼声缘何归于沉寂》,载《检察日报》2006年2月13日,第3版。

据排除及其例外”,其中包含了非法证据的排除、传闻证据的排除、品格和倾向证据的排除和不能用于证明过错和责任的证据。[1] 该方案至今还在北京、云南、山东、吉林和广东的部分法院试行。再如,2010年鉴于冤假错案的教训,我国出台了“两个证据规定”,随着2012年《刑事诉讼法》吸收非法证据排除规则,我国2012年《刑诉法司法解释》全面吸纳了“两个证据规定”的合理内容,我国证据能力体系化再次向前推进了一步。如今,离“两个证据规定”出台已逾十年,证据制度在我国的得失已渐渐显露,这为当下反思刑事证据能力规则的转型提供了素材和视角。这些有益的尝试虽然略显保守,且缺乏一些配套制度的协作,但是,它们都为刑事证据能力向体系模式的转型打下了基础。

三、我国体系模式构建的具体路径

我国刑事证据能力存在诸多问题,为解决这些问题,有必要向体系模式转型。那么,我国应当如何向体系模式转型,在转型的过程中,应如何与传统的质证方式相衔接?这是本部分着力回答的几个问题。

(一)刑事证据能力向体系模式转型的方式

1. 刑事证据能力规范应由稀缺、分散走向充实、体系

刑事证据能力的体系性主要表现在证据能力规范的全面性和集中性,以及规则原理的统合性。体系模式的构建需要证据能力规范的全面性和集中性。与英美法系的体系模式相比,我国的证据能力规则异常稀缺。当前,我国刑事证据能力规则多分散于各司法解释和司法性质的文件中,在各个地方也存在地方性证据规则。[2] 规则的分散性一定程度上容易消解证据能力制度的刚性效力,而且易发生理论和实务中的混淆。当下一个紧迫的任务是梳理我国的实践并总结问题,勾勒出我国证明政策规则和外部政策规则的框架。这将是本书第五章和第

---

〔1〕 参见张保生主编:《〈人民法院统一证据规定〉司法解释建议稿及论证》,中国政法大学出版社2008年版,第156页以下。

〔2〕 参见房保国:《现实已经发生——论我国地方性刑事证据规则》,载《政法论坛》2007年第3期;闫召华:《逻辑与实证:地方性刑事证据规则研究》,载《北大法律评论》2016年第1期。

六章着力解决的一个问题。

2. 以证据规则为中心而非证据种类为中心构建体系模式

(1)在现有的“两个证据规定”和司法解释中,除了非法证据排除规则有集中性的文件规定外,我国刑事证据能力的原理适用多分散在各个证据种类当中。这种规定并不是以规则为中心,而是以不严格的证据分类为中心。此种以证据种类为中心的分类并不利于证据能力规则的运用。这是因为,证据种类并非一成不变,随着科学技术和人们认识的提升还会涌现出新的证据类型,如果一味地以证据种类为中心就无法适应未来的发展。而且,证据种类的划分本来就是相对的,以证据种类为中心会发生适用上的混淆。例如,有时有形实物以其“表面篆刻的文字符号”为证据内容时,其就不再是物证,而是书证;文书以其存在形态为证据内容时就会变成物证。

(2)从证据规则的发展的规律来看,证据规则的产生和发展就是以证据能力为中心的,而非以证据种类为中心。事实上,关联性及其限制规则的要求已经容纳了一切可以作为证据的类型。此外,把某一证据规则重复规定在各个证据种类中,会导致重复且会致使不同证据规则在同一证据种类中的混淆。例如,在“两个证据规定”和司法解释中,验真法则几乎在各个证据种类中均有规定,尽管规定得十分详细,但仍无法穷尽验真的要求,还容易发生概念的混淆,如把验真混同于最佳证据规则的要求。而以规则为中心的证据能力理论和立法则会克服上述缺点,使证据规则具有更大的适应性和明确性。

(二)证据质证传统与体系模式的衔接

概念是理论分析的有效工具,而概念的构建在顺应现代化的同时也应注意对一国法律传统的传承。目前利用证据的三种属性对证据进行质证是我国刑事司法实践的主流。体系模式的转型与我国传统的利用证据属性的质证方式如何进行有效衔接,是转型过程中的一大问题。

1. 在证据能力类型的划分上,正如前文所述,威格摩尔把其划分为证明政策规则和外部政策规则。[1] 比较法学家达马斯卡将其划分为

---

[1] See John H. Wigmore, *A Students' Textbook of the Law of Evidence*, The Foundation Press, INC, 1935, p. 27 – 28.

“因相信可能妨碍对查明事实真相的追求而排除证据”的规则，以及“因为与查明事实真相无关的因素而排除证据”的规则。[1] 我国学者把证据能力规则分为三类：一是以关联性为核心的证据可采性规则；二是为保证证据的可靠性而规定的证据可采性规则；三是基于政策考虑而排除证据的规则。[2] 也有学者把其划分为：一是关联性规则；二是保障证明真实性的可采性规则；三是保障证明正当性的可采性规则。[3] 这些分类内部有一些共通性的东西，可以做进一步的分类整理。在此，我们可以沿用威格摩尔的分类方法，把证据能力规范划分为两类，即证明政策规则和外部政策规则，这与达马斯卡教授的划分是相通的。此外，在证明政策规则方面，又可划分为关联性规则和辅助证明政策规则，这种细分与我国学者提出的三分法是一致的。

2. 证据能力类型的细分与我国传统的利用证据属性进行质证的三种方式有相通之处，可以此为抓手对传统质证方式进行改造。(1)可以关联性规则代替传统上以关联性为中心的质证方式。由于关联性是我国传统质证中普遍认可的概念，对其改造至少具有概念上的共识，在向体系模式的转型中，可以现代的关联性及其限制的规则代替传统的以关联性为中心的质证。(2)可以辅助证明政策规则代替传统的以真实性为中心的质证方式。传统上以真实性为中心的质证方式，既包括了对“证据的真实性是否有保障”的质证，也包括了对“证据是否可信或是否有证明效力”的质证。前者属于证据能力的范畴，而后者则属于证明力的范畴。在向体系模式的转型中，应当严格区分这两种不同的质证，把对证据可信性的质证从“真实性的质证”中分离出去，而把真实性的质证方式真正改造为辅助证明政策规则。质言之，未来应以辅助证明政策规则代替传统的以真实性为中心的质证方式。(3)可以外部政策规则代替以合法性为中心的质证方式。实事求是地讲，合法

---

〔1〕 参见[美]米尔吉安·R. 达马斯卡：《比较法视野中的证据制度》，吴宏耀、魏晓娜等译，中国人民公安大学出版社 2006 年版，第 96 页。

〔2〕 参见纪格非：《证据能力论——以民事诉讼为视角的研究》，中国人民公安大学出版社 2005 年版，第 45 页。

〔3〕 参见郭志媛：《刑事证据可采性研究》，中国人民公安大学出版社 2004 年版，第 95～96 页。

性无法为证据能力的质证提供一个具体的标准,合法的证据不一定有证据能力,而不合法的证据也未必就不具有证据能力。真正为不合法的证据提供一个可操作的质证标准的是外部政策规则。在向体系模式的转型中,关于证据合法性的质证,应当明确一个具可操作性的标准,这种标准就是外部政策规则。因此,未来的改革宜以外部政策规则取代以合法性为中心的质证方式。

第五章 内部规范:证明政策规则的中国式现代化

证明政策规则是为了保障证据的可靠性而设置的证据能力规范。在现代证据法体系里,证明政策规则主要包括关联性规则、传闻证据规则、证人资格的规则、意见证据规则和最佳证据规则。[1] 证明政策规则的主要机能是从形式和程序上保障证据的可靠性,以此提高事实认定的准确性。这类规范旨在提升真实发现的内在价值,因此可称为

〔1〕 有学者认为还存在因某些程序上的瑕疵而排除证据的规范,如交叉询问过程中使用不当询问方式所得证言的排除规范。参见孙远:《刑事证据能力导论》,人民法院出版社 2007 年版,第 90 页。也有学者认为,严格证明是证据能力的积极要件,未经禁止使用之证据,必须同时具备积极条件,始能终局地取得证据能力,也即存在未经法定调查程序而排除证据的规则。参见林钰雄:《刑事诉讼法》(上册),台北,2013 年自版发行,第 475 页。事实上,如果是程序错误导致的答复是否可采的问题,则应落入一般证据能力规范管控的范围,如根据关联性规则、传闻证据规则或者裁量性排除证据的规则等排除不可采的答复。如果是对提问形式有异议,如提问形式是诱导性、辩论性、复合问题、模糊问题、模棱两可或者对证言的错误概括,则此类有关形式方面的异议,是由传统的审判惯例或者审判法官特有的自由裁量权所支配的,而不受正式的证据规则的约束。参见[美]艾伦、库恩斯、斯威夫特:《证据法:文本、问题和案例》,张保生、王进喜、赵滢译,高等教育出版社 2006 年版,第 125 页。询问人不能通过提出一个问题来获取证人对询问人的推论或者解释的同意,审判法官可以通过《美国联邦证据规则》第 403 条裁量性排除规则和第 611 条第 1 款和法院的控制权来自由裁量适用。参见[美]约翰·W. 斯特龙主编:《麦考密克论证据》,汤维建等译,中国政法大学出版社 2004 年版,第 17 ~ 18 页。《美国联邦证据规则》和多数州的证据规则都规定了隔离证人的规定,如果证人听到了其他证人的证言,或者证人在候询室未能隔离,而收集相互讨论个人感官知觉的经历,则其后其证言的正确性,恐怕就难以保证彼此不受影响。关于此项违背证人隔离的情形,在佛罗里达州,有些法院适用藐视法庭罪处罚证人,有些法院则裁决证人不适格,佛罗里达州最高法院建议,由法官将此事实指示陪审团,作为证言可信性取舍的参考。参见陈祐治:《佛罗里达证据法逐条释义》,台北,翰芦图书出版有限公司 2006 年版,第 266 页。

"内部规范"。我国证据能力模式向体系模式转变的过程中,应在认识我国证明政策规则的基本问题的基础上,提出符合我国实际的具体转型路径,进而实现证明政策规则的中国式现代化。

第一节　证明政策规则的中国问题

严格来讲,在我国以证据属性为中心的质证实践中,无论是关联性规则,还是意见证据规则和最佳证据规则,都没有进一步精细化发展的空间,而传闻证据规则在"侦查卷宗中心主义"的理念下甚至没有入场的机会。这也就意味着,我国的证明政策规则尚处于概念勾勒阶段。我国证明政策规则的简陋为事实的准确认定和程序正义的贯彻埋下了危机。

一、止步于制度表层的关联性规则

严格来讲,我国并不存在精细化的关联性概念和制度,但存在一些规制证据关联性的制度,在以证据属性为中心的质证模式中,这些制度止步于关联性的表层文意,把关联性视为证据与案件事实的表面联系,未能发展出一套严谨的关联性判断规则。

(一)逻辑关联性的法律表达较为简陋

关联性这一概念的核心对待证事实的存否有最低限度的证明价值,从法律意义上讲,文书证据的验真、证人的资格和弹劾都可以归类为专门的关联性规则。[1] 证据的逻辑关联性是基于关联性的核心内涵而创设的概念,具有逻辑关联性的证据是指"倾向于证明或反证某一重要事实的证据"。我国并不存在上述关联性的定义,但在现有制定法的法解释上可以推导出关联性的要求。2018 年《刑事诉讼法》第 50 条第 1 款首先对证据下了定义:"可以用于证明案件事实的材料,都是证据。"此处的"可以用于"表示了证据须具有推论待证事实的证明

〔1〕 See Arthur H. Jr. Travers, *An Essay on the Determination of Relevancy under the Federal Rules of Evidence*, Arizona State Law Journal, Vol. 1977, p. 327 – 364 (1977).

价值倾向,正如有学者认为,该立法表述指向的是相关性。[1] 从该条的反面解释来看,不能用于证明案件事实的材料不是证据,不具有证据能力,即无关联性的材料不具有证据能力。但这种定义较为原则和模糊,依赖较为精细的法解释方法,无法直接充当关联性判断的依据,甚至不为裁判者所察觉。我国司法解释虽然尝试发展出较为明确的关联性规则,且原则性规定了法庭明确认为证据与案件无关的可以不予准许提出,还具体规定了对物证、书证、鉴定意见、视听资料和电子数据的关联性的审查要求,对被告人、证人、鉴定人、被害人等的讯问或发问与案件无关的,可申请审判长予以制止。[2] 但这些规则在适用上普遍存在明确性、体系性和适用效力皆不足的问题。

不仅如此,2018 年《刑事诉讼法》第 50 条第 1 款的表述并非使用类似于《美国联邦证据规则》第 401 条对关联性的定义,即"与没有该证据相比,有该证据使得某事实更可能存在或更不可能存在的任何趋向",而是采用"可以用于证明案件事实"这样一种语义更为广阔的表述。这种表述不仅容纳了关联性的定义和附条件的关联性,在考虑 2018 年《刑事诉讼法》第 1 条、第 2 条的立法目的和立法任务的基础上,它还容纳了基于刑事诉讼对其他价值的追求对关联性的限制规则。但是这些从法解释层面推演出来的附条件的关联性和关联性的限制事由,本身缺乏明确性,其指引裁判的功能大大受到了限制。

(二)关联性限制事由多依靠解释推导而出

关联性的限制理论发源于美国,证据法学家赛耶指出,不具有逻辑相关性的东西都不可采,除存在的许多例外和限制条件外,在逻辑上具有相关性的证据都是可采的;显然除了逻辑相关性之外,还有其他可采性的检验标准。[3] 赛耶在此提出了关联性与可采性的关系以及对关

---

[1] 参见魏晓娜:《审判中心视角下的证据法基本概念》,载《证据科学》2016 年第 3 期。

[2] 对关联性的原则性规定参见 2021 年《刑诉法司法解释》第 247 条,对各证据关联性审查的规定参见 2021 年《刑诉法司法解释》第 82 条第 4 项、第 97 条第 8 项、第 98 条第 8 项、第 108 条第 6 项、第 262 条。

[3] See James Bradley Thayer, *Preliminary Treatise on Evidence at the Common Law* (1898), Cornell University Library, 2009, p. 266.

联性的限制。限制某类证据关联性的事由主要包括两类:一是证据的偏颇效应严重超过其证明价值时,立法强制限制该类证据的关联性,这属于强制限制关联性规则,如品格证据规则。二是证据的偏颇效应虽然严重超过其证明价值,但法官在排除该类证据方面享有裁量权,这属于裁量限制关联性的规则。

1. 我国司法实践中存在一些对关联性的限制事由

事实上,我国司法解释和判例已经在关联性的限制事由方面做出了一些努力。例如,我国司法解释基于效率考虑确立了“限制不必要、明显重复证据的关联性规则”,2021 年《刑诉法司法解释》第 247 条明确规定,对明显重复、不必要的证据,法庭也可以不予准许,以此限制重复证据的关联性。这与我国 2018 年《刑事诉讼法》第 2 条规定的“准确、及时地查明犯罪事实”的任务是相契合的。我国司法实践也有诸多基于该规则限制证据提出的判例。例如,有的法院基于辩方申请某一证人出庭拟证明的事实与在案证据明显重复、没有必要为由,驳回了调查该证人的申请。[1] 也有辩护人申请更多的证人出庭作证,出庭检察官提出“重复且无必要”的异议,法庭支持了该异议并驳回了调查更多证人的申请。[2] 可见,我国法官在司法实践中也在行使裁量限制某类证据关联性的权力。理论上讲,只有在证实证据的证明价值严重被明显重复证据带有的“浪费时间”这一偏颇效应所超过时,才能排除该证据。但我国法院的论证逻辑多倾向于单方面强调“浪费时间”这一偏颇效应,而缺乏对其证明价值的比较,存在方法的偏颇和说理的不足等问题。这种实践与我国立法和司法解释未准确揭示这一裁量限制某类证据关联性的原理有关,这种立法表述需要在证据能力制度体系化的过程中重新检讨。

法院也可能基于公正或避免误导的原因限制某类证据的关联性。在我国部分地区试行的《人民法院统一证据规定(司法解释建议稿)》

---

〔1〕 参见北京市海淀区人民法院刑事判决书,(2016)京 0108 刑初 488 号;北京市海淀区人民法院刑事判决书,(2014)海刑初字第 929 号;广东省佛山市中级人民法院刑事裁定书,(2005)佛刑一终字第 124 号。

〔2〕 参见广西壮族自治区来宾市中级人民法院刑事裁定书,(2014)来刑一终字第 58 号。

基于对当事人造成严重的不公正伤害、对判决结果造成不公正影响的理由去限制证据的相关性，但这一规则很少被我国法官使用。被害人创伤照片、尸体检验照片或解剖照片等可能过度冲击事实裁判者心证的证据，多会不加分析地进入法庭接受调查，而不考虑这些照片本身可能会因自身的恐怖、血腥而对事实裁判造成不公正的影响，更不考虑这种不公正的影响是否严重超过该证据的证明价值。[1] 这些照片对事实裁判者，尤其是陪审员的心理冲击是不言而喻的，事实裁判者很可能会把精力过度放在因血腥照片带来的惩罚犯罪的情感上，而忽视了对证据证明价值的客观评价。此外，我国没有基于证据本身可能带有的混淆争点或误导事实裁判者等偏颇效应严重超过证据的证明价值时，而排除证据的规定。我国的做法一般是把此类问题交由法官在法庭审理中自由判断，而且此类判断通常不会在判决中表明理由。这可能使法官在行使限制证据关联性的权力时呈现一种随意化的倾向。

2. 我国关联性限制规则适用上的混乱和内容上的缺失

理论上讲，品格证据本身对犯罪事实的证明价值较低，且容易使事实裁判者产生事实推论上的偏见。因此，我国部分地区试行的《人民法院统一证据规定（司法解释建议稿）》规定了品性或倾向证据的排除规则，以此限定此类证据的关联性。[2] 但是，此类规则并没有得到严格遵守，适用上也不统一。如表 5 - 1 所示，我国判例对品格证据的态度主要有以下几种：(1)有些判例认为品格证据经庭审质证后也有证据能力，这些既有对被告人有利的品格证据，也有对被告人不利的品格证据。这蕴含了极大的冤罪风险，如在卓某坤故意杀人冤案中，死者家属听取了村里群众的意见以及以往的品行意见，进而以此误导原审法院作出死刑判决。[3] 同时，在涉及累犯问题时，被告人之前的犯罪前科几乎都会被作为证据向法庭提交，这一证据在犯罪事实认定阶段就

---

〔1〕 参见广西壮族自治区玉林市中级人民法院刑事裁定书，(2018)桂 09 刑终 69 号；湖南省常德市中级人民法院刑事判决书，(2017)湘 07 刑终 255 号；云南省普洱市中级人民法院刑事附带民事判决书，(2017)云 08 刑初 141 号。

〔2〕 参见《人民法院统一证据规定（司法解释建议稿）》第 13 条、第 33 条、第 34 条。

〔3〕 参见江国华主编：《错案追踪（2006 - 2007）》，中国政法大学出版社 2016 年版，第 14 页以下。

已被事实裁判者知悉,会不可避免地对事实裁判者的定罪心证产生影响。(2)也有判例认为被告人的品格证据与案件没有关联,因此否定其证据能力,这些被否定证据能力的证据多属于被告人良好表现的品格证据。这种"一刀切"的做法也否定了那些试图作为量刑证据的品格证据。(3)有判例限制了品格证据的证据能力,即判定品格证据只在量刑时予以参考,这多属于被告人表现良好的证据。实践适用的混乱反映了立法的不足和理论准备得不充分,今后修法需要重点关注实践需求较大的品格证据规则。

表5-1　我国法院关于品格证据的证据能力的判例类型

类型	具体情况
有证据能力	故意伤害案中曾经家暴的品格证据[参见内蒙古自治区高级人民法院刑事裁定书,(2017)内刑终146号];被告人与第三人曾经进行过毒品交接的劣行品格证据用于证明本次犯罪事实[参见重庆市高级人民法院刑事裁定书,(2015)渝高法刑终字第00186号];非法持有毒品罪中的类似前科作为品格证据而采纳未注明作何用处[参见黑河市爱辉区人民法院刑事判决书,(2015)爱刑初字第70号;黑河市中级人民法院刑事裁定书,(2015)黑中刑一终字第29号];贪污案中见义勇为的品格证据被采信未注明作何用处[参见阜南县人民法院刑事判决书,(2013)南刑初字第00273号]
无证据能力	盗窃案被告人表现良好的证据[参见成都市中级人民法院刑事裁定书,(2016)川01刑终65号];受贿案被告人获奖情况[参见眉山市中级人民法院刑事判决书,(2015)眉刑初字第25号];强奸案被告人品格良好的证明[参见大庆市让胡路区人民法院刑事判决书,(2016)黑0604刑初302号];故意伤害案件中因赌博、无证驾驶被行政处罚的品格证据无关联性[参见芜湖市中级人民法院刑事判决书,(2014)芜中刑初字第00004号];掩饰隐瞒犯罪所得案中被告人为人正直的品格证据[参见榆林市榆阳区人民法院刑事判决书,(2015)榆刑初字第00980号];受贿罪被告人品格证据予以排除[参见成都市中级人民法院刑事判决书,(2015)成刑初字第00188号];拐骗儿童罪被告人平时表现的品格证据[参见广元市中级人民法院刑事裁定书,(2016)川08刑终171号];非法吸收公众存款被告人热心公益事业并通过设立基金和捐款的方式关爱弱势群体的品格证据[参见芜湖市中级人民法院刑事判决书,(2017)皖02刑终75号]

续表

类型	具体情况
限定的证据能力	受贿案被告人的获奖情况可作为量刑证据[参见成都市中级人民法院刑事判决书，(2014)成刑初字第323号]；滥用职权案被告人工作表现获奖等品格情况作为量刑证据[参见鹿邑县人民法院刑事判决书，(2016)豫1628刑初26号]；侵犯著作权案的无犯罪记录等品格证据作为量刑证据考虑[参见成都市中级人民法院刑事判决书，(2016)川01刑终98号]；受贿案中工作表现的品格证据可以作为量刑证据[参见阿克塞哈萨克族自治县人民法院刑事判决书，(2016)甘0924刑初17号]；内幕交易案中平时表现的品格情况作为量刑证据[参见成都市中级人民法院刑事判决书，(2016)川01刑初00008号]

此外，还有一些对关联性的限制规则，我国立法和司法解释未规定，判例也未充分讨论，这成了我国司法实践的真空地带。例如，在认罪认罚协商程序中，被告人最终没有认罪或认罪后又反悔的，那么被告人在协商过程中作出的有关陈述以及先前的有罪答辩，能否用来反对被告人？这牵涉到基于促进争端自愿解决的考虑而限制关联性的问题，我国法律和司法解释并未涉及，有待我国司法实践进一步地探索。再如，民事和解、支付及提议支付医药费、事后补救措施和责任保险等在特定诉讼中是否可以被采纳作为证明“负有责任”的证据，我国对此并无规定；在司法实践中，此类证据往往可以畅通无阻地进入法庭，至于其证明力如何则由法官自由判断。此种做法曾一度引起争议，特别是在民事诉讼领域，被告人救扶老人或为其垫付医药费的行为被作为被告人“负有责任”的证据，一度引起“见跌倒老人不扶”的道德滑坡现象。我国也有学者注意到这一领域的症结，并指出该混乱现象源于支付及提议支付医药费的关联性限制规则缺失。[1] 上述规则的缺失很大程度上造成了司法实践乃至社会生活的困扰，应引起证据立法的高度重视。

---

〔1〕 参见吴洪淇：《转型的逻辑：证据法的运行环境与内部结构》，中国政法大学出版社2013年版，第145～146页。

（三）中国附条件关联性的样态

附条件的关联性（conditional relevancy）是指证据的关联性以前提的事实存在为条件；当前提事实存在时，证据就具有关联性，反之则没有关联性。[1] 它主要涉及的是辨认和验真、证人的亲身知识以及原件是否存在等问题。严格来讲，我国制定法并未明确规定附条件的关联性，司法解释虽涉及了验真这一附条件的关联性问题，但是解释者混淆了真实性和附条件的关联性问题，进而把证据的验真作为一个真实性问题来对待。事实上，解释者所言的真实性，真正的意指应是证据与待证事实真实的关联性，即该证据真实是提出者宣称的涉案证据。

1. 我国司法解释涉及了物证和书证的验真问题，包括鉴定、检验文书的验真，以及送检材料和样本的验真。但这些要求与体系模式中的验真法则还存在较大的距离，而且在概念上还未真正厘清验真与证据的逻辑关联性、证据的证明力之间的区别。例如，2021 年《刑诉法司法解释》第 86 条第 1 款规定了未附笔录或者清单且不能证明来源的物证、书证的绝对排除规则，该条第 2 款和第 3 款规定了物证、书证或物证的替代品来源有疑问并不能合理解释时的排除规则；第 84 条第 2 款规定了书证遭到更改或有更改迹象而不能作出合理解释的排除规则。2021 年《刑诉法司法解释》第 98 条和第 100 条不仅规定了送检材料、样本与鉴定对象的验真问题，而且还规定了鉴定文书和检验报告缺少签名、盖章时的排除规则。上述规定与其说是关注证据的真实性与合

---

〔1〕 在解释附条件的关联性时，美国证据法学家 Best 提出了一个很好的例子。在一个杀人案中，检方提出被告有一顶蓝色羽毛的红帽子，如果目击证人亲眼看到杀人者逃离现场时戴着同样一顶帽子，那么被告帽子的咨讯将是被告有罪或无罪的重要证据。但是，帽子所有权的关联性只有在目击证人的证词存在时才明显。这就是所谓的附条件的关联性。如果提出证据一方已提出其他可显示关联性的资料，或提出证据的一方保证将提出背景资料，法官应当认许这一类的证据，交由陪审团判断背景事实是否已被适当证明，以支持将该附条件关联性的证据列入考虑。在红色帽子的例子中，陪审团将决定目击证人证词的可信性。如果陪审团不相信目击证人看见了那一顶帽子，那么陪审团就不会采纳目击证人的证词，被告人的帽子也会被予以忽略。参见［美］ Arthur Best：《证据法入门：美国证据法评释及实例解说》，蔡秋明、蔡兆成、郭乃嘉译，台北，元照出版有限公司 2002 年版，第 12 ~ 13 页。

法性,不如说其关注的核心是举证主体提出的证据与主张的证据的同一性。上述排除证据的情况无一例外都是因为证据提出者无法证明该证据就是其所主张的证据,这些都属于物证、书证等无法被验真而丧失关联性的情形。

验真规则在我国的制定法中长时间缺失,证据未经验真就直接进入法庭污染事实裁判者的心证,这直接导致了一系列冤假错案的发生。如表5-2所示,物证或书证以及鉴定材料、检验文书未被验真是我国刑事冤案产生的重要原因。在这些冤案中,公诉人几乎都未证明该证据就是其主张的证据,甚至还出现了侦查人员伪造证据的情形,而原审法院在未对证据进行验真的情况下就把该证据认定为被告人有罪的依据。即便缺乏审前程序中的验真要求,但如果在审判中对下述证据进行验真,也会减少此类冤假错案发生的概率。然而这两种对问题证据的验真都未能进行,进而酿成了冤假错案。

表5-2 我国刑事错案中物证或书证等未被验真的情形

案件名称	验真问题
马某保故意杀人冤案[参见江国华主编:《错案追踪(2008-2009)》,中国政法大学出版社2016年版,第35页以下]	尸检报告证明是时隔一年后补填的
赵某新贪污案[参见江国华主编:《错案追踪(2008-2009)》,中国政法大学出版社2016年版,第171页以下]	本案的关键证据——《处理规定》,系检方伪造
卢某敏偷税、诈骗冤案[参见江国华主编:《错案追踪(2010-2013)》,中国政法大学出版社2016年版,第90页以下]	国税局稽查队提供的附件均没有落款和公章,稽查档案里没有相关资料且该证据没有经开庭质证
赵某海故意杀人冤案[参见何家弘主编:《迟到的正义:影响中国司法的十大冤案》,中国法制出版社2014年版,第187页以下]	高度腐败的尸体经四次DNA检测无法确定身份,警方却认为是被害人
徐某彬强奸冤案[参见江国华主编:《错案追踪(2006-2007)》,中国政法大学出版社2016年版,第6~7页]	被告人的送检血样不是由法医而是由县公安局警察采集、送检;三个法医的其中一个实际并未参与血型检验而于最后直接签字

续表

案件名称	验真问题
文某军强奸冤案[参见江国华主编:《错案追踪(2006－2007)》,中国政法大学出版社2016年版,第43页以下]	鉴定报告只有法医签名,没有盖章
陈某江故意杀人冤案[参见江国华:《错案追踪(2006－2007)》,中国政法大学出版社2016年版,第185页以下]	被告人所穿衣服经检验无任何被害人血迹,现场提取的脚印是否是被告人脚印,并无证据能够证明,原审法院都把其作为定罪依据
何某华贪污冤案[参见江国华主编:《错案追踪(2006－2007)》,中国政法大学出版社2016年版,第231页以下]	在涉案单位没有电脑交费记录系统的情况下,却存在电脑交费记录单,原审法院对该清单未验真
费某、费某标故意杀人冤案[参见江国华主编:《错案追踪(2006－2007)》,中国政法大学出版社2016年版,第424页以下]	本案的物证——单刃断头尖刀,并没有对其作必要的鉴定,就认为与案件事实有关
杜某武故意杀人冤案[参见江国华主编:《错案追踪(2000－2003)》,中国政法大学出版社2016年版,第31页以下]	涉案泥土未经验真。虚构刹车踏板和油门踏板上的附着泥土,让警犬鉴定该泥土与杜某武鞋袜气味是否相同,以及与杜某武衣领上的泥土矿物质含量是否相同
张某明抢劫杀人冤案[参见江国华主编:《错案追踪(2000－2003)》,中国政法大学出版社2016年版,第186页以下]	侦查人员在抓捕张某明当天从其身上搜出1445元人民币,16天后发现该钱中有一张带有殷某血迹的钞票。在未证明该钞票就是张某明身上的钞票的情况下,原审法院把其采纳为定罪根据
杨某忠故意杀人冤案[参见江国华主编:《错案追踪(2000－2003)》,中国政法大学出版社2016年版,第208页以下]	杨某忠鞋子上的血迹未经DNA鉴定就被认为是被害人的血迹,且没有采纳证人证实的血迹是杨某忠与其他人打架所留的意见
覃某虎、兰某奎抢劫冤案[该案平冤关键是真凶牙某胜因其他事入狱,被兰某奎狱中的照顾感动,得知兰某奎是因为自己曾经干过的事而蹲冤狱,心中愧疚难当,出狱后投案自首。参见江国华主编:《错案追踪(2000－2003)》,中国政法大学出版社2016年版,第260页以下]	民警现场勘验到一个刀柄,恰巧在兰某奎家查获一个没有刀柄的刀刃。民警擅自把刀刃插入刀柄,并认为该刀即为凶刀

续表

案件名称	验真问题
李某明故意杀人冤案［参见江国华主编：《错案追踪（2004－2005）》，中国政法大学出版社2016年版，第24页以下］	现场留的皮凉鞋是40码，但李某明穿42码，为了让其穿上，警察强迫其硬挤进去，并照相留证

2. 我国司法解释还涉及了视听资料和电子数据的验真问题。例如，2021年《刑诉法司法解释》第109条和第114条规定了真伪不明或者来源不明的视听资料和电子数据的排除规则。在解释者看来，这都属于难以确定真实性或在真实性方面存有疑问的证据，[1]它在本质上属于举证者“提出的视听资料、电子数据”是否是其“宣称的视听资料、电子数据”的验真问题。如果其同一性无法证明，则应该否定其与待证事实的关联性。但如果把该真实性解释为证明力层次上证据实体内容的真实，即把其视为一种证明力规则，显然是混淆了验真问题和证明力判断问题。这种模棱两可的司法解释反映了制定法对验真规则的认知不足，值得作进一步检讨。在我国，视听资料未被验真也是冤案产生的一个原因，例如，李某瑞故意伤害冤案中，主要证据“X光片”并非被害人的，这种未被验真的视听资料直接作为了被告人故意伤害的证据。[2] 在陈某琴故意杀人冤案中，被告人认罪的录音录像，未经验真就作为判处被告人有罪的证据，实际上，电脑属性显示该视频制作时间为2010年，而非认罪的2009年。[3] 司法实践中，伪造或篡改视听资料和电子数据的成本较低，随着此类证据在审判中广泛应用，对该类证据进行验真就显得非常必要，我国制定法急需对视听资料和电子数据的验真问题进行系统立法。

3. 我国司法解释还对供述笔录、证言笔录、勘验检查笔录和侦查实

---

〔1〕 参见江必新主编：《最高人民法院关于适用〈中华人民共和国刑事诉讼法〉的解释理解与适用》，中国法制出版社2013年版，第96～97页。

〔2〕 参见江国华主编：《错案追踪（2008－2009）》，中国政法大学出版社2016年版，第102页以下。

〔3〕 参见江国华主编：《错案追踪（2014－2015）》，中国政法大学出版社2016年版，第78页以下。

验笔录等笔录类证据的验真问题作了规定，但是这些内容依然较为隐晦和琐碎，而无法充分发挥验真的功能。例如，2021 年《刑诉法司法解释》第 94 条和第 95 条规定了讯问笔录没有经被告人核对确认、填写的讯问时间等内容有误或存在矛盾、讯问人没有签名等情况下的排除规则，实际上这些都属于供述或讯问笔录的验真规则。2021 年《刑诉法司法解释》第 89 条和第 90 条对证人证言笔录作了类似于讯问笔录验真的规定，还规定了违反证人隔离规定取得证言的排除规则，[1] 以及讯问地点不符合规定或未履行义务告知程序的排除规则，前者主要涉及的是证人是否以亲身知识作证的问题，后者主要是传闻证据缺乏可靠性保障的问题。而且，2021 年《刑诉法司法解释》第 94 条还规定：讯问聋、哑被告人，或者不通晓当地通用语言、文字的被告人，应当提供通晓聋、哑手势的人员或翻译人员而未提供的，被告人的供述应当予以排除。此种规定是考虑到无法确保此类被告人所提供的供述的真实性，因而否定此类供述的证据能力。[2] 实际上也可把它作为一种验真问题对待。2021 年《刑诉法司法解释》第 107 条规定了不采纳侦查实验笔录的情形："侦查实验的条件与事实发生时的条件有明显差异，或者存在影响实验结论科学性的其他情形的，侦查实验笔录不得作为定案的根据。"这种规定类似于美国司法对记录模拟和事件重建的验真。[3] 不仅如此，勘验检查笔录也存在验真的问题，"勘验检查笔录或现场笔录作为证据在法庭上出示时，如对方提出异议，则其真实性应当由制作者及其见证人、保管人，就勘验、检查过程和笔录制作、保管和移交过程

---

[1] 2021 年《刑诉法司法解释》第 90 条第 4 项还规定了，询问笔录反映出在同一时段，同一询问人员询问不同证人时的排除规则。该规则是对"两个证据规定"的延续。在解释者看来，此类规则区别于违反证人隔离规定的排除规则，因为该规则关注的是由于询问笔录制作不规范而导致的在同一时段同一询问人员询问不同证人，办案人员能够补正或作出合理解释的，该证言笔录也可作为证据使用。由此可见该规则关注的重心是证言笔录的验真问题，而非违反证人隔离规定的问题。参见张军主编：《刑事证据规则理解与适用》，法律出版社 2010 年版，第 149 页。

[2] 参见张军主编：《刑事证据规则理解与适用》，法律出版社 2010 年版，第 182 页。

[3] 参见[美]艾伦、库恩斯、斯威夫特：《证据法：文本、问题和案例》，张保生、王进喜、赵滢译，高等教育出版社 2006 年版，第 226 ~ 227 页。

进行辨认验真”〔1〕。司法解释的说明中也认为该条是对勘验、检查笔录真实性和关联性的审查,〔2〕本质上属于勘验、检查笔录的验真问题。此外,我国虽然没有规定辨认笔录的验真问题,但这并不意味着辨认笔录不需要验真,它也应同其他笔录类证据一样接受验真。如表5-3所示,在我国,讯问笔录、证言笔录、勘验检查笔录、辨认笔录和侦查实验笔录未被验真也是酿成冤假错案的一大原因。这些笔录本不应该在法庭上出现,但是由于缺乏相关的验真规则和验真程序,下述笔录可以毫无阻挡地进入法庭,且在未验真的情况下顺利作为定罪的依据,进而酿成冤假错案。

表5-3 我国刑事错案中笔录类证据未被验真的情形

案件名称	验真问题
马某保故意杀人冤案[参见江国华主编:《错案追踪(2008-2009)》,中国政法大学出版社2016年版,第35页以下]	现场勘验笔录是警方后来填写的,并非现场勘验的结果
刘某抢劫、强奸冤案[参见江国华主编:《错案追踪(2008-2009)》,中国政法大学出版社2016年版,第304页以下]	被告人三份供述笔录从内容到形式,前后都显示出高度一致,记录者为同一人,而且被告人根本不识字
赵某新贪污冤案[参见江国华主编:《错案追踪(2008-2009)》,中国政法大学出版社2016年版,第171页以下]	所有的证人证言笔录,只有证人本人的笔迹,无侦查人员的签名,部分证人证言的制作时间存在矛盾,公历上没有该日期
王某堂故意杀人冤案[参见江国华主编:《错案追踪(2000-2003)》,中国政法大学出版社2016年版,第82页以下]	证言笔录未经验真。当时写完询问笔录后,证人吴某芬不认识字也不给证人念,只让其按手印后放其回家

〔1〕 张保生主编:《证据法学》,中国政法大学出版社2014年版,第200~201页。

〔2〕 参见江必新主编:《最高人民法院关于适用〈中华人民共和国刑事诉讼法〉的解释理解与适用》,中国法制出版社2013年版,第80页。

续表

案件名称	验真问题
刘某强奸(未遂)冤案[参见江国华主编:《错案追踪(2006-2007)》,中国政法大学出版社2016年版,第208~209页]	还未传唤犯罪嫌疑人,证人就已经对犯罪嫌疑人辨认了,辨认笔录缺乏验真
蒋某海故意伤害冤案[参见江国华主编:《错案追踪(2006-2007)》,中国政法大学出版社2016年版,第242页以下]	部分辨认笔录是已经辞职的民警冒充他人之名所签的,该辨认笔录未经验真而作为原审的定罪依据

二、似是而非的辅助证明政策规则

辅助证明政策规则是帮助提升证据的可靠性而设定的证据能力规范,它具有保障证据可靠性的功能,并执行证人出庭作证、禁止提出不可靠意见和书证原则上提交原本的证明政策,主要包括传闻证据规则、意见证据规则和最佳证据规则。我国虽然有一些类似辅助证明政策规则的规范,但其规范表述似是而非,未能发挥辅助证明政策规则的功用,辅助证明政策规则的缺失使诸多不可靠证据涌入审判庭污染事实裁判者的心证,进而造成一系列冤假错案。

(一)传闻证据规则的立法缺失之危害

传闻证据规则又称传闻禁止规则,其核心含义是禁止传闻证据进入法庭调查。该规则被威格摩尔称为:"英美证据法最具有特色的规则,它的受重视程度仅次于陪审制,是杰出的司法体制对人类诉讼程序的一大贡献。"[1]传闻证据规则在保障证人证言可靠性方面具有极大的价值,其通过排除传闻证言的方式倒逼举证主体敦促具有亲身知识的证人出庭作证,证人出庭后经宣誓和交叉询问的程序,使其证言在认知、记忆和表述等方面的缺陷以及诚实性方面的问题,悉数暴露在事实裁判者面前,使事实裁判者能够在全面观察证人言行举止的情况下客观、全面地评价证人证言的可信性。正因如此,威格摩尔认为"交叉询问是发

---

〔1〕 John Henry Wigmore, *Evidence in Trials at Common Law*, Vol. V, Revised by Peter Tillers, Little, Brown and Company, 1983, p. 28.

现证言可信性问题的最佳手段”[1]。我国虽然存在证人出庭作证的程序规则，但严格来讲，我国并不存在传闻证据规则，甚至与其功能相似的直接言词原则也处于缺失状态。法庭审判是对案卷笔录的审理，而非对证人本人的调查，这就使侦查传闻充斥法庭，加大了事实误判的风险。

传闻证据规则的缺失已成为我国冤假错案产生的一个原因。如表5-4所示，放弃禁止传闻的原则，把侦查人员传来的证人证言作为判断诉讼事实的依据，看似方便高效，其实是牺牲了案件的质量和事实认定的准确性，蕴含了极大的冤罪风险。从表5-4罗列的使用传闻证言笔录的情况来看，使用传闻证言笔录来定案一直是中国冤案产生的一个原因。如果存在传闻证据规则，上述证言笔录的证据能力就会成为问题，绝大多数笔录都会因传闻证据规则而遭到排除。不仅如此，如果存在传闻证据规则，举证主体为避免证据被排除，就不得不想方设法敦促证人出庭作证，证人在控辩双方的交叉询问下，其证言的可信性问题也会悉数暴露在事实裁判者面前，此时再让事实裁判者违背心证判决被告人有罪恐怕较为困难。然而，由于传闻证据规则的缺失，用于过滤不可靠证言的“证据能力审查防线”和“交叉询问证人防线”悉数失效，虚假证言笔录如入无人之境轻而易举地影响了原审事实裁判者的心证，进而酿成了冤假错案。这些冤案再次提醒我们思考：中国真的没有规定传闻证据规则的必要吗？证言笔录的质证规则和印证规则就真的可以替代传闻证据规则吗？现实给我们的答案恐怕是否定的。今后修法应当高度重视传闻证据规则对预防冤假错案、实现审判中心的功用。

表5-4　我国刑事错案中使用传闻证言笔录的情形

案件名称	证言笔录情况
徐某彬强奸冤案［参见江国华主编：《错案追踪(2006-2007)》，中国政法大学出版社2016年版，第7页］	被害人的女儿在侦查询问笔录中称在夜晚没有灯光的情况下，凭月光和炉火一口咬定看清了被告人。但是，由于未准许证人出庭接受控辩双方交叉询问，一审和二审法院均未采纳被告人的无罪辩解

[1] John H. Wigmore, *A Students' Textbook of the Law of Evidence*, The Foundation Press, INC, 1935, p. 239.

续表

案件名称	证言笔录情况
吴某故意伤害冤案[参见江国华主编:《错案追踪(2006－2007)》,中国政法大学出版社2016年版,第166页以下]	证人提供的证言含糊不清,现场光线昏暗,证人是否能够看清案发当时的情况值得怀疑。由于证人并未出庭作证,辩护人缺乏对证人当庭的交叉询问,原审法院受到了该证言的误导,进而判决被告人有罪
王某松故意杀人冤案[参见江国华主编:《错案追踪(2014－2015)》,中国政法大学出版社2016年版,第60页以下]	证人事后承认被警方带走后遭逼供被迫作伪证。原审未能传唤该证人出庭作证
信某平、张某宗、裴某聚拐卖妇女冤案[参见江国华主编:《错案追踪(1998－1999)》,中国政法大学出版社2016年版,第115页以下]	公安机关以怀疑离婚证是假的、涉嫌重婚为由把所谓的被害人信某秀非法拘禁13天,强迫其按照公安机关的思路作证;证人彭某红也被非法拘禁13天。原审法院在未传唤证人出庭作证的情况下,采纳了虚假的证言笔录
陈某臣抢劫、强奸冤案[参见江国华主编:《错案追踪(1998－1999)》,中国政法大学出版社2016年版,第152页以下]	真正犯罪人的大哥宋某峰以及被10元钱收买的证人刘某涛为证明陈某臣有作案时间,作伪证说陈某臣9时之后下山磨钻头。原审法院在未传唤证人出庭作证的情况下,依该证言笔录认定被告人有罪
刘某海、刘某堂放火杀人冤案[参见江国华主编:《错案追踪(2000－2003)》,中国政法大学出版社2016年版,第268页以下]	证人李某指认遗留现场一把刀时说:“这把刀,黑把,长23.35厘米,我一眼认出这刀就是刘某海的。”这句话被记入侦查笔录移送法庭,由于法庭未传唤证人出庭作证,如此荒谬的证词也被作为原审法院定罪的根据
刘某太投毒杀人冤案[参见江国华主编:《错案追踪(2000－2003)》,中国政法大学出版社2016年版,第276页以下]	案件证人刘某文在侦查笔录中作证说,刘某秀到刘某太店里买了瓜子吃,之后中毒。但是,该证言是听他妻子说的。由于刘某文的妻子已经死亡,这种传闻证言得不到其他证据印证。而原审法院依然把该传闻证言作为其定案根据之一

此外，鉴定人或有专门知识的专家证人等不出庭作证，以鉴定意见报告书或专门性问题报告代替专家证言的做法，也蕴含冤案的风险。例如，在徐某泰诽谤冤案中，[1]公安机关人员吕某独自一人远赴北京，带着不是徐某泰笔迹的检材请求公安部进行鉴定，并采用移花接木的方法导致鉴定意见认为匿名信是徐某泰一人所写，中国刑警学院和公安部的复检也给出同样结论。由于鉴定人未出庭作证，鉴定人的适格与否、送检材料的验真和检验方法的可靠性都无从判断，以此种鉴定意见作为定案根据，易产生冤假错案。我国 2012 年修改《刑事诉讼法》时规定的"鉴定人拒不出庭作证的，鉴定意见不得作为定案的根据"，似乎在鉴定意见领域有限承认了传闻证据规则，但是鉴定人出庭的条件是"法庭认为有必要"，这就导致法庭在鉴定人出庭方面享有较为宽泛的裁量权，其实践效果有待进一步观察，[2]未来修法和司法解释仍有必要在专家证人作证领域确立完整的传闻证据规则。

（二）证人资格和意见证据规则的沉默

证人资格和意见证据规则是规制证人作证的两大规则，前者关注的是证人是否有资格就案件事实或专门性问题作证，而后者关注的是证人能否就自己认知的事项提供意见。我国制定法虽部分关注到了上述两个问题，但在很多领域处于沉默状态，证言的可靠性缺乏有效的担保措施。

1. 我国法律和司法实践对证人资格的规定的现状和问题

我国 2018 年《刑事诉讼法》第 62 条对证人的资格采取了原则加例外的规定模式，原则上凡是知道案件情况的人都有作证的资格，但生理上、精神上有缺陷或者年幼，不能辨别是非、不能正确表达的人，没有作

---

[1] 参见江国华：《错案追踪（1998 - 1999）》，中国政法大学出版社 2016 年版，第 126 页以下。

[2] 有研究指出了现实中的鉴定人出庭率依然较低。参见黎达勋、赵萍：《完善制度措施保障鉴定人出庭作证》，载《检察日报》2016 年 5 月 9 日，第 3 版。也有研究指出，即便是鉴定人出庭了，控辩质证水平也表现得不尽如人意，而且鉴定人和有专门知识的人同时出庭的情况不多见，法庭质证往往成为鉴定人或有专门知识的人一方的独角戏，无法进行高水平的针锋相对的质证。参见陈邦达：《鉴定人出庭作证制度实证研究》，载《法律科学（西北政法大学学报）》2016 年第 6 期。

证的资格。从其反面解释来讲，这类特殊主体在能辨别是非、正确表达时也有作证资格。我国判例中，有精神疾病但能辨别是非且正确表达的人具有证人资格，[1]年满5周岁的幼儿，智力正常且具有一定的表达能力，也有证人资格。[2] 从域外法上看，英美法实践采用的是一种“推定证人有作证能力”的做法，先前认定证人无作证资格的要素如今大多成了判断证人可信性的指标。我国制定法还规定了证人角色与其他诉讼角色冲突时的解决办法，我国2018年《刑事诉讼法》第29条规定了审判人员、检察人员和侦查人员担任过本案的证人、鉴定人的，应当回避。这也意味着，此类人员既不能同时也不能在以后阶段再担任审判人员、检察人员和侦查人员，以避免出现办案不公的现象。[3] 我国法律因职务原因限制证人资格的范围要远大于英美法，2018年《刑事诉讼法》第32条还规定书记员、翻译人员和鉴定人也适用回避的规定。这三类人员的回避的出发点是确保案件的正确处理并维护司法公正。[4] 这也意味着书记员、翻译人员和鉴定人在作为普通证人作证后，就不能再做本案的书记员、翻译人员和鉴定人。至于辩护律师在其代理的案件中是否有证人资格，司法实务一般认为辩护律师应优先作为证人，不得在其作证的案件中辩护，否则将会影响其证人的客观性。[5] 但是，这会导致侦查人员以发现辩护律师是本案的证人为由排除辩护人的情形。一概否定辩护律师的证人资格的观点值得进一步检讨。

与此同时，我国制定法对于被害人、被告人、翻译人员、鉴定人的证人资格问题尚缺乏清晰的规定和理性的认识。我国制定法把被害人、被追诉人和证人作了区分，将证人证言、被害人陈述、犯罪嫌疑人供述

---

〔1〕参见吉林省长春市中级人民法院刑事附带民事裁定书，(2018)吉01刑终73号。

〔2〕参见武汉市中级人民法院刑事裁定书，(2016)鄂01刑再5号。

〔3〕参见郎胜主编：《中华人民共和国刑事诉讼法修改与适用》，新华出版社2012年版，第74页。

〔4〕参见郎胜主编：《中华人民共和国刑事诉讼法修改与适用》，新华出版社2012年版，第78页。

〔5〕参见项钰、黄真日：《证人能否作为同案辩护人》，载《河南法制报》2017年12月8日，第11版。

和辩解分别作为不同的证据类型对待,这种立法进一步缩小了普通证人的范围,尤其是把被害人排除在普通证人之外显得有些画蛇添足。而且,是否应当限制被告人的证人资格也值得进一步检讨。翻译人员的专家证人资格至今未有规定,这造成了实践中诉讼翻译的乱象。[1]这些对证人主体范围的认识不清,加剧了我国证人资格规定的混乱现象。此外,我国《刑事诉讼法》对鉴定人的资格没有特别规定,仅在《刑事诉讼法》第146条规定"……指派、聘请有专门知识的人进行鉴定"。全国人民代表大会常务委员会《关于司法鉴定管理问题的决定》中规定了鉴定人的资格,但鉴定人的资格条款并非开放性的规范,而是注重对职称、学历、工作经验的硬性限制。[2] 事实上,这种限制不利于挑选有专门知识的人帮助法官解决其专业领域外的问题,以至于2021年《刑诉法司法解释》第100条不得不把有专门知识的人就案件专门性问题出具的报告也作为与鉴定意见类似的证据对待。过度限制鉴定人资格的立法有待未来修法进一步检讨。

整体来看,我国制定法关于证人资格的规定较为陈旧且保守,不能适应日趋多元化的司法实践的要求;在应当放开专家证人的资格的地方却坚持硬性规定,而在应当强调普通证人资格的地方却未作明确规定。例如,证人具有作证资格的两个重要条件是"具有亲身知识"和"庄严承诺讲真话"。这些在我国制定法看起来是"当然之理"而无须加以强调的事情,反而在我国司法实践中频频出错。从表5-5可以看出,不具有证人资格的人经过威逼利诱后摇身一变成为证人,在传闻证据规则缺位的情况下,虚假证人不用出庭,法庭无从考证证人对其作证事项是否具有亲身知识,证人也无须在法庭上"庄严承诺讲真话"。这两个非常重要的证人资格条件,往往被我国司法实践所忽视,这为虚假

---

〔1〕 有法官表示:现如今涉及听障人士的刑事案件,真正的审判者不是法官而是手语翻译人员。译员的重要性也带来了审判中译员的乱象。参见唐帅:《我为什么放弃做公务员,出来做了一名手语律师》,载中访网2018年9月18日,http://www.yidianzixun.com/article/0K4iOmFq。

〔2〕 参见全国人民代表大会常务委员会《关于司法鉴定管理问题的决定》第4条。对鉴定人资格的限制导致好多没有鉴定人的领域不得不依赖检验报告,我国2021年《刑诉法司法解释》也把检验报告按照鉴定意见的要求进行质证。

证人证言打开方便之门。在这些冤案的面前,我国制定法把堵截虚假证言的理想寄希望于检控方的筛选、法官的自由心证和印证证明的方法等替代措施,显得有点乐观和理想化了。

表 5 -5 我国刑事错案中普通证人不具有亲身知识或鉴定人不适格的情况

案件名称	证人不具有亲身知识或专家证人不适格的情况
李某田故意伤害冤案[参见江国华主编:《错案追踪(2008 -2009)》,中国政法大学出版社2016年版,第282页以下]	证人并未见过被告人,对待证事实没有亲身知识,但两证人作虚假证言,都作证说是被告人指使的。原审法院依此认定罪名成立
黄某全、黄某育故意杀人冤案[参见江国华主编:《错案追踪(2000 -2003)》,中国政法大学出版社2016年版,第152页以下]	作证的6个孩子当时根本没有看到有人作案,因被侦查人员关押、殴打,被迫作虚假证言
冯某文故意杀人冤案[参见江国华主编:《错案追踪(2006 -2007)》,中国政法大学出版社2016年版,第447页以下]	不具备鉴定资质的人未经允许擅自鉴定,原审法院把该鉴定意见书作为定案的依据
陈某滔敲诈勒索冤案[参见江国华主编:《错案追踪(2006 -2007)》,中国政法大学出版社2016年版,第338页以下]	证人所作的"被告人向他人索要钱财"的证言是被他人授意的,属虚假证言,"参战"警察统一口径,民警集体作伪证

2. 我国意见证据规则的现状和问题

意见证据规则兴盛于英美法系,威格摩尔把"意见"界定为从观察的资料所为之推论。[1] 意见证据规则倾向于排除证人发表的意见,只允许证人就自己观察到的资料作证,不允许其发表评论性、猜测性和推断性的证言。我国《刑事诉讼法》并没有明确规定意见证据规则,但是在2021年《刑诉法司法解释》中,有关于普通证人的意见排除规则和

〔1〕 See John H. Wigmore, *A Students' Textbook of the Law of Evidence*, The Foundation Press, INC, 1935, p. 155.

专家证人的意见排除规则。

我国《刑事诉讼法》没有明确普通证人的意见证据规则,2021 年《刑诉法司法解释》规定的意见证据规则混淆了一些基本的概念。2021 年《刑诉法司法解释》第 88 条第 2 款规定:"证人的猜测性、评论性、推断性的证言,不得作为证据使用,但根据一般生活经验判断符合事实的除外。"这种规定可以追诉至"两个证据规定",解释者对其例外的设定显然是受到了美国意见证据规则的影响。[1] 但是,"根据一般生活经验判断符合事实"的表述,实际上是以意见的证明力来反推其证据能力的,混淆了证据能力和证明力的界限。事实上,司法解释所言的例外应是"基于证人亲身观察到的事实进行合理的推论",而不允许针对其没有感知的事项进行推测。例如,证人可以基于其观察到的被告人在驾驶过程中时而打哈欠、时而揉眼的基础事实,提出"被告人当时看起来很疲惫"的意见,这种意见是一种合理的推论,因此不会被意见证据规则排除。反之,如果证人基于其没有感知的事实进行推测,本身就是不可靠的,因此应当作为意见证据进行排除。

在普通证人的意见证据规则之外,我国制定法并没有规定专家证人的意见证据规则,现有司法解释亦缺乏对专家意见的可靠性的评估方法。我国专家证人的意见证据规则往往被归类到鉴定意见的审查规则中。2021 年《刑诉法司法解释》第 98 条第 5 项、第 6 项和第 8 项规定:鉴定程序违反规定、鉴定过程和方法不符合相关专业的规范要求的,或者鉴定意见与案件待证事实没有关联,应当否定该鉴定意见的证据能力。这类似于对专家证言的关联性和可靠性的要求,也即专家证言会帮助事实裁判者理解证据或确定争议事实,且专家证言是可靠的原理和方法的产物,以及该原理和方法可靠地适用于案件的事实。但是,我国立法和司法解释没有规定如何评估专家证言的可靠性,实际上这正是一个非常关键的问题,对专家证言可靠性的理解不同会导致对专家证言证据能力判断的不同。我国《刑事诉讼法》的沉默助长了实践中的混乱,继而导致了一些冤假错案的产生。例如,在表 5-6 所列

---

〔1〕 参见张军主编:《刑事证据规则理解与适用》,法律出版社 2010 年版,第 142~143 页。

的错案中，裁判者都犯了一个同样的错误，他们放弃了对鉴定意见或检验报告可靠性的判断，从而导致在方法和原理上不具有可靠性的专家意见混入定案根据的行列，裁判者心证受此影响进而错误地认定被告人有罪。

表 5－6　我国错案中鉴定或检验原理或方法错误的情况

案件名称	原理或方法错误的情况
涂某新贪污、挪用公款冤案［参见江国华主编：《错案追踪（2006－2007）》，中国政法大学出版社 2016 年版，第 155 页以下］	鉴定机关任意取某一时间段进行审计和鉴定，鉴定方法既不科学也不客观；关于总公司的收入，没有原始的会计凭证，审计和鉴定仅凭个人回忆
宫某诚侵占贷款冤案［参见江国华主编：《错案追踪（1998－1999）》，中国政法大学出版社 2016 年版，第 33 页以下］	审计师审计的对象不是账目原件而是被告人在非法拘禁期间"与加工厂的对账表"
杜某武冤案［参见江国华主编：《错案追踪（2000－2003）》，中国政法大学出版社 2016 年版，第 31 页以下］	测谎原理和方法不可靠，测谎过程多次认定杜某武说了假话。原审法院未分析测谎技术的可靠性而采纳该测谎意见

（三）最佳证据规则及其替代制度现状

最佳证据规则是关于书证内容的可采性规则，该规则要求举证者提供书证的原件，如不能提出原件，除非有令人满意的解释，否则拒绝该非原件书证。最佳证据规则对原件的要求，是为了追求原件在表述上的精确性，因为文字的表述意思可能会因标点符号、文字顺序的不同而大相径庭，最佳证据规则正是为了防止原件替代品的表述出现"差之毫厘，谬以千里"的情况。

1. 我国司法解释对最佳证据规则的两方面规定

我国《刑事诉讼法》并未明确规定最佳证据规则，但是 2021 年《刑诉法司法解释》对此有所要求，并把适用的对象拓展至物证。一方面，2021 年《刑诉法司法解释》第 84 条规定了书证的最佳证据规则，该条款要求据以定案的书证应当是原件，取得原件确有困难的可以使用副本或复制件，该副本或复制件需要与原件核对无误、经鉴定或其他方式确认为真实才具有证据能力。反之,如果副本和复制件不能反映原件及其内容,则该副本和复制件就无证据能力。[1] 上述两条规定被解释者视为最佳证据规则的要求。[2] 上述规定可追溯至"两个证据规定"。所谓"副本"是指准确反映原物的机械复制、影像复存、化学复制、电子复录或者其他的相当过程或者技术制作的对等物。基于此,原则上副本与原件具有同等程度的可采性,但是,如果对原件的真实性产生了真诚的疑问,或者原件或复制件不完整、涂改或残损等其他方面使得举证者使用该复制件会造成不公平,则该复制件就不能使用。[3] 而且,上述规定也囊括了证明原件内容的公共记录的复制件,经验真后,也可作为最佳证据规则的例外。另一方面,与传统的最佳证据规则适用对象不同,我国 2021 年《刑诉法司法解释》第 83 条还规定了物证的最佳证据规则,该条要求据以定案的应当是原物,只有原物不便搬运、不易保存或者依法应当返还的,才可以拍摄、制作足以反映原物外形和特征的照片、录像和复制品。该照片、录像和复制品应当与原物核对无误,经鉴定或其他方式鉴定为真实时,具有证据能力;反之,物证的替代品无法反映原物的外形和特征时,应当否定其证据能力。

2. 我国最佳证据规则的规定存在的问题

(1)司法解释似乎混淆了验真法则与最佳证据规则。在《刑事诉讼法》没有明确规定最佳证据规则的情况下,我国"两个证据规定"和《刑诉法司法解释》开先河规定最佳证据规则难能可贵。但是,物证或书证的替代品不能反映原物或原本属于"副本的验真"问题,即该副本是否是举证者声称的与原件内容一致的副本,而非"副本是否为最佳证据"的问题。事实上,在最佳证据规则之下,严格意义上的"副本"已

---

〔1〕 从预防冤假错案的角度看,对这种规定的准确执行是十分必要的,在杜某东挪用资金冤案中,深圳锐博公司提供涂改的证书复印件没有证据证实,原审法院仍把其作为定案根据,以致造成冤案。参见江国华主编:《错案追踪(2008－2009)》,中国政法大学出版社 2016 年版,第 225 页以下。

〔2〕 参见江必新主编:《最高人民法院关于适用〈中华人民共和国刑事诉讼法〉的解释理解与适用》,中国法制出版社 2013 年版,第 55 页。

〔3〕 参见[美]艾伦、库恩斯、斯威夫特:《证据法:文本、问题和案例》,张保生、王进喜、赵滢译,高等教育出版社 2006 年版,第 686 页。

经违反了最佳证据规则的要求，并非最佳证据，此时需要考虑的是该副本是否符合最佳证据规则的例外。

(2)现有规定要求物证适用最佳证据规则显然是背离了该规则的初衷。最佳证据规则的初衷是考虑到书写品、录制品或影像内容精确性对于案件的重大意义，避免“差之毫厘，谬以千里”的错误，因此才有原件的要求。如果物品上刻有字母、文字、数字或其他对等物，这在理论上属于带有描述性文字的动产，如果以该内容作为证据，其本身就可以归类为书写品，因此有最佳证据规则的适用。除此之外，物证并不涉及内容精确性的问题，保障物证可靠性的证据能力规范主要是辨认和验真法则。正如前文所述，辨认、验真法则与最佳证据规则是两种完全不同的证据能力规范，把最佳证据规则的要求强加于物证之上，显得有些画蛇添足。

(3)现有规定未能对原本和副本的定义作出准确的界定和区分。副本虽然在一定条件下与原本具有同等程度的可采性，但是副本显然不能等同于原本。等同于原本的除了原本自身外还包括三类：签发者或发行者旨在使其具有同等效力的任何对等物，如同一批印刷、发行的图书、杂志或报纸，或者一式几份签发的书写品等；[1]对电子形式储存的信息的任何打印或其他可以目睹的输出；音像的负片和由此冲洗出来的胶片。除此之外的物品或言辞，都不能等同于原本。

(4)现有关于原件替代品的范围规定过窄，只规定了副本或复制件。事实上，原件替代品的范围极其广泛，其中包含了关于原件内容的证言、拍照、录像等，因此《美国联邦证据规则》使用了“关于书写品、录制品或者影像内容的其他证据”来表述这些替代品。替代品范围的狭窄会带来解释上的难题，司法实践中除了原本的副本或者复制件外，其他替代品是否有证据能力，则并不清楚，进而带来最佳证据规则适用上的问题。

3. 我国最佳证据规则存在的制度缺失

(1)我国最佳证据规则仅考虑了证据的可靠性而忽视了公平性。

---

〔1〕 参见王进喜：《美国〈联邦证据规则〉(2011年重塑版)条解》，中国法制出版社2012年版，第334页。

在举证者不能合理解释其无法提供原件的原因时,该原件的替代品是否有证据能力,对此我国缺乏规定。该规则的缺失将会导致使用原件替代品所导致的不公平,例如,我国经常出现监控摄像在关键时刻坏掉的社会怪相。[1] 因此,举证者有时会依赖录音录像所记录内容的替代品来进行举证,问题是如果举证者恶意丢弃或损毁了原件,并用其听过或看过的录像内容作证,该证据替代品是否还有证据能力。我国制定法对此缺乏规定,如果允许举证者以替代品的形式作证,则无异于允许他从自己的不当行为中获益,这对对方当事人显然是不公平的。此外,如果该录音录像为对方当事人所控制,无论基于何种原因,对方当事人经举证者请求仍拒绝在审判中提供原件,在该情况下举证者提出的原件替代品是否有证据能力,对此我国制定法同样没有规定。实际上,这仍然是一个公平性的问题。[2] 最佳证据规则如不能对此问题进行回答,则会造成诸多因要求原件而导致的不公平问题。

(2)我国最佳证据规则的适用对象遗漏了录制品或影像。有观点认为,《关于办理死刑案件审查判断证据若干问题的规定》第 28 条属于视听资料的最佳证据规则的要求,[3]这种观点值得商榷。因为该条款否定视听资料证据能力的原因是:视听资料无法确定真伪,以及对其制作或取得的时间、地点、方式等有异议。事实上,这是一个视听资料的验真问题,解释者对该条的解释也是从“保管链条”和“制作人的证明”这一验真角度进行的。[4] 该条规定的视听资料的真伪不明和来源

---

[1] 参见田思源:《谁该为监控摄像头“恰巧坏掉”负责》,载《光明日报》2016 年 5 月 31 日,第 3 版。

[2] 在该情况下,为保障证据提出者的利益和程序公平,原件的替代品是有证据能力的。但是,这并不意味着:最佳证据规则可以阻挡毁坏录制品或影像的人就其目击的事实作证。如果毁坏录制品或影像的人恰巧目击了事发过程,其可以就其亲眼目击的事实作证,至于其证言的真实性由事实裁判者自由心证。最佳证据规则禁止的仅仅是不得就其看过的被毁坏的录音或录像内容作证,尤其是作对自己有利的证言。如果毁坏者就其看过的录音录像内容承认了不利于自己的事实,则对方当事人可以提出该自认作为证据,而不用考虑不能提出原件的问题。

[3] 参见易延友:《最佳证据规则》,载《比较法研究》2011 年第 6 期。

[4] 参见张军主编:《刑事证据规则理解与适用》,法律出版社 2010 年版,第 223 ~ 226 页。

不明是该证据无法验真的状态,否定该状态下的视听资料的证据能力是基于验真法则而非最佳证据规则。缺乏录音录像的最佳证据规则,就会导致录音录像的替代品大行其道的现象,不利于提升录音录像的可靠性,更不利于录音录像原件缺失导致的证据能力争议的解决。

(3)我国制定法缺乏对最佳证据规则的例外条款的规定。关于最佳证据规则的例外,我国司法解释只规定了副本的例外,从广义上解释也可认为包括了公共记录复制件的例外。至于特殊情况下不能提出原本的例外、卷帙浩繁的原件的概要的例外以及对方自认的例外,在我国并无相关规定,而把该问题全部交由法官自由裁量,进而导致实践适用的不一。我国司法实践中确实大量存在类似情况,例如我国判例中就有把“摘要或概要类证据”作为定案根据的情形,[1]但更多时候法官面临上述问题会表现出因制定法缺失带来的无所适从的为难,如何更有效地解决此类问题,值得作进一步检讨。

第二节　证明政策规则的比较考察

理论上讲,证明政策规则多出现于英美法系的证据理论与立法中,大陆法系虽没有证明政策规则的概念和立法,但是存在一种替代性制度来实现证明政策规则的功能。近年来,大陆法系的一些国家或地区也开始借鉴证明政策规则的理论,在证明政策规则立法方面呈现一些交融性的趋向。这些多元化的经验为我国证明政策规则的发展提供了有益素材。

---

[1] 有的使用了现场检测报告书摘要,参见四川省凉山彝族自治州中级人民法院刑事判决书,(2018)川34刑终77号。有的使用了事故认定书摘要,参见四川省西昌市人民法院刑事判决书,(2017)川3401刑初762号。也有的是承包合同书摘要,参见青海省海东市中级人民法院刑事裁定书,(2017)青02刑终56号。还有价格鉴定书摘要,参见安徽省安庆市中级人民法院刑事判决书,(2015)宜刑初字第00040号。

一、三种关联性规则的比较法之展开

关联性是证据法中一个重要的概念，对其最好的定义是《美国联邦证据规则》第401条，即与没有该证据相比，它使任何事实更可能存在或更不可能存在的任何趋向，而且该事实对于确定诉讼具有重要意义。它既使得外部信息与案件证据产生联系，也使案件证据与实体法上的要件事实产生联系。失去关联性的证明将使法庭陷入无休止的信息和事实旋涡中，不仅会降低诉讼效率，而且会影响事实认定的准确性。在两大法系中，虽然关联性在成文规则中的地位大相径庭，但是，关联性都通过不同的制度发挥着其应有的功能。关联性在两大法系都有怎样的规定，各自是通过何种方式发生效用的，为何会产生此种不同，两种模式都有哪些优势和弊端？对此本节将予以详细阐释。

（一）逻辑关联性的比较法考察

无论在哪个法系，关联性在司法证明中都发挥着基础性的作用。关联性的概念之功能有三：一是限缩双方庭前准备主题；二是节省时间；三是以多数人认为有关联性的证据材料确定审判结果，确保了审判的正当性。[1] 我们在下述的分析中可以看到，两大法系对待关联性的态度以及运用关联性的方法是明显不同的。

1. 英美法系重视逻辑关联性的表现与原因

根据关联性的定义，我们可以发现逻辑关联性主要有两个方面，即实质性和证明性。实质性是指相关证据是提供用以证明要素性事实的证据，证明性是指相关证据必须使一个要素性事实更有可能或更不可能。[2] 这为逻辑关联性的判断提供了明确的标准。申言之，其中的实质性或重要性（materiality）特指待证事实属于重要事实，在刑事案件中无非是指犯罪构成要件、加重或减轻条件、免责条件等事实，若证据所

---

〔1〕 在刑事诉讼中，检察官基于成功指控的考虑会提出一些关联性不大的事实，例如提出品格证据证明被告人之前就劣迹斑斑，以影响法官或陪审团的心证，有罪的刑事被告人有时也希望不限制证据的关联性，因为宁愿每天出庭陈述自身的无关的事情，也不愿去监狱服刑。

〔2〕 参见［美］艾伦、库恩斯、斯威夫特：《证据法：文本、问题和案例》，张保生、王进喜、赵滢译，高等教育出版社2006年版，第149～151页。

待证事实不属于此等事实，就不具有重要性，自然欠缺证据的关联性。[1] 这里需要再次强调的是，关联性必须和证明效力和充分性区别开来，关联性是可采性的基本问题，而证明效力描述的是在证据具有可采性的情况下，被事实裁判者分配到特定证据上的说服力量，充分性代表的是为向陪审团证明一个事实所需要的证据的总量和说服力。证据的关联性强调的不是证明效力和充分性，而是可采性。[2] 关联性和证明效力密切地相互影响，但是这里存在一个明显的按时间前后顺序排列的不同，证据提出时法官应先对其关联性进行判断以决定其证据能力，之后陪审团在评议期间评估它的证明效力。

需要注意的是，几乎每一个提出的经过精心准备的证据至少都能轻微地增加其指向事实存在的可能性。因此，实际上，证据很少因欠缺证明价值而被排除。另外，证据经常因为偏见、混淆或其他裁量性的考虑超过了其证据价值而被排除，即使当法庭宣布排除证据是因为缺乏证明价值，他这样做可能是因为不算太高的证明价值被这些相反的力量所超过。[3] 《美国联邦证据规则》第 401 条、《澳大利亚联邦证据法》第 79 条、《南非刑事诉讼法》第 210 条等都明确规定了相关性规则。不仅如此，就美国而言，其还对关联性问题进行了细分，即关联性项下还存在有限的关联性、附条件的关联性和关联性的限制。关于有限的关联性，一般认为，关联性只需与诉讼中的某一个争点相关即可，并不要求与诉讼中所有的争点都具有关联性，它可以与诉讼中的其他争点毫无关联。但是，比较棘手的是一个证据与案件中的某一争点具有关联性，而与另外一个争点的关联性则被禁止考虑。这即为英美法上的有限的关联性或限制的关联性。例如，检控方可以提出某人曾经以轮船偷渡方式贩卖毒品的前科证据来证明，该人知道犯罪方法并认识毒品，这种对品格证据的非习性推论的用法是被允许的。但是，事实

---

〔1〕 参见陈祐治：《佛罗里达证据法逐条释义》，台北，翰芦图书出版有限公司 2006 年版，第 58 页。

〔2〕 See Christopher B. Mueller & Laird C. Kirkpatrick, *Evidence*, Wolters Kluwer Law & Business, 2012, p. 156.

〔3〕 See Steven L. Emanuel, Founder & Editor – in – Chief, *Evidence*, Wolters Kluwer Law & Business, 2013, p. 15.

裁判者很可能会误用该证据,把其扩大适用到习性推论的用途上,进而推定被告有贩卖毒品的习性,而认定本次贩卖毒品的罪名成立。在这种两难情形下,要么釜底抽薪,禁止该证据,要么事先告知事实裁判者注意。美国证据法的解决办法是,由法官指示陪审团该证据只能在允许的主题范围内予以考量,这样既可以使证据得到恰当的适用,也可以减少陪审团的误用。

普通法系之所以对关联性如此的重视,且发展出逻辑关联性的判断标准,以及限制的关联性、附条件的关联性、关联性的限制事由等概念。从整体层面而言,其原因是多方面的。正如前文所言:一方面,它是为了防范外行陪审团作为事实裁判者时的证据误判,即对陪审团判断证据能力的不信任。另一方面,本书认为可能更为主要的原因是对抗制对证据规则精细化的要求,由于当事人主导庭审调查,法官和陪审团往往是消极的听审者,当事人对证据精细化的苛责促使尊重当事人诉权的普通法法庭不得不回答其关于关联性方面的异议,长此以往,这种回答就逐渐地固定下来,演变成今天的关联性规则。所谓的关联性理论更多的是对普通法这一实践的分析和总结。在逻辑相关性判断上:其一,美国的规定之所以如此重视待证事实的实质性或重要性,是因为其实体规则的复杂性,每一个证据最终推论的目的都要指向事实构成要件才有意义,但是事实要件的确定本身就是复杂的,裁判者首先要确定案件的复杂的实体要件,才有判断关联性的可能。其二,关于逻辑相关性的证明性的规定是基于防止陪审团忽视间接证据或者把其视为充分性的考虑,也避免对抗制下的律师借此误导陪审团。正常人对直接证据的关联性很容易达成共识,但是很多时候,对间接证据是否具有关联性就会犹豫,因为从证据性事实到要件事实需要许多中介性的推论,为了避免陪审团无视这种证据的关联性,所以证据法详细地规定了逻辑关联性的这种“比不可能更可能”的趋向性。此外,在逻辑关联性判断中一直强调其与证据充分性的区分,最为著名的是麦考密克的“一块砖并不等于一堵墙”〔1〕。关联性的定义可以很好地指示陪审团

---

〔1〕［美］约翰·W. 斯特龙主编:《麦考密克论证据》,汤维建等译,中国政法大学出版社 2004 年版,第 362 页。

并解决在激烈的对抗之下双方律师对证据关联性的精细化苛责。

2. 大陆法系淡化逻辑关联性的表现与原因

与普通法系关联性规则异常发达的现象相反，大陆法系国家对关联性的规定就异常简单，甚至有些国家根本没有直接规定。关于证据的逻辑关联性，在德国，刑事诉讼法有较为粗略的规定，《德国刑事诉讼法》第 244 条第 3 款规定拒绝证据调查的事由，其中就包括了“待证事实对裁判无意义”。这里说的无意义就包括了如果事实与要裁决的犯罪行为没有关联，或者即使有关联，待证事实对裁判也不能产生作用，此即无意义。这可以出于法律原因，也可出于事实原因，即“如果间接事实与犯罪行为指控无关联，或者即使有关联，证明这些间接事实对裁判也不能产生影响”[1]。《德国刑事诉讼法》第 245 条进一步规定“事实与判决标的没有关联时”，法院可以拒绝申请。《意大利刑事诉讼法》第 190 条第 1 款规定：“法官采用裁定的方式立即排除法律所禁止的证据和明显多余、意义不大的证据。”这也可以视为对证据相关性的规定。《俄罗斯联邦刑事诉讼法典》第 88 条第 1 款规定，每份证据均应从相关性、可采信性、真实性的角度进行评价，据此也较为原则地规定了证据的关联性问题。《日本刑事诉讼法》第 295 条第 1 款规定了，诉讼关系人的询问或陈述与案件无关的，审判长可以限制。学说上都把自然的关联性视为证据能力的要件之一，并把其称为证据对待证事实最小限度的证明力。[2]

大陆法系的立法之所以冷落关联性，其原因也是多方面的。首先，在一元制法庭下，法官是法庭调查的主持者，负责对证据的证据能力和证明力进行判断，立法者对职业法官经验往往是信任的，法官基于经验和逻辑就能较好地判断间接证据的关联性，并区分关联性和充分性，而无须立法的特意规定。其次，证据的相关性与对案件事实的证明力之间存在紧密联系，任何相关性的规则都会影响法官对证明力的自由判断，引起人们对法定证据制度的恐怖回忆，因此其立法者特意在这个问

---

〔1〕 宗玉琨译注：《德国刑事诉讼法典》，知识产权出版社 2013 年版，第 195 页。

〔2〕 岩下雅充『刑事訴訟法教室』（法律文化社，2013 年）175 页頁参照。

题上采取回避态度。[1] 最后,职权主义对发现真实的偏好,往往使其惧怕细化的相关性规则会妨碍法官充分调查一切可能的证据,进而影响其在证据相关性的主导权,影响其发现真实的可能。此外,大陆法系刑法乃具有条理和体系的成文法,职业法官对此较为熟悉,在法庭调查时就已经划分好了法庭调查的范围,因此,无须立法特意强调待证事实的实质性或重要性。

（二）关联性限制规则之比较

狭义的关联性的限制规则主要有两种。一是裁量性限制。法官在适用关联性要件,以及在排除有关联性但有不当偏颇效应的证据材料方面,都有很大的裁量权。当发现证据的证明价值被证据所带有的偏颇效应所严重超过时,法院可以基于自身的裁量权来排除证据。二是强制性限制。强制性限制往往被视为裁量性限制的具体化,立法者也可能基于反复出现的经验事实和社会政策目的强制排除一些(可能)有关联性的证据。

1. 关联性的强制性限制的基本理论

强制性限制关联性的规则一般基于以下两种理论。一是特定种类的证据,其证明价值很低,但造成不当的偏颇效应可能性极高,很容易误导事实裁判者,因此不得作为裁判的基础。二是尽管相关证据对证明待证事项的证明价值严重被其误导陪审团或混淆争点等偏颇效应超过也是其考虑的因素之一,但是其更多的考虑是优先保护其他与真实无关的社会目的。在这类强制性限制中,其他与发现真实无关的社会目的被赋予更高的价值,也被称为基于政策的辅助规则(Ancillary rules based on policy),[2] 这类政策的实施价值比特定种类的证据对真实发现的贡献更为重要。

在英美法系,许多国家都规定了包括品格证据在内的强制性限制规则,最为经典和全面的是《美国联邦证据规则》第 404 条到第 415 条的规定。此外,《澳大利亚联邦证据法》第 97 条、第 98 条规定了倾向规则和巧合规则,原则上限制了品格证据和类似事件的关联性,《南非刑

[1] 参见俞亮:《证据相关性研究》,北京大学出版社 2008 年版,第 12 页。

[2] See Paul C. Giannelli, *Understanding Evidence*, LexisNexis, 2009, p. 113.

事诉讼法》第227条也规定了对品德与性经验证据的关联性限制。《英国2003年刑事审判法》第十一部分第一章专门规定了不良品格证据的限制问题,并区分了被告的不良品格证据和被告人以外的人的不良品格证据。至于强制性限制的种类,以《美国联邦证据规则》第四章为例,其对关联性的强制性限制有两类,即基于不当偏颇效应而强制性限制和基于其他与真实无关的政策而强制性限制。

(1)基于不当偏颇效应而强制性限制关联性的主要是品格证据。"当事人或证人的品格证据,几乎总是有一定的证明价值,但是在很多情况下,其证明价值很小,而潜在的偏见危险很大。"[1]正如威格摩尔解释,长期的司法经验表明根据品格证据进行习性推论是危险的,当陪审团被召集来决定被告是否做了被指控的行为时,如果显示他有一种去实施特定刑事行为的性格,那么陪审团会极度想定他罪,不管该事项是否被证据很好地证明。[2] 因此,强制限制品格证据的关联性是基于其自身不公正的偏见严重超过了其较小的证明价值。品格证据不得用于证明某人之行为与其品格相符。因此在证据推理时要遵循禁止习性推论的原则,即某人做了某一件事是因为他有做某事的习性。需要注意的是,法律只是禁止利用品格证据进行习性推论,如不可用某人之前贩卖毒品的行为证明其有贩毒的习性。根据《美国联邦证据规则》第404条(b)的规定,并不禁止品格证据的非习性用法,如用以证明动机、机会、意图、预备、计划、认识、人犯同一性、无错误或意外时,则得允许,肯定其正当的关联性。例如,某人之前贩卖毒品的行为可以证明其有毒品的相关知识,认识毒品。但是,提出该品格证据的一方有责任向法官释明其证明目的。法官还需基于裁量性的限制规则权衡其立证价值和其偏颇效应,如果偏颇效应大于立证价值,或者有其他方法或非煽动性的方法可证明,可否定其证据能力。品格在案件中属于争议焦点时,允许品格证据是必要的,这在侮辱、诽谤、诬告陷害等罪名中较为常见。

---

〔1〕［美］约翰·W.斯特龙主编:《麦考密克论证据》,汤维建等译,中国政法大学出版社2004年版,第365页。

〔2〕See John H. Wigmore, *A Students' Textbook of the Law of Evidence*, The Foundation Press, INC, 1935, p. 59.

在这些罪名中，品格本来就是该指控罪名的必要组成部分。此时作为争议焦点的品格将通过三种方式予以证明：证人关于其品格的意见和特殊的行为实例，以及其他声誉证据。[1]

在《美国联邦证据规则》的规定中，对品格证据的限制和例外主要有以下几种：其一，检察官不得提出被告人的恶劣品格的证据以证明被告人在具体场合下的行为与之具有一致性。但是也存在被告人自己开启的例外，以及在性侵案件中提出被告人特定性劣行前科的例外。[2]其二，原则上被害人的品格证据不可采。但是，根据《美国联邦证据规则》第404条(a)的规定，在杀人案件中，被告人提出被害人挑拨犯罪的证据时，检察官可以提出被害人性格平和的品格。而且，基于两种特殊目的或被告人基本权保护的立场，被害人性行为的证据具有可采性。[3] 如果基于上述原因被害人的性行为证据被采纳，那么根据《美国联邦证据规则》第404条(a)的规定，公诉人可以提供证据来加以反驳，也可提出被告人具有相同品性特点的证据。其三，在证人可信度的

---

〔1〕 See Giulio Illuminati, *Italy: Statutory Nullities and Non - usability*, in Stephen C. Thaman eds., Exclusionary Rules in Comparative Law, Springer, 2013, p. 24.

〔2〕 根据《美国联邦证据规则》第404条的规定，一般案件中，刑事被告人可以提出自己具有良好品格的证据，以支持其无罪的推论，该证据一旦被允许，则检察官可以提出关于被告人品格的反证证据，以证明被告人犯了该罪。根据《美国联邦证据规则》第413条、第414条的规定，在性侵犯案件中，公诉人可以提出被告人实施的任何其他性侵犯证据，或在儿童性侵犯案件中任何其他儿童性侵扰的证据，法院对该类证据可以采纳。但是公诉人必须在审判前15天或法院基于正当理由而允许的较迟时间内，向被告人披露该证据，该证据包括证人陈述与预期证言的概要。

〔3〕 根据《美国联邦证据规则》第412条(b)的规定，被害人性行为证据在以下条件下是可采的：一是为证明精液、伤害或者其他物证来源于被告人之外的第三人，而提供的关于被害人与其他人性行为的具体实例。二是公诉人提供的，或被告人为证明同意提供的，关于受害人与被告人的性行为的证据。例如，被告人提出被害人曾多次自愿与其发生性关系的证据，来证明被害人在该次性行为中也是同意的。三是如果排除将侵犯被告人宪法基本权的证据。根据《美国联邦证据规则》第412条(c)的规定，在提出上述情形时，应遵照以下程序：一是当事人必须具体描述该证据的内容及其证明目的；二是至少在审判前14天或法院基于正当理由设定的不同时间段内提交；三是向所有当事人送达该份动议；四是通知被害人或在适当情况下通知被害人的监护人或代表。在采纳该证据之前，法院必须进行秘密听证，使当事人和被害人行使出席听证和申诉的权利。该过程的材料及听证记录必须密封保存。

弹劾与正誉程序中,可以使用证人的意见或声誉这一品格证据的形式进行攻击或支持,允许进行习性推论。其理论基础在于:就关联性而言,过去的说谎和现在的说谎有密切的逻辑关系;证人的诚实性是非常重要的事项,但很难证明,而弹劾证人诚实性的资料往往是先前定罪前科,这种资料较为可信且很容易查证;对证人的诚实性推定应当遵循"不等者不等之"的平等原则,不得使有重大犯罪前科的证人和无犯罪前科证人享有同样的诚实性推定。此外,这将使被告人慎重考虑以证人身份为自己辩护,如果被告人不以证人身份为自己作证,那么其前科证据将很难在法庭上披露。[1] 该类型的品格证据有两类。一是证人的犯罪前科。该先前被定罪的证据可以支持如下习性推论:证人在先前不尊重社会的行为规范,因此,证人是有说谎或漠视规则习性的人,证人在现在作证时也很可能漠视如实陈述的规范而说谎。根据犯罪是否与不诚实或虚伪陈述有关,其证据能力的审查标准各异。[2] 二是证人未经判决有罪的过去劣行。其理论基础是:一个不尊重社会规范而有劣行的人,很可能就是在司法程序中不会据实作证的人。在对证人过去劣行进行询问时应当遵循以下条件:诘问者必须善意地认为那些事件确实发生过,否则不得诘问;问题必须是在反诘问而非主诘问中提

---

〔1〕 参见[美] Arthur Best:《证据法入门:美国证据法评释及实例解说》,蔡秋明、蔡兆成、郭乃嘉译,台北,元照出版有限公司2002年版,第199~200页。

〔2〕 根据《美国联邦证据规则》第609条的规定,主要有三个标准:一是不诚实或虚伪陈述之犯罪,如未超过10年期限,用于弹劾证人可信性时都有证据能力,无须权衡。如超过10年期限,只有在该证据的立证价值远超过其偏颇效应时,才具有证据能力。二是与不诚实或虚伪陈述无关之犯罪,如未超过10年期限,只有在刑罚为死刑或超过1年之徒刑,且通过立证价值与偏颇效应的权衡风险评估,才能将该与不诚实或虚伪陈述无关之犯罪作为弹劾证人可信性的证据。如超过10年期限,则只有在该证据的立证价值远超过其偏颇效应时,才具有证据能力。三是赦免或少年事件刑事裁决原则不具有证据能力。如果曾获有罪判决但被赦免或判决无效,(因无罪而被赦免是绝对无证据能力,因改过自新而被赦免需要未再犯死刑或超过1年徒刑之罪才无证据能力)或者经少年案件审理程序被判有罪,则对该受判决证人的品性无证据能力。但是,如果少年事件裁判之证据涉及的是被告以外之证人,作为攻击成人证人可信度且法院认为该证据对判断有罪无罪有必要的,则可肯定其证据能力。

出;诘问者不可以其他证人之证词等其他外部证据证明该劣行的存在;[1]如果相关劣行可能是未被指控的犯罪,则证人仍享有不自证己罪的特免权。

(2)主要基于其他与真实无关的政策而强制性限制关联性的情况主要有二:一是不予争执答辩(nolo contendere please)、撤回认罪答辩(withdrawn guilty please)以及在最终未成功的辩诉交易中作出的讨论记录(please bargaining statements)在任何民事和刑事程序中都不得被用来反对作出答辩的被告人。二是民事和解、支付及提议支付医药费和责任保险等在特定诉讼中不得被采纳作为证据。不予争执答辩及撤回认罪答辩,民事和解,支付及提议支付医药费,三者都不允许作为证明"负有责任"的证据,但是第一个还不能用于证明"负有责任"以外的用途,后两者则可以用于"证明负有责任"以外的用途。在刑事诉讼中,限制不予争执答辩、撤回认罪答辩和讨论记录的关联性的理论基础是,都是为了促进纠纷的自愿解决,而且用此类证据来证明相关事实的证明价值会被其偏颇效应严重超过。该类规则往往被视为相关性规则,考虑到其政策性目的也可把其视为广义的外部政策规则。例如,不予争执答辩对被告人是否实施了犯罪的证明力很小,而且限制其关联性也是出于让被告人在不增加其民事责任的情况下接受其行为的刑事结果,以此鼓励折中处理其刑事案件。[2] 而限制撤回认罪答辩和讨论记录的关联性,其理论基础是撤回有罪答辩即表明是被告人错误做出的,不应在后续程序中反对被告人,而限制讨论记录的关联性则是为了促进辩诉交易讨论过程的坦率性,对个人在协商中所为陈述应予以保密。第二类的强制性限制的理论基础主要有三:其一,此类证据通常具有很微弱的证明价值,而以其来证明过失或责任则有很大的误导陪审团或混淆争点的危险,根据《美国联邦证据规则》第 403 条也需要排除此类证据;其二,与某些特免权规则类似,排除此类证据是因为我们不

---

[1] 其理论基础是避免浪费时间,与前科证据相比,过去的劣行是很难证明的,达到前科证据那种程度的证明更是十分困难,证明证人过去的劣行太耗费时间,其成本之大不亚于一场诉讼。

[2] See Christopher B. Mueller & Laird C. Kirkpatrick, *Evidence*, Wolters Kluwer Law & Business, 2012, p. 256.

想阻止人们从事对社会有益的行为;其三,我们并不想因为某个人做好事而惩罚或损害他,这种理论可能比阻却偏颇效应的理论更有说服力。[1] 基于第一条理由,这些规则有时也被称为相关性规则。而基于第二条和第三条理由也可把其视为广义的外部政策规则。

在大陆法系,由于在证据判断上实行较为彻底的自由心证制度,立法对强制限制证据关联性的情形多持排斥态度,而更多把相关问题交给法官在个案中自由心证,因此,多数国家对关联性的强制性限制没有特别规定。即使有少数国家对此作了零星的规定,也往往把其限制在前科证据等较小的范围,而且多基于证据本身所带有的证明力的不可靠性而限制其关联性。很难想象其会基于一些外部政策而限制有关联性的证据使用。例如,德国有对前科证据关联性的限制,《德国联邦总登录法》第51条第1项对前科的关联性予以了限制,即凡已不再列入或即将不再列入的前科,在当事人后来的新的刑事诉讼中,原则上不得将此作为不利当事人之用。[2] 《德国刑事诉讼法》第243条第5款规定,仅当被告人前科对裁判有意义时才应认定,而认定前科的时间由审判长决定。在法国,可以对受审人进行人格调查,《法国刑事诉讼法》第81条规定,预审法官依法进行其认为查明真相的一切侦查行为,可以对受审人的人格、家庭情况、物质与社会状况进行调查。该法第331条第5款和第444条第1款规定了在轻罪审理或重罪审理中,证人仅对被告人指控的事实或被告人的人格与精神道德提供证言。在法国,法庭深入调查与被告人犯罪事实无关的生活的方方面面,是重罪审判中的常见一幕,其根植于这样的理念,即有关被告人的人格信息有助于解释为什么被告人会发展成为实施某种行为的人。[3] 但是,《法国刑事诉讼法》条例部分就有规定,对受审查人的人格调查只是客观地向司法机关提供受审查人的过去和现在生活模式的素材,不得作为有罪

---

〔1〕 参见[美]艾伦、库恩斯、斯威夫特:《证据法:文本、问题和案例》,张保生、王进喜、赵滢译,高等教育出版社2006年版,第347~349页。

〔2〕 参见[德]罗科信:《刑事诉讼法》,吴丽琪译,法律出版社2003年版,第214页。

〔3〕 参见宋洨沙:《英美法系与大陆法系品格证据之比较研究》,载《政治与法律》2012年第5期。

证据使用。[1] 但是，裁判者听到受审查人的人格调查情况却不影响其定罪时的心证，恐怕是比较困难的。在借鉴美国而进行当事人主义改革的日本，被告人的劣性、同种前科、未被起诉的犯罪、劣迹等类似事实都被认为没有关联性，因此不允许被证实。但是，证实犯罪故意等主观要素，作为量刑资料时可以使用，而且当被告人证实自己的善良性格，作为反证在用品格证据来证实被告人的恶劣性格时也可以使用。[2] 这些判例和学说都带有较为浓重的美国法的印记。

在大陆法系，我们很难发现针对证人或被害人的品格证据规则，出示证人和被害人的品格证据往往被视为有损证人名誉或个人生活情况，法律严格予以禁止，甚至在询问有损证人的亲属的名誉时，法律也会予以禁止。这体现了大陆法系对证人和被害人的充分关怀，以鼓励他们积极出庭作证并在作证的过程中不要有后顾之忧。因此，其对证人和被害人品格证据的出示采取了严格控制的态度。例如，在德国，《德国刑事诉讼法》第 68 条 a 规定，涉及证人或其亲属名誉和个人生活领域的事实，仅当不可避免时才可发问。而对证人的前科，仅当判断证人是否构成包庇等犯罪嫌疑的条件是否存在或评断证人的可信性，有确定必要时，才可发问。该法第 241 条还赋予了审判长驳回此类不适当或与案件无关问题的权力。在日本，其刑事诉讼对证人和被害人的保护在一些方面压过了被告人的对质诘问权。如根据《日本刑事诉讼法》第 295 条的规定，询问证人时，审判长如认为其有可能使其感到畏惧或困惑，可以限制该询问，而且陈述涉及被害人的特定事项时，审判长也可限制询问该事项。《日本刑事诉讼规则》第 199 条之六还规定了，为争辩证人证言的证明力，应针对证人的观察、记忆或者表达的正确性等有关证言信用性的事项，以及证人的利害关系、偏见、预断等有关证人的信用性事项进行，不得擅自涉及有损证人名誉的事项。此外，如果我们试图在大陆法系的立法中寻求辩诉交易中的讨论记录和被撤

---

〔1〕 参见宋洨沙：《英美法系与大陆法系品格证据之比较研究》，载《政治与法律》2012 年第 5 期。

〔2〕 参见［日］田口守一：《刑事诉讼法》，张凌、于秀峰译，中国政法大学出版社 2010 年版，第 287 页。

回的认罪答辩的关联性限制规则，很多时候也是徒劳的。因为，在大陆法系，判处一个人罪行往往是基于认真调查的事实，而不是控辩双方的合意。2009 年《德国刑事诉讼法》规定了一种德国式的辩诉交易，结果却被提交到联邦宪法法院接受审查，联邦宪法法院非常怀疑该规定是否反映了德国的正当程序理念，因为它公然违反了德国刑事诉讼中的一个古老原则，即任何裁判都应当基于对事实真相确切的、仔细的调查而作出。与之类似的是，日本国内也向来反对辩诉交易，认为其可能导致冤案，直到 2018 年 6 月 1 日才宣布慎重且妥当地实施辩诉交易制度。[1] 因此，基于鼓励辩诉交易的强制性限制关联性的证据规则，在大陆法系国家并无土壤根基，于是也就不难解释为何在大陆法系很难找到强制性限制关联性的类似规则。

2. 关联性的裁量性限制的理论与比较

在英美法系，许多国家的证据法都有关于关联性证据的裁量排除规则，这是赋予法官排除证据的兜底条款，以防范立法的不足而造成法官在面对复杂多变的现实时无所适从的情形，这也是对普通法实践的一个总结。关于裁量性限制，《英国警察与刑事证据法》第 78 条则赋予法官裁量权以排除不公正的证据，在任何程序中，如果法官认为采纳该证据会对诉讼的公正性造成不利的影响，则可拒绝采纳。《澳大利亚联邦证据法》第 135 条规定，如果一证据的证明价值被其具有的不公平的损害、误导性和迷惑性、不合理的时间耗费的偏颇效应严重超过，则法院可以拒绝采纳该证据。《美国联邦证据规则》第 403 条最为经典，其规定了如果相关证据的证明价值被不公平损害、混淆争点或者误导陪审团、不当拖延、浪费时间或者不必要的出示重复证据的危险严重超过时，则法院可以排除证据。美国的这条规定可以视为对关联性限制的兜底条款，赋予了裁判法官很大的裁量权。这里的偏颇效应是指事实裁判者对证据的评价方式不是其应有的客观反映，或者说不是举证者证明目的中所包含的应有反映时，这样的反映一般被视为不当的

---

〔1〕 参见姜俏梅、王可佳：《日本今起实施司法交易制度》，载新华网，http://www.xinhuanet.com/world/2018-06/01/c_1122924771.htm。

偏颇效应。[1] 在这种裁量性的过程中,法官必须考虑偏颇效应是否超过了该证据的证明价值,这种权衡并非天平上的称重,无法以精确的方式予以量化。这应当考虑,要件事实对该证据的需要性,如果有足够的证据取代带有偏颇效应的证据,则该证据的证明价值就会降低,而如果该偏颇效应证据属于不可替代的证据,则该证据的证明价值就会增加,该证据一般也不会排除。正如前文在论述证明力的部分所述,此时对证明价值的判断还应考虑,从证据性事实到要素性事实再到要件事实的潜在推论强度,以及推论链条起点的确定性。

证据关联性的裁量性限制可以发生在任何可能作为诉讼证据的可采性之中。例如,美国司法中经常基于不公正的偏见超过了其证明价值排除人体伤害或尸体的恐怖照片(gruesome photos),被告人曾经犯有相似之罪的证据也常常会因不公正的偏见超过其证明力而予以排除。[2] 关于暴力伤害的案子中的恐怖伤情照片,有时即使被告人与检控方达成了伤害性质的合意,法院仍会允许检察官出示这些恐怖的伤情照片,法院多认为这些照片的证据价值高于其可能引起的偏颇效应。再如,对科学证据的证据能力的审查,一个可替代佛赖伊测试(Frye Test)[3]的路径是像其他证据一样,依照《美国联邦证据规则》第403条对科学证据进行证明价值和偏颇效应的权衡,以此裁量是否排除该科学证据。麦考密克提倡这种方法,他认为,根据一般原则来审查科学证据,可能被描述为“关联性加有用性”的审查,或者更为简单地描述为关联性分析。[4] 后来学者对其进行发挥,提出检验科学证据的证据能力的关联性审查路径(relevancy approach)。其主要有三个步骤:一是确认该证据的证明价值;二是识别任何抵消性的危险;三是权衡该证

---

〔1〕 参见[美] Arthur Best:《证据法入门:美国证据法评释及实例解说》,蔡秋明、蔡兆成、郭乃嘉译,台北,元照出版有限公司2002年版,第6页。

〔2〕 See Steven L. Emanuel, Founder & Editor – in – Chief, *Evidence*, Wolters Kluwer Law & Business, 2013, p. 16.

〔3〕 该测试形成于Frye案中,要求科学证据的采纳要满足其依赖原理被普遍接受的标准。See Frye v. United States, 293 F. 1013(1923).

〔4〕 参见[美]约翰·W.斯特龙主编:《麦考密克论证据》,汤维建等译,中国政法大学出版社2004年版,第395页。

明价值是否被该抵消性的危险所严重超过，以此决定是否排除证据。[1] 但是，这种权衡比普通证言的权衡更为严格。因为专家证据既可能有很大的威力，也可能具有相当的误导性。基于这种风险，法官在根据《美国联邦证据规则》第403条权衡其偏见和可能的证明力时，与普通证人相比，应当施加更严格的控制。[2] 具体而言，科学或专业证据是否应被采纳，取决于该证据的相关性，以及其与《美国联邦证据规则》第403条因素的抵消性评估。一些据称是专业的证据也许没有证明价值，因而缺乏相关性，而有微弱证明价值的证据应当被排除，因为有《美国联邦证据规则》第403条的忧虑，即该证据可能具有误导性，证据的复杂性也许会混淆陪审团。而且，也许最重要的是，一些证据的推测性或低证明力不值得花时间去论证该证据可能的相关性。[3] 由于科学证据所依赖的原理的复杂性，往往会带有某种偏颇效应，尤其是"垃圾科学"(Junk Science)。在此情况下根据《美国联邦证据规则》第403条的规定检验其证据能力，这种路径无疑是简便的，法官与其陷入其不懂的知识领域而无法脱身，不如回到其擅长的法律分析中来，以此权衡科学证据是否具有证据能力。

在大陆法系，我们很难发现这种类似于《美国联邦证据规则》第403条的裁量性排除证据的规则。一个重要的原因是，其一元化的法庭使其无法实施该规则，作为证据审查者的法官很难在基于权衡排除该证据后，又在其亲自实施的事实认定过程中刻意地忽视该证据，并告诫自己该证据的偏颇效应超过了其证明价值。另一个原因是，基于对法定证据制度的排斥和对职业法官的信赖，立法者也不愿意作出这种规定。这种排斥的基础是基于证据评价的整体主义进路："由于特定证据的证明价值源自其他全部信息的相互作用，因此根本无法断定个

---

[1] See Paul C. Giannelli & Edward J. Imwinkelried, *Scientific Evidence*, The Michie Copany, 1986, p. 31.

[2] Weinstein, 138, F. R. D., at 632. Cited in Daubert v. Merrell Dow Pharms., Inc., 509 U. S. 579(1993).

[3] 参见[美]艾伦、库恩斯、斯威夫特:《证据法:文本、问题和案例》，张保生、王进喜、赵滢译，高等教育出版社2006年版，第725~726页。

别证据的证明力。”[1]其相信职业法官能够很好地区分证据的偏颇效应和证明价值,并很好地排除掉偏颇效应对自己的影响。此外,大陆法系的一些国家还在确定法庭调查的范围时实行证据的预判禁止原则,要求检察官在开头陈述时不得提出使法官产生预断的证据,法官在确定证据调查的范围时也不得预断证据的证明力。因为这些证据尚未经过正式的法庭调查以详细考察其证明力。姑且不论上述假设是否成立,大陆法系国家的确难见此类规则。但是这并不意味着大陆法系的刑事审判中不会出现此类问题,在出现此类问题时,大陆法系的法官通过基于经验和逻辑的自由心证把此类问题给消化掉了,至于其消化的效果如何则少有实证研究予以反馈。但是正如前文所述,对证据的“知而不用”显然是困难的,而一旦使用此类证据,其偏颇效应就会或多或少地影响裁判者的心证。只要这种带有偏颇效应的证据混进裁判根据之中,这种矛盾就会持续存在。

大陆法系的一些国家试图通过限定法庭证据调查的范围来部分解决该问题。例如,在德国,《德国刑事诉讼法》第 244 条第 3 款规定,待证事实对裁判无意义或已证明,或为拖延诉讼而提出申请,则法院可拒绝查证申请。[2] 此处就相当于美国法上的不当拖延、浪费时间或者不必要的出示重复证据。再如,《日本刑事诉讼法》第 295 条规定,“询问与之前重复的、与案件无关的或者有其他不适当情形的”,在不损害诉讼关系人实质性权利的情况下,审判长均可予以限制。这种限制也类似于美国法上的浪费时间或者不必要的出示重复证据,而“其他不适当情形”则给予法官更大的自由裁量权。但是,日本的这种限制询问

---

〔1〕[美]米尔吉安·R. 达马斯卡:《比较法视野中的证据制度》,吴宏耀、魏晓娜等译,中国人民公安大学出版社 2006 年版,第 75 页。

〔2〕尽管《德国刑事诉讼法》第 244 条第 3~5 款列举了相当广泛的拒绝证明某些事项的举证申请的理由,但是其中许多理由已被上诉法院作了十分狭义的解释。例如,法律规定,司法认知的事实无须再进行法庭调查,但是这一事实被限定为案件的背景事实,而不适用于解决当前案件判决的中心事实。再如,法庭认为事实已经得到满意的证明而无须调查相关证据的,法庭驳回当事人申请的理由必须是承认当事人的主张而不是相反的主张已经得到了满意的证明。参见[德]魏根特:《德国刑事诉讼程序》,岳礼玲等译,中国政法大学出版社 2004 年版,第 158~162 页。

的权力只是在对诉讼关系人的询问或陈述时行使，其还没有美国法规定的裁量排除规则规制的范围广，而且其更多的是一种单向的判断，而非美国法上的权衡。虽然通过限定证据调查范围的方式起到了类似的作用，但是这种作用是很有限的，只要审查该证据能力的法官和事实裁判的法官为同一人，“知而不用”的难题仍然会存在。

（三）附条件关联性规则的比较法考察

1. 英美法系附条件关联性的运作原理

如果系争证据的提出方提出证据证明前提事实表面可信（prima facie standard），法官就应肯定该证据的证据能力。如果法官认为提出的证据虽不足以支持前提事实表面可信的认定，当然可以排除该证据。法官必须决定的前提性事实是：一个理性的陪审团能否认定该基础事实的存在，如果回答是否定的，他就不会允许附条件的关联性证据进入法庭，陪审团自然不能决定该问题。[1] 正如麦考密克所言：“法官要求举证方提出证据以供理性的陪审团判断基础事实是否存在。在这点上，法官起到了一个有限的初步排除作用，法官不应过问某一证言的可信程度，相反的，如果证言表面可信且能合理可行地推断出基础事实是否存在的话，那么法官就应当予以采纳；反之，法官就不应采纳。之后的任务就留给陪审团去完成。”[2] 这种分工的理论基础主要有两点。一是从认识论和错误成本的角度考虑，不像其他证据能力规则，如传闻证据规则，允许陪审团去决定附条件的关联性问题危险性较小。例如，如果陪审团发现证人的作证事项并没有亲身知识，陪审团将会舍弃该证据，与此相反，传闻证据规则对陪审团来说极具有技术性，此外传闻证据规则意在避免陪审团接触不可靠的证据，要陪审团去决定一项陈述是否是传闻，并且在是传闻的情况下要求陪审团忽略该陈述，这在实践中是徒劳无用的。因此，传闻的可采性是一个法官根据《美国联邦证据规则》第104条（a）决定的预备性问题。与传闻证据的处理相比，

---

〔1〕 See Steven L. Emanuel, Founder & Editor – in – Chief, *Evidence*, Wolters Kluwer Law & Business, 2013, p. 561.

〔2〕 [美]约翰·W. 斯特龙主编：《麦考密克论证据》，汤维建等译，中国政法大学出版社2004年版，第117～118页。

陪审团在附条件关联性问题上作出不理智决定的可能性很低。因为对于附条件的关联性证据而言,如果所附条件不能证明,陪审团放弃考虑该项证据是很自然的一件事情。二是从程序分工方面考虑,如果附条件关联性的预备性问题像第 104 条(a)规定的可采性问题,那么陪审团作为事实裁判者的职能就会大大地受到限制,在一些案件中甚至会被摧毁。这些是适合陪审团决定的问题。[1] 因为在一些案件中一旦由法官依照优势证据的标准排除该待决证据,那么案件就会到此结束,没有核心问题诉诸陪审团处理,这样就可能会架空陪审团制度。

《美国联邦证据规则》第 104 条(b)调整附条件的关联性的基础问题,作为该规则第 104 条(a)的一个例外运行。[2] 比起第 104 条(a)的实践,法庭的功能被进一步限缩,法庭并不用第 104 条(a)下的优势证据的标准来裁决附条件的关联性的问题,[3] 因为这样法官可能会排除一个理性的陪审团可能认为相关的证据。法庭只决定是否有足够的证据(sufficient evidence)被提出以支持一个满足了所附条件的裁决。实际上,这是一个表面可信的标准,[4] 即法官需要确定理性的陪审团能否合理地以优势证据认定前提事实。[5] 如果通过了这个标准的检验,该问题将最终交给陪审团裁决。换句话说,附条件的关联性在判断上存在法官和陪审团的分工。法官在该问题上做一个初步的决定:基础证据是否已经足够去支持一个该条件已经满足的发现,如果满足,证据就会被采纳。如果后来所有有利或不利的关于该问题的证据都进入法庭了,陪审团会合理地推断所附条件的满足并不成立,该问题是由他们决定的。如果证据并未达到去肯定所附条件已经满足的程度,法官将

---

〔1〕 See Fed. R. Evid Committee Notes on Proposed Rules, Cornell Law School, https://www. law. cornell. edu/rules/fre/rule_104.

〔2〕《美国联邦证据规则》第 104 条(a)规定:"法院必须就一个人是否有证人的资格、特免权是否存在以及证据是否可采的预备性问题作出决定。在作出决定时,法院不受证据规则的约束,但是有关特免权的规则除外。"

〔3〕 优势证据的标准并没有在该条文中明示,而是采联邦最高法院在伯杰利案件中所确立的标准。See Bourjaily v. United States 483 U. S. 171(1987).

〔4〕 See Paul C. Giannelli, *Understanding Evidence*, LexisNexis,2009,p. 95.

〔5〕 See Huddleston v. United States, 485 U. S. 681(1988).

撤回该问题并告诫陪审团不要考虑该证据。[1] 虽然严格来讲反对方没有权利将这个问题申请法官预先审核，因为如果他有相反的证据则应当提交给陪审团而非法官，但是在美国的实务中很多法官允许反对方申请预先审核。[2] 在联邦证据咨询委员会的解释中提到了《加利福尼亚证据规则》第403条，该条的结构和内容也体现了这种法官与陪审团的分工，[3] 可以作为理解附条件关联性问题的一个参考。

关于附条件的关联性，还有两个区分值得注意。一是附条件的关联性区别于逻辑关联性问题。例如，一个被控谋杀的被告，其书写的认罪供述对确立杀人者的身份是有证明价值的，这显然具有逻辑关联性。然而，认罪供述的关联性取决于这样一个事实，即被告确实书写或签署了该份自白，这是一个文书验真的问题。逻辑关联性的问题由法庭决定，但是，包含附条件的关联性的验真问题，法院的角色就在某种程度上受到了限制，其适用于初步证据标准。[4] 二是附条件的关联性有时也会与诉讼律师所称的连接原则（connecting - up doctrine）联系在一起。该原则允许证据被附条件地采纳，如果证据提出方承诺将通过举出

---

〔1〕 See Fed. R. Evid Committee Notes on Proposed Rules, Cornell Law School, https://www.law.cornell.edu/rules/fre/rule_104.

〔2〕 参见[美]约翰·W. 斯特龙主编：《麦考密克论证据》，汤维建等译，中国政法大学出版社2004年版，第118页。

〔3〕 《加利福尼亚证据规则》第403条规定：

（a）有以下情形之一时，提出证据的一方，就该证据之前提事实有提出证据的责任，且除法院认为有足够证据足以支持前提事实存在之认定外，该待决证据不具有证据能力：（1）待决事实的关联性取决于前提事实的存在；（2）前提事实性质上为证人之亲身见闻事项的；（3）前提事实为文书的形式验真的；（4）待决证据为特定人陈述或行为，而前提事实为该人曾否为此陈述或有此行为的。

（b）除本法第702条另有规定外，法院可以以稍后于审判程序中提出前提事实为条件，以本条之规定容许待决证据。

（c）法院以本条规定认许该待决证据时：（1）得依职权或依申请告知陪审团：由陪审团自行认定前提事实是否存在；除非该前提事实存在，可以无视该待决证据之存在。（2）之后认为陪审团无法合理发现前提事实之存在时，应告知陪审团无视该待决证据之存在。See California evidence code, FindLaw (Jan. 01, 2019), https://codes.findlaw.com/ca/evidence-code/evid-sect-403.html.

〔4〕 See Paul C. Giannelli, *Understanding Evidence*, LexisNexis, 2009, p. 97.

其他证据来展示其关联性，[1]其为《美国联邦证据规则》第 104 条(b)的咨询委会的注释所明确。[2] 有时证据的提出方会希望在表明前提性事实之前展示附条件的关联性事实，为允许这个想法，法官通常会在受制于连接原则(subject to connecting up)的情况下采纳这个附条件关联性的证据，即受制于证明前提性事实的后来证据的引入。如果证据提出方没能在后续庭审中提出其声称的后来证据，法官将会命令排除该证据。[3] 例如，一个证据的可采性基础无法通过一位证人的证言确立，此时依申请法庭会在认为该可采性基础将会通过后来的证人确立的条件下，让陪审团听到该证据。此时前面的证言和后面的证言就会连接起来共同为该证据的可采性奠基。在澳大利亚，《澳大利亚联邦证据法》第 57 条被命名为暂定的相关性(provisional relevance)，其发挥着类似美国附条件关联性的作用。在英国，该附条件的关联性被称为附条件的可采性(conditional admissibility)，并和美国的附条件的关联性适用类似的判断程序，也存在法官和陪审团的分工。[4]

附条件的关联性最典型的体现有三：其一，《美国联邦证据规则》第 602 条规定的证人作证的前提事实，即证人是否对其正在作证的事项具有亲身知识的问题，只有在提出的证据足以支持认定证人就作证事项具有亲身知识的情况下，证人才可以就该事项作证。[5] 其二，《美

---

〔1〕 (The rule allowing evidence to be conditionally admitted if the offering party promises to show relevance by adducing other evidence.) See Bryan A. Garner, Editor in Chief, *Black's Law Dictionary*, 9th ed., West Publishing Company, 2009, p. 344.

〔2〕 该注释的表述是"on the condition that the proof be introduced later"。

〔3〕 See Steven L. Emanuel, Founder & Editor - in - Chief, *Evidence*, Wolters Kluwer Law & Business, 2013, p. 562.

〔4〕 See Sir Rupert Cross, F. B. A., D. C. L., *Cross on Evidence*, London Butterworths, 1979, p. 25 - 26.

〔5〕 根据该条规定，证人自己的证言也可以证明其具有作证事项的亲身知识，所以该门槛是很低的。如果亲身知识的前提事实引起对方证言，法官只负责判断是否有表面可信的证据支持其有亲身知识，如果认为存在这种表面可信的证据，该问题最终将交由陪审团解决。该条规定不适用于专家证人根据《美国联邦证据规则》第 703 条作出的证言。专家证人的资格是《美国联邦证据规则》第 104 条(a)所管辖的事项，因为法律并不要求专家证人证言的基础必须是其亲身知识，也可以是审判时获得的事实或数据，或者其他领域的专家所合理依赖的事实或数据。

国联邦证据规则》第 901 条规定的展示件的辨认或者验真,也即为了表明关联性,证据提出者必须提出足以支持“该证据就是证据提出者所主张之证据”的证据。该规则认识到所有的证据必须被表明是真实的,如果有表面可信的证据向法院证明该证据是可信的,那么该证据就应当被采纳。[1] 需要注意的是,通过了验真并不等于证据必然可信,该规则并不要求也不允许法官决定他是否相信被验真的证据,而是要求他根据表面证据的标准确定理性的陪审团是否可能会相信该证据,如果认为是,则应当把该待决证据交给陪审团,让其最终决定该证据是否为证据提出者所宣称的证据。其三,《美国联邦证据规则》第 1008 条规定的三种由陪审团根据该规则第 104 条(b)决定的情形,即所宣称的书写品、录制品或者影像是否曾经存在,在审判时提出的另一个书写品、录制品或者影像是否为原件,以及关于原件内容的其他证据是否准确地反映了其内容。一般而言,《美国联邦证据规则》第 1001 条到第 1007 条所规定的最佳证据规则所必需的前提性事实问题,通常由法官根据《美国联邦证据规则》第 104 条(a)的规定进行判断,之所以存在上述三个由第 104 条(b)决定的情形是因为上述问题不仅仅是执行原件优先的问题,而且涉及争议的是非问题,这种决定并不是陪审团不受控制的自由裁量,而是根据第 104 条(b)受到了法官对陪审团决定所施加的一般控制。[2] 只要在法官面前进行了初步的证明,文书或陈述被容许进入诉讼,那么最终的问题就交给陪审团了。[3] 这些附条件的关联性问题的判断都应遵循法官和陪审团的分工。

2. 大陆法系附条件关联性的替代措施

在大陆法系,与关联性的规定相比,我们更难去找到关于附条件关联性的立法。但是,这也并不意味着大陆法系不存在类似的证人亲身知识、验真等前提性事实的证明问题,只不过许多大陆法系的国家采取

[1] See Jack B. Weinstein & Margaret A. Berger, *Weinstein's Evidence Manual*, Matthew Bender, 1991, p. 8 – 3.

[2] See Fed. R. Evid Committee Notes on Proposed Rules, Cornell Law School, https://www.law.cornell.edu/rules/fre/rule_1008.

[3] 参见[美]约翰 · W. 斯特龙主编:《麦考密克论证据》,汤维建等译,中国政法大学出版社 2004 年版,第 461 页。

了一种较为隐蔽的处理方式。由于查明真相在大陆法系被赋予了极其重要的地位，为查明真相，法院应依职权将证据调查涵盖所有对裁判有意义的事实和证据材料。而且，由于大多数国家实行由法官和陪审员共同裁决事实的一元制的法庭，其在附条件关联性问题上也不可能存在法官与陪审员的分工，而是他们共同决定这一问题。这也意味着，大陆法系在该问题上延续了其整体主义的证据评价模式，更多地把该问题放在法庭调查中处理。

（1）证人资格和最佳证据相关附条件关联性问题的替代措施。首先，针对英美法系所碰到的最佳证据规则所必须处理的前提性事实，例如，如果其碰到了所宣称的书写品、录制品或影像是否存在的问题，法官基于查明义务会把该待决证据列入法庭调查的范围，事实审理者根据法庭所调查的一切相关信息来判断该待决证据是否存在，如果认为其不存在，其会基于自由心证而在事实认定时不再考虑该证据。其次，关于证人是否具有亲身知识的问题，大陆法系国家大多都通过限制法庭调查的范围过滤掉明显没有亲身知识的证人，这类似于美国法官通过无法达到表面可信的证明标准来排除掉明显没有亲身知识的证人。但是，绝大多数证人会通过这种简单的审查，该问题最终会留给事实裁判者，事实裁判者会结合法庭调查中的所有相关信息来判断证人是否对此有亲身知识，如果最终认定没有亲身知识，其自然会忽略该证人的证言。例如，《德国刑事诉讼法》第 244 条第 3 款规定，待证事实对裁判无意义或者该证据材料毫不合适时，法庭会拒绝查证申请。[1] 德国的判例中也有，为证明火车事故不是因被告人的误报而是因命运，而申请传唤可预知事故的慧眼人，被法庭拒绝。证人对事过多时的案件作证，而该证人依一般的经验实已无法再对此有所记忆时，也应驳回查证的

---

〔1〕 但是，为了保障被告人的调查取证权，根据《德国刑事诉讼法》第 220 条的规定，审判长拒绝被告人传唤某人的申请时，被告人可以直接传唤该证人，即使无先行的申请，被告人也有该直接传唤的权利。而且，如果法庭在审理过程中发现该直接传唤的证人有助于查清案情，则法院依申请，应当命令国库向该被直接传唤的人支付法定补偿。在此情况下，法庭判断证人是否有亲身知识，恐怕没有实际的意义，因为其对被告人直接传唤己方证人无法构成法律上的阻碍。

申请。[1] 这是比较典型的证人因没有对待证事实的亲身知识而被拒绝的情况，在德国这被称为证据材料毫不合适。[2] 在日本，并没有证人对作证事项必须具有亲身知识的规定，但是学说上都认为，证人必须是对于该证言的事项具有直接的、个人的知识和经验的人。[3] 根据《日本刑事诉讼规则》第106条和第107条的规定，请求询问证人的人，为了给法官的询问提供参考，应当及时提交记载询问事项或者证人应作证的事项的书面资料。书面资料记载的事项应当包括证人证言所要证明的全部事项。而违反该规定提出的询问证人的请求，可以驳回。法官据此可以初步判断证人对待证事实是否有亲身知识。而且根据《日本刑事诉讼法》第299条的规定，一方请求询问证人时，应当事先给对方提供了解其姓名及住居的机会，这就使对方有机会检验证人对作证事项是否具有亲身知识，在没有亲身知识时可及时提出证据调查的异议。如果这种无亲身知识的情况特别明显，该证人自然就会被法官认为对待证事实没有自然关联性，因此驳回证人调查的申请。但是，很多情况下是证人有无亲身知识不能完全确定，法官则会容许法庭对该证人进行调查，并综合庭审中的其他证据，评价证人证言的证明力，如最终认为证人对该事项不具有亲身知识，则会在事实认定时不考虑其证言。

(2)验真的替代措施。在大陆法系，很难找到专门规定证据验真的法律条款或章节，证据的辨认和验真散落在刑事诉讼法的各个章节中，特别是侦查章节中，作为对侦查程序的要求而出现，对证据是否被验真的判断多和证明力的判断混为一体。在德国，如前文所述，证据对待证事实没有关联的，法官也可拒绝查证，当然这种没有关联往往是很明显的情形。在关联性取决于某一前提事实时，德国法虽然没有明文规定，但根据法官的查明义务，该证据可进入法庭待进一步调查，这里就包括证据的验真问题。对证据的验真主要规定在其侦查程序中，严

〔1〕 BGH NStZ 93,295. 转引自[德]罗科信：《刑事诉讼法》，吴丽琪译，法律出版社2003年版，第421～422页。

〔2〕 参见宗玉琨译注：《德国刑事诉讼法典》，知识产权出版社2013年版，第195页。

〔3〕 参见[日]松尾浩也：《日本刑事诉讼法》(下卷)，张凌译，中国人民大学出版社2005年版，第54页。

格来讲这是约束侦查人员的规范，很难构成严格意义上的验真规定。如《德国刑事诉讼法》第94条和第109条，该部分对证据的发现、提取、标记、登记、保全和保管作了规定，而且该法第106条和第107条规定了业主和见证人见证搜查，在证据的真实性和同一性存在争论时，检方可以出示上述证据证明。此外法律规定的鉴定和勘验也是证据进行验真的途径。但是，证据是否被验真是法庭在评价证据证明力时所做的事情。在法国也存在类似德国的情况，为确保证据的验真而在侦查程序中规定了诸多辨认、制作笔录和清单、封存与保管、见证人见证和科学认定的要求。[1] 在日本，其法律虽无专门规定证据的验真，但是其理论和实务已经有向英美法靠近的趋势。关于证据是否是伪造或是否具有同一性的问题，可以透过该证据的扣押途径或者保管关系的记录文件作出关联性的判断，判例上对此种关联性的判断只需大致上的确认。[2] 此外，《日本刑事诉讼法》第321条第3款和第4款规定了勘验文书和鉴定文书必须有制作的真实性，即非伪造，在此情形下才能肯定其证据能力，该问题实际上就是文书的验真。

二、两种制度语境中的辅助证明政策

（一）传闻证据规则及其类似制度

传闻证据规则给英美法系的直接和集中的审判提供了重要的支持，保障了陪审制和对抗制的有效进行。在当代，其对大陆法系一些国家的直接言词原则产生了重要的影响，日本和意大利更是大量借鉴了传闻证据规则的规定，以配合其向当事人主义的诉讼模式转变。

1. 英美法系精致化的传闻规则

威格摩尔把传闻规则的历史追溯至18世纪初，并认为在此时该规则得到了普遍和稳定的接受。[3] 但是，新近的研究已经表明，这是一种误读，老贝利法庭的记录表明，18世纪传闻证据未遭任何异议就被

---

〔1〕 参见《法国刑事诉讼法》第19条、第56条、第60条、第62条、第77-1条、第97条。

〔2〕 参见［日］石井一正：《日本实用刑事证据法》，陈浩然译，台北，五南图书出版公司2000年版，第178页。

〔3〕 See John Henry Wigmore, *Evidence in Trials at Common Law*, Vol. Ⅴ, Revised by Peter Tillers, Little, Brown and Company, 1983, p. 26.

接受的情况比比皆是，直到18世纪末传闻规则才在刑事实践中被牢固确立。[1]

(1)英美法系传闻规则的概览

正如前文所述，传闻规则的理论基础是传闻证据涉及两个人的知觉、记忆和表达瑕疵，且未经宣誓和具结，也未接受交叉询问，因而其可靠性存在严重问题，也正是因为这种特点，威格摩尔把其放在证明政策规则之中。在18世纪和19世纪之交，传闻规则的主要理由从宣誓变为交叉询问。[2] 美国联邦最高法院的判例也有人从人类易于在他人背后说坏话的角度出发，解释为何必须要求证人出现在被告人面前。[3] 这也可作为重视交叉询问的一个注脚。在美国，《美国联邦证据规则》第八章以专章的篇幅规定了传闻证据规则，该章第802条原则规定了传闻不可采，除非联邦制定法、本证据规则或最高法院制定的其他规则另有规定。《美国联邦证据规则》规定了两类可以采纳的传闻：一是传闻豁免(exemptions)，即人为地把其视为不是传闻，该种传闻豁免规定在《美国联邦证据规则》第801条(d)中。二是传闻的例外，即系争证据符合传闻的定义，但是如果其满足特定的条件，则可以例外地允许采纳该传闻。传闻例外集中规定在《美国联邦证据规则》第803条、第804条、第807条中。《英国2003年刑事审判法》第十一部分第二章专门规定了传闻证据的可采性问题，其传闻规则的实践大量依赖普通法中形成的先例，这可以从介绍英国传闻规则的专著中得到印证。[4] 但是，如果细查其对传闻的定义和例外的设置都与《美国联邦证据规则》有大量的相似性。[5] 《澳大利亚联邦证据法》第3.2节也专门规定了传闻规则。尽管各国对传闻例外规定的范围不一，但这些

---

[1] 参见[美]兰博约：《对抗式刑事审判的起源》，王志强译，复旦大学出版社2010年版，第221～224页。

[2] See Thomas P. Gallanis, *The Rise of Modern Evidence Law*, Iowa Law Review, Vol. 84, p. 533(1999).

[3] See Coy v. Iowa, 487 U. S. 1012(1988).

[4] 参见[英]理查德·梅：《刑事证据》，王丽等译，法律出版社2007年版，第219页。

[5] See Richard Glover, *Murphy on Evidence*, Oxford University Press, 2013, p. 228 – 234.

规则都涉及了传闻的定义和传闻的例外,遵循了普通法上关于传闻的传统。在英美法系,禁止使用传闻只是一个原则,除了不属于传闻或属于传闻豁免情形之外,其下还规定了大量的例外,以下笔者以《美国联邦证据规则》为例分析英美法系传闻规则的这一特色。

(2)传闻的定义和非传闻

关于传闻的定义,《美国联邦证据规则》第 801 条(c)界定了传闻的概念。根据该规定,一证据被视为传闻必须满足三个条件:该证据是一份陈述;该陈述在当下庭审之外作出;提出该证据的当事人希望用该证据证明该陈述所主张事项的真实性。《美国联邦证据规则》对陈述的界定较为广泛,既包括口头主张,也包括书面主张或该人意图作为一项主张(assertion)的非言语行为。而该传闻的陈述者(declarant)和法庭上援用传闻作证的证人之间的关系是,有时陈述人和证人是同一个人,证人只是在重复自己的庭外陈述,更多情况下陈述人和证人不是同一个人,证人是在重复陈述人的庭外陈述。[1] 而所谓的“庭外”是指该证据被提出的特定庭审程序之外,只要该陈述不是在该证据被提出的审判程序中作出的,即使该陈述是在其他法庭上作出的,也属于庭外陈述。最为重要的是,该陈述被用以证明其所主张事项的真实性,否则也不能视为传闻。由上述定义引申出了传闻规则不发生作用的第一种类型,即非传闻,该庭外陈述不属于传闻定义时则无传闻规则的适用余地。首先,非主张性行为不属于陈述,因此不属于传闻。如果陈述人作出非言语行为并不打算作为一种主张,更确切地说该陈述人没有交流的意愿,则该非言语行为就不属于传闻。例如,一个示意提问问题的举手动作会被视为陈述,而只是伸懒腰的举手由于缺乏交流的意愿则不被视为陈述。其次,除非陈述是在现行庭审中经证人宣誓后当庭作出的,否则陈述都属于庭外陈述。最后,如果举证者提出该陈述的目的不是证明该陈述内容的真实性,而是基于其他目的提出该陈述,那么该陈述也不是传闻。换句话说,无论该法庭外陈述是否正确地传达了资讯,

---

〔1〕 参见[美]阿维娃·奥伦斯坦:《证据法要义》,汪诸豪、黄燕妮译,中国政法大学出版社 2018 年版,第 84 页。

均具有关联性，则该陈述不受传闻规则的限制。[1] 这主要是因为此类证词的相关性并不取决于陈述人的记忆、感知、诚实或叙述，因此并不涉及传闻政策。无须考虑陈述人没有宣誓、无法观察其行为举止、没有接受交叉询问等问题。[2] 其相关性取决于该陈述对其他要素性事件有最低限度的证明力，这里所说的"其他要素性事件"是指除"陈述内容之真实与否"之外的要素性事件。

此种非传闻用途的类型主要表现在以下几点：一是用该陈述来证明该庭外陈述确实存在，也即证明陈述者确实说过这些话，而以此展示这些话对听者产生了影响，如证明听者是知情的或表明听者的意图等，而该影响本身就是案件的要素性事实之一。如证人引入陈述人甲对被告人的庭外陈述"你的车的刹车已经损坏"，当它来证明被告人对在受到该警告后仍驾驶该车而发生的事故存在过失时，就是相关的。此庭外陈述只是要证明陈述人确实说过该话并影响了被告人，而不是证明该车的刹车真的损坏了，因此并不构成一项传闻。二是用该陈述来证明该庭外陈述确实存在，且该陈述本身就具有法律效力的事实（legally operative fact），即无论陈述的真与假，其存在本身就是案件的要素性事实之一。如原告提出被告曾说过"给我两万元我把汽车卖给你"。在诽谤案中，控诉方让证人就被告的法庭外诽谤言语的存在作证，则该法庭外诽谤言语并非传闻，因为该言语本身的存在就是诽谤的要素性事实之一，无论其内容的真与假。三是提出与先前不一致的庭外陈述来弹劾证人，即证明系弹劾的证人过去确实有过如此陈述，无论该陈述真假，证人证言的前后不一致就足以表明该证人是不可靠的。当然，这种清单无法穷尽非传闻用途，重要的是庭外陈述的提出者要证明引用该庭外陈述并不是为了证明该陈述内容的真实性，而是另有其他目的，且以其他目的使用该庭外陈述是具有相关性的。值得注意的是，上述类型属于庭外陈述因某个目的而可采，而在证明陈述内容的真实性时是

---

〔1〕 参见[美] Arthur Best：《证据法入门：美国证据法评释及实例解说》，蔡秋明、蔡兆成、郭乃嘉译，台北，元照出版有限公司2002年版，第89页。

〔2〕 参见[美]艾伦、库恩斯、斯威夫特：《证据法：文本、问题和案例》，张保生、王进喜、赵滢译，高等教育出版社2006年版，第469页。

不可采的，法官需就此种限制的可采性向陪审团作出指示。但即使有此指示，陪审团将该庭外陈述用于证明该陈述内容的风险有时仍会存在，此时法官要根据《美国联邦证据规则》第 403 条的规定裁量权衡此种不公正偏见的危险是否严重超过了其证明价值，以此决定是否排除该种庭外陈述，以不让陪审团知悉该庭外陈述。[1] 质言之，一庭外陈述固然可因非传闻用途而具有证据能力，但是法官仍可基于偏颇效应严重超过其证明价值的危险而排除该证据。

(3)传闻的豁免

关于传闻豁免，一方面，此类庭外陈述与非传闻不同，严格来讲，其符合传闻的定义，只是法律豁免其适用传闻规则。另一方面，这类不适用传闻规则的情形区别于下文将论述的传闻例外，因为根据联邦证据规则咨询委员会的解释，该类规则存在的理论基础是：陈述人已经在当下的法庭上，有对陈述人进行交叉询问的可能性。[2] 根据《美国联邦证据规则》第 801 条(d)的规定，传闻豁免主要有两大类。第一大类是陈述人——证人特定先前陈述的豁免。该类豁免的一个前提条件是该陈述人作为证人在当下的庭审中作证，并就该先前陈述接受交叉询问，第二个前提条件是符合下述三项条件之一：一是该先前陈述与陈述人当前的证言不一致，且该先前陈述是在过去审判、听证或者其他程序或者在证言存录(deposition)过程中，[3] 经宣誓如作伪证愿意受处罚的

---

〔1〕 参见[美]艾伦、库恩斯、斯威夫特：《证据法：文本、问题和案例》，张保生、王进喜、赵滢译，高等教育出版社 2006 年版，第 473 页。

〔2〕 See Fed. R. Evid Committee Notes on Proposed Rules, Cornell Law School, https://www.law.cornell.edu/rules/fre/rule_801.

〔3〕 Deposition 指证人在法庭外，依法院命令、法律或法院诉讼规则的规定，在宣誓后对口头询问或书面质询问题作出回答，并做成笔录且经正式认证(duly authentication)后所形成的证词。书面证词可用作披露(discovery)的一种方式，在证人患有严重疾病或有其他原因不能出庭作证，或为在庭审时对证人的证言进行质疑(impeachment)，先前收集的书面证词在符合法定条件下可在庭审中作为证据使用。其与宣誓书(affidavit)的不同在于，收集和适用书面证词时应当通知对方当事人并给予其对证人交叉询问的机会。参见薛波：《元照英美法词典》，法律出版社 2003 年版，第 401 页。

情况下作出的。[1]需要注意的是,如前文所述,该不一致陈述在用于弹劾证人可信性时不被视为传闻,不受传闻规则的限制。二是该先前陈述与陈述人当前的证言一致,该先前一致陈述可以用来反驳对陈述人明示或默示的指控,即该陈述人最近捏造了陈述,或者受到不当影响,或因不当动机而作出的行为。而且根据联邦最高法院在 Tome 案中的观点,先前一致陈述必须是在所谓的捏造、不当影响或动机产生之前作出的。[2] 因为如果先前一致陈述是在所谓的影响或动机之后作出的,则根本无法用于反驳该指控,而恰恰印证了对该陈述人的指控。2014年,《美国联邦证据规则》第 801 条(d)(1)(B)又增加了为陈述人正誉使用时的豁免,即当作为陈述人的证人在因其他事由被攻击时,为恢复陈述人的可信性,则可以使用先前一致的陈述。三是无论与当庭证言是否一致,先前辨认陈述都可作为传闻豁免的事项,且并不要求陈述人在先前辨认程序中宣誓。[3] 之所以这样规定,除了该陈述人可在当下庭审受交叉询问外,还因为先前辨认陈述距离案发时间近且受到不当影响小,这比法庭上的辨认更为可靠。

传闻豁免的第二大类是对方当事人或附属于该当事人的人做出的庭外陈述,当被用于反对该当事人时构成传闻豁免。该种豁免类型有

---

〔1〕 联邦最高法院起草并提交议会的《美国联邦证据规则》规定的是,庭前不一致陈述不受传闻规则的限制。但是在国会辩论期间,参议院同意法院的规定,但众议院认为庭前不一致陈述只有在当时陈述时经过宣誓和受到反询问的情况下才能作为独立的证据。《美国联邦证据规则》最后通过的版本是一个妥协的规定,即庭前不一致陈述在作出时必须经过宣誓,才能在后来其出庭作证的庭审中作为独立证据,但不需要进行交叉询问。这一妥协使得证人在大陪审团程序中作出的不一致证言有了作为独立证据的资格,因为该程序是秘密进行的,被告人不在场,证人需要宣誓,但不存在进行交叉询问的机会。采纳在大陪审团程序中作出的陈述,常见于控方证人在审判时改变自己的说法,或者宣称记不清以前作证的事实。参见王进喜:《美国〈联邦证据规则〉(2011 年重塑版)条解》,中国法制出版社 2012 年版,第 242 ~243 页。

〔2〕 See Tome v. United States,513 U. S. 150(1995).

〔3〕 但是,除了传闻规则外,我们不能忽视该先前辨认陈述还受到其他证据规则的规制,如非法证据排除规则,如果先前辨认程序侵害了刑事被告获得律师辩护或者正当法律程序的权利,该先前辨认陈述依然会被排除。美国联邦最高法院曾对此作出过判决。See Gilbert v. California, 388 U. S. 263 (1967); Manson v. Brathwaite. 432 U. S. 98(1977).

时也被称为自认，[1]更确切说是对方当事人的自认。当事人的陈述不仅包括其明确的陈述，除了刑事案件中被告人的沉默不得被推断外，其还包括其以明示或默示方式表明采认或相信其真实性的陈述。在美国，当事人并不包括刑事被害人，因此该规则不适用于被害人。该豁免要求的条件非常简单，即该陈述是对方当事人的陈述且该陈述被一方当事人提出反对对方当事人。此类豁免的理论基础是，在法庭上对方当事人有进行解释的机会，因而许多传闻的危险并不存在；当事人应当信守承诺，对自己的陈述负责；其他人可能会基于对该陈述的信任而行事，因此基于公平性的考虑，当事人的庭外陈述可以在法庭上提出来反对该当事人。[2] 此外，与当事人有某种附属关系的人就其附属关系内事项作出的陈述可视为当事人自己的陈述，可用此来反对该当事人，该附属关系包括当事人的代理人、雇员或者合谋者。[3] 但是，提出该豁免陈述的人应证明代理、雇佣和合谋关系的存在，这一前提性事实可使用该被豁免的庭外陈述来证明，但根据《美国联邦证据规则》的规定，仅此不足以证明该前提性事实，依然需要其他独立的证据来补强。

（4）传闻的例外

关于传闻的例外，《美国联邦证据规则》第 803 条、第 804 条和第 807 条分别规定了三种不同类型的例外，分别是无论陈述人是否能够作为证人到庭的传闻例外、陈述人不能作为证人到庭的传闻例外和作为概括条款的剩余例外。这些例外与传闻的豁免不同，因为后者存在交叉询问陈述人的可能性，但是此类例外往往不存在交叉询问的可能性，之所以把其作为传闻例外，根据威格摩尔的总结，其理论基础大致有两点：一是由于一些特殊情形的存在而减少了不可靠的危险（risk of

---

〔1〕 参见［美］Arthur Best：《证据法入门：美国证据法评释及实例解说》，蔡秋明、蔡兆成、郭乃嘉译，台北，元照出版有限公司 2002 年版，第 124 页。

〔2〕 参见［美］艾伦、库恩斯、斯威夫特：《证据法：文本、问题和案例》，张保生、王进喜、赵滢译，高等教育出版社 2006 年版，第 527～528 页。

〔3〕 合谋者规则主要是检控方的强有力工具，即使被告人主张反对强迫自证其罪的权利而保持沉默，合谋者的陈述仍可以被采纳，其效果就如同被告人亲口说出的一样。参见［美］阿维娃·奥伦斯坦：《证据法要义》，汪诸豪、黄燕妮译，中国政法大学出版社 2018 年版，第 109 页。

untrustworthiness)，而该危险通常被视为反对传闻陈述的理由，于此弥补了交叉询问的缺失。二是使用此种特殊的陈述有一种特别的必要性(special necessity)，即从同种来源处无法期待其他证据，或至少没有其他更好的证据，该种必要性是从此种意义上讲的。[1] 我们也可从《美国联邦证据规则》第 807 条这一传闻例外的概括条款中窥探到这种理论基础。在该条中，即使某一庭外陈述没有被该规则第 803 条或第 804 条规定的传闻例外所涵盖，但是在符合下述条件时也被视为传闻的例外而不受传闻规则的排除：一是具有特别的可靠性(trustworthiness)，即该陈述在可靠性上具有同等的情况保证。二是具有特别的必要性，即第 807 条(a)规定的其他三个条件，该陈述被提供作为重要事实(material fact)的证据，与证据提出者通过合理努力所能获得的任何其他证据相比，该陈述在其所要表明的问题上更有证明价值(more probative)，[2] 并且把该陈述采纳为证据将使《美国联邦证据规则》的总体目的和正义利益得到最大满足。此外，需要注意的是，这一剩余例外不论陈述人可否出庭作证都可使用，但是提出该传闻的一方应当履行一定的通知程序，即在审判或庭审前，证据提出者就提出该陈述的意图以及包括陈述人的姓名和住址在内的陈述细节向对方当事人进行合理的通知，使对方当事人有公平机会对此予以回应，如此该传闻才是可采的。但是，在上述传闻例外的内部，各自的理论基础也都会存在一些不同，这些不同源自普通法审判中对经验的总结和对人类品质的一些细微体察。

[1] John H. Wigmore, *A Students' Textbook of the Law of Evidence*, The Foundation Press, INC, 1935, p. 247.

[2] 这里需要注意的是，此处的证明价值如同《美国联邦证据规则》第 404 条的证明价值一样，区别于证据的可信性，因为证据的可信性是陪审团需要决定的事项，而证明价值只是在假设该证据是可信的情况下，判断该证据对待证事实的推论强度、起点的确定性和被需要性。因此，此处的更有证明价值需要注意两点问题，如果存在能当庭给出同等证明价值的证言的其他证人或者陈述人本人，那么该剩余例外就无适用的余地。因此，在大多数情况下，剩余例外只有在陈述人无法获得(unavailability)的情况下才有适用的余地，如果陈述人能出庭作证，那么他的当庭证言通常将更有证明价值。See Steven L. Emanuel, Founder & Editor - in - Chief, *Evidence*, Wolters Kluwer Law & Business, 2013, p. 15, 303.

关于无论陈述人是否能够作为证人到庭的传闻例外,《美国联邦证据规则》第 803 条规定了 23 种例外,而且每一例外都列举了肯定其证据能力需要证明的基础事实。大致而言,使用这些例外的前提是这些陈述具有足够的可靠性情况保证,这些情况主要是陈述人在说话时的动机、陈述与感知之间的时间间隔、对陈述的审查要求、进行准确报告的法律职责等,这些都保证了陈述具有一定程度的可靠性。[1] 此外,使用此类证据具有特别的必要性。这些例外包括以下情况:"即时感觉印象,激愤话语,当时存在的精神、情感或者身体状况,为医学诊断或治疗目的而作出的陈述,记录的回忆,日常活动的记录,公共记录,人口统计公共记录,宗教组织关于个人或家族史的记录,结婚、洗礼或者类似仪式的证明书,家庭记录,影响财产利益的文件记录,影响财产利益的文件中的陈述,陈年文件中的陈述,市场报告及类似商业出版物,学术论文、期刊或者手册中的陈述,关于个人或者家族史的声望,关于边界或者一般历史的声望,关于品性的声望,先前定罪判决,涉及个人、家族或者一般历史、边界的判决。"[2] 此外,还有两种在一般意义上不属于传闻的情形,即缺乏日常活动记录和缺乏公共记录,其主要是证明某事项未发生或不存在。[3] 需要说明的是,如果无法证明各个例外所列举的可靠性和必要性的要求,那么该传闻例外就不得使用,但是,陈述人是否出庭作证并不影响这些例外的适用。即使存在这些例外,其他规则也可发挥排除传闻陈述的作用,如相关性规则、裁量排除规则、验真规则和最佳证据规则等,而且证人必须具有亲身知识的规则同样

---

〔1〕 参见王进喜:《美国〈联邦证据规则〉(2011 年重塑版)条解》,中国法制出版社 2012 年版,第 266 ~ 267 页。

〔2〕 记录的回忆有时会与《美国联邦证据规则》第 612 条规定的用于刷新记忆的书写品相混淆,刷新证人记忆是作证过程的部分,由于该庭外书面陈述并不用来作为证据,而且提出者不得对陪审团朗读文件的内容或把该文件作为证据提出,因此与传闻规则无关。如果用于刷新记忆的文件刚好符合传闻例外,则当然可以依此例外而可采。

〔3〕 某一记录事项的欠缺本身并非传闻,因为没有"陈述"这一传闻要件的存在,但是《美国联邦证据规则》还是规定了这一特殊的例外,以解决记录欠缺是否视为传闻的争议。参见[美] Arthur Best:《证据法入门:美国证据法评释及实例解说》,蔡秋明、蔡兆成、郭乃嘉译,台北,元照出版有限公司 2002 年版,第 151 ~ 152 页。

适用于传闻例外中的陈述人。[1] 这在陈述人不能作为证人到庭的传闻例外和作为概括条款的剩余例外中同样适用。

关于陈述人不能作为证人到庭的传闻例外,《美国联邦证据规则》第804条规定了六种例外,其中一种已经移到传闻例外的概括条款中,因此还剩五种例外。这五种例外分别是:其一,先前证言的例外,证言如果是在审判、听证或依法进行的证言存录中作出的,且给予了证言所反对的人交叉询问的机会,则成立该例外。其二,濒死心态下陈述的例外,该陈述是在陈述人相信死亡临近时,就死亡的原因或情况作出的陈述,而且该例外只适用于杀人公诉案件和民事案件。其三,对己不利的陈述的例外,主张该例外的一方必须举证证明陈述人无法出庭,并显示在陈述当时该陈述有伤害陈述人某一重要利益的可能,且在一般合理之人看来具有伤害其重大利益的危险性。这与传闻豁免中的当事人自认的豁免不同。[2] 其四,关于个人或者家族史的陈述,在陈述人不能出庭作证的情况下,陈述人关于个人或家族史的陈述可以被采纳,而且不需要表明其对此有亲身知识。此外,如果陈述人与他人有密切的关系,陈述人作出的关于该他人的个人或家族史的陈述也是可采的。其五,因不法行为致权利丧失的例外,只要当事人不法行为或默认不法行为致使陈述人不能作为证人出庭作证,就可以该传闻反对该当事人。该规则适用对象包括被告人和检控方在内的所有当事人。其理论基础是不应当允许一个人因自己的不法行为而获得利益,该条款适用于被告人时,被视为被告人宪法对质权的一个例外。概括而言,这五种传闻适用的条件大致有二:条件一,陈述人确实不能作为证人到庭,这表明了采纳这些传闻例外的特别必要性。该规则规定的情况主要有因法院判断特免权的存在而免除作证,因陈述人无视法院的命令而拒绝作证,因作证说不记得陈述的主体而不能作证,因死亡或当时存在羸弱、身体疾病或精神疾病不能出庭或作证,因陈述人缺席审判或听证且陈述的

[1] Fed. R. Evid Committee Notes on Proposed Rules, Cornell Law School, https://www.law.cornell.edu/rules/fre/rule_602.

[2] 一方面,当事人自认的豁免要求自认者必须是当事人一方,而在该例外中的陈述人不必是当事人。另一方面,当事人自认的豁免要求该自认必须是用于反对该作出自认的当事人,而在该例外中,为何方利益而提出传闻则不具有重要性。

提出者不能通过传票或其他合理手段使陈述人出庭或取得其证言。条件二,传闻陈述具有一定的可靠性基础,该可靠性的情况又给予了交叉询问的机会、濒死心态下无说谎的动机、对己不利的陈述本身的可靠性和陈述人对自己或亲密关系人的个人或家族史很可能有足够的信息等。但是,一般而言,此类陈述的可靠性往往低于无论陈述人是否能够作为证人到庭的传闻例外的可靠性。此外,因不法行为致权利丧失的例外并没有可靠性的要求,只要一方当事人以不法行为阻止陈述人出庭作证,该方当事人将丧失排除传闻的权利。

2. 大陆法系传闻规则的类似制度

在大陆法系,传闻规则比较少见,但其通过直接审理这一替代制度阻挡了间接书面审理的侵袭。法国大革命后的刑事诉讼确立了公开审理和言词审理原则,德国在继受法国的刑事诉讼制度后,因着眼于书面审理的间接性,提出了直接审理的概念。直接审理包含了两个方面:一是形式的直接审理,作成判决的法院需要自己审理案件,在自己面前亲自完成调查,而不得由别人来完成证据调查工作,此处属于证据之调查方式的要求。二是实质的直接审理,法院需将原始的证据加以调查,即事实之认定应依与待证事实最密切的证据,而不得以证据的替代品代用,此处属于证据能力的要求。〔1〕 该直接审理原则也存在大量的例外,但是即便例外允许出示证据替代品,替代品的出示也有优先顺位,例如,宣读法官笔录优先于宣读非法官笔录。〔2〕 在德国,直接审理原则只适用于审判程序,其要求卷宗之内容原则上不得为裁判的依据,得为证据的人应接受直接询问。〔3〕《德国刑事诉讼法》第251~254条规定了直接原则的例外,主要表现在以下方面。其一,证人、鉴定人或共同被告人死亡或出于其他原因不能接受法院询问,或者笔录和文书的内容涉及财产损害的状态、额度,则可以宣读询问笔录或书面陈述。其二,因疾病、虚弱或其他无法排除的障碍,或路途遥远并鉴于其陈述的

〔1〕 参见陈运财:《直接审理与传闻法则》,台北,五南图书出版公司2001年版,第13~14页。

〔2〕 ゲラルト・グリュンヴァルト,福井厚訳『ドイッ刑事証拠法』(成文堂,1999年)142頁参照。

〔3〕 参见[德]罗科信:《刑事诉讼法》,吴丽琪译,法律出版社2003年版,第430页。

重要程度而可不苛求其出庭,此时只可宣读法官先前询问的笔录代替证人出庭。其三,只要检察官、辩护人和被告人都同意宣读,则无论是否在法官面前作出的笔录或陈述证书,都可以宣读。上述三种例外法院应当作出是否准许宣读的裁定,并公布宣读的理由,在宣读法官询问笔录时还可以要求陈述人补行宣誓。其四,证人在法庭审理中主张证言权的,其在法庭审理前接受询问的证言不得宣读,但存在法官先前询问的例外和同意使用先前陈述的例外。[1] 其五,直接作判决以外的目的使用作为证据替代品的文书,都是允许的,例如,为准备应否传唤或询问某人的裁决时可以不遵循直接原则。其六,为刷新证人或鉴定人记忆时,以及在无其他方法确定或消除询问中出现的与先前陈述的矛盾时,可以宣读先前的笔录。[2] 其七,为就供认作证据调查,可以宣读法官笔录中记载的被告人陈述。其八,在审理特定案件中,如被告人和辩护人曾有机会参与对未成年证人的先前法官询问,则可以播放询问音像记录来代替对该证人的询问。其九,公家机关或医生、法医、总括宣誓的鉴定人的证书或鉴定书被赋予特别的可靠性,符合下述情况的可以宣读:公家机关制作的证书或鉴定书,医生或法医作出的除品行证明以外的证书或鉴定书,医生关于非重伤的身体伤害诊断或对抽取血样的报告,分析行驶速度和确定血型或血液中酒精度的例行鉴定报告,以及刑事追诉机关关于除询问外的陈述。此外,机关鉴定人作出的鉴定报告也可派一名成员到法庭代表机关阐述。

需要注意的是,直接原则并不等于传闻证据规则,二者更不存在包含与被包含的关系。一方面,直接原则规制的传闻证据显然比传闻证据规则窄。例如,《德国刑事诉讼法》第 250 条规定的直接原则只是要求不得以宣读先前询问笔录或书面陈述代替法庭中询问证人,因此,其

---

〔1〕 参见宗玉琨译注:《德国刑事诉讼法典》,知识产权出版社 2013 年版,第 201 页。

〔2〕 把文书或笔录等证据替代品限制在特定的目的使用,在英美法系也同样存在,但是,这种限制的证据能力在实行一元制的法庭里往往被批评为矫揉造作,没有可行性,因为法官尤其是荣誉法官,无法将证据对案件事实的证明与刷新记忆的目的做出区分,因此可能会发生法官在形成心证时,不法地被用于刷新记忆的笔录的内容所影响。参见[德]罗科信:《刑事诉讼法》,吴丽琪译,法律出版社 2003 年版,第 435 页。

往往无法规制传闻证人的问题,德国实务中往往会允许传闻证人出庭。例如从线人处得知与审判有关事件的警察可以作为传闻证人就线人的陈述作证。[1] 这一做法显然违背了《欧洲人权公约》的对质条款,[2] 欧洲人权法院在 Monika Haas v. German 判决中,原则上要赋予被告人对不利证人适当且充足的质问机会,而此一质问可能在询问证人同时或是以后为之;当司法机关尽了一切努力仍无法促成此一质问的进行时,并不必然地导致诉讼停止,只是对证人证言予以特别谨慎的评价,无论如何都不能仅凭此种证言作为有罪判决的依据。[3] 可见欧洲对待传闻的态度是相当宽容的。另一方面,直接原则的规制范围还有一部分是与传闻无关的,这主要是对文书的影印本替代原本的规制,还有形式的直接原则要求法官全程参与并时时洞悉诉讼的过程,这些一般都超出了传闻证据规则管控的范围。

大陆法系的一些国家已经开始借鉴英美法系的传闻证据规则,并在其立法中予以规定。在意大利,《意大利宪法》第 111 条规定了被告人有权在审判官面前对控诉人进行盘问,被告人不得因某些人故意逃避被告人及其辩护人的盘问而作出的陈述而被证明有罪。明确了被告人的对质诘问权,且限制了无法对质的陈述的证据能力。《意大利刑事诉讼法》第 195 条明确规定了传闻规则,当证人对事实的了解源于其他人时,法官则根据当事人的要求决定是否应传唤这些证人,而且在未遵循该规定时,该传闻陈述不可使用,除非因陈述人死亡、患病或者查无下落而不能对其询问。而当证人拒绝或不能指出他获知的有关事实的来源时,其证言也不具有证据能力。该法第 500 条规定,被告以外的人于审判外之陈述原则上只能用于弹劾证人,但是在证人非因被告人主观影响而无法进行交叉询问,相关证据已遭被告人变造或毁弃,以及当事人双方均同意时,该审判外陈述则例外地具有证据能力。而且未

[1] 参见[德]魏根特:《德国刑事诉讼程序》,岳礼玲等译,中国政法大学出版社 2004 年版,第 184 页。

[2] 《欧洲人权公约》第 6 条第 3 款第 3 项规定,凡受刑事指控的人都有权询问不利于他的证人,并在与不利于他的证人相同条件下,让有利于他的证人出庭接受询问。该条明确了被告人与不利证人对质的权利。

[3] See ECHR, Monika Haas v. German, no. 73047/01, 17 November 2005.

经被告或辩护律师交叉询问而获取的指控者陈述,该陈述可能被视为不是依法在法庭审理中调取的证据,根据《意大利刑事诉讼法》第 526 条第 1 款的规定,该证据也不具有证据能力。但是,《意大利宪法》所明文规定的对质程序以及限制证人审判外陈述证据能力的规定,事实上因其职权主义传统,而无法在刑事司法实务中被严格地实现。[1] 这也说明了证据制度改革是牵一发而动全身的改革,传闻证据规则引进后必须有配套制度改革的跟进。

在日本,第二次世界大战后受美国的影响,日本法中也规定了传闻规则,《日本宪法》第 37 条第 2 款规定:"刑事被告人享有询问所有证人的充分机会,并有使用公费通过强制性程序为自己寻求证人的权利。"从而确立了被告人询问证人和强制取证的基本权。在此基础上,《日本刑事诉讼法》第 320 条第 1 款规定了禁止传闻的原则。此外,其在借鉴美国法的基础上还规定了一些例外,这些例外主要是借鉴了英美法的"必要性"和"特别可靠性"原理,但是其与美国的传闻证据规则也存在区别:其一,其在法条上没有使用"传闻"这一术语;其二,把传闻例外分为文书的传闻例外和供述的传闻例外,并明显重视前者;其三,对法官笔录和检察官笔录的部分做了特殊处理;其四,没有完全借鉴美国法的传闻例外,特别是大部分无须证人出庭的传闻例外;其五,传闻规则仅在刑事诉讼中采用。[2] 这些特点与日本过去使用庭外笔录和文书审判的历史是分不开的。但是,日本大量的传闻笔录仍可通过被告人同意使用这一例外而被采纳,由于法庭审理是分散、间隔进行的,虽然实行起诉一本主义,一旦审判开始,大部分卷宗又在未得到反对的情况下被提交给法庭,接触到卷宗的法官对卷宗产生依赖,真正的法庭调查是庭审后法官在办公室或家中阅读卷宗完成的。平野龙一教授更是哀叹:日本的刑事诉讼真是没有希望了。[3] 这同样说明了证据规则引入后诉讼程序进行充分改革的必要性,正如前文所言,日本的裁

---

〔1〕 参见张明伟:《传闻例外》,台北,元照出版公司 2016 年版,第 121 页。

〔2〕 参见[日]松尾浩也:《日本刑事诉讼法》(下卷),张凌译,中国人民大学出版社 2005 年版,第 59 页。

〔3〕 参见[日]平野龙一:《日本现行刑事诉讼法典的诊断》,牟绿叶译,载卞建林主编:《诉讼法学研究》第 14 卷,中国检察出版社 2008 年版,第 341 页。

判员制度改革似乎正在改变传闻证据规则失灵的现象。

（二）证人资格与意见证据规则的比较

意见证据规则依照其规制的主体不同可以分为普通证人或外行证人意见证据规则和专家证人意见证据规则。大陆法系则有证人陈述规则和鉴定人鉴定规则之分。前者规制的是外行证人出具的意见，这在一些大陆法系也有类似规定。而后者规制的是专家证人的意见，多被称为科学证据，在大陆法系则多以鉴定意见的形式出现。

1. 证人资格的比较研究

大多数证据规则规范的是证人所提供的证词内容，但证人资格涉及的是预期证人的作证能力（competency），而不是证人准备提供证词的内容。而且此类资格的审查程序与其他证据的审查程序存在一些不同。[1] 在这里需要交代的是，证人的作证能力有时也被译为作证资格，但严格来讲，资格（qualification）的概念要大于能力的概念，而且能力是一个实体标准，与一个人的精神或伦理有关，一个人必须具有这些能力才有在法庭上作证的资格，而资格具有程序含义。[2] 《美国联邦证据规则》第104条（a）在程序意义上强调作证资格，而第601条在实体意义上强调作证能力。法官决定证人的资格问题，但是此类问题很罕见，而一证人作证时总会产生的一个相关问题是证人是否有亲身知识。正如前文所言，该问题是一个附条件关联性的问题，在该问题上，法官和陪审团存在一定的分工。在普通法的实践中，有一些规则是强

---

〔1〕 早期的普通法认为，在证人进行宣誓前，法官或律师会就资格问题对其进行审查，这被认为是一种预先审核。但是随着大量作证能力规则的废除，这种预先审核就显得不必要。在现代，对证人缺乏亲身知识的异议，必须在证人宣誓后、就其缺乏亲身知识的事实回答有关问题前提出。而针对证人不能庄严承诺讲真话的异议，通常只有在证人拒绝宣誓后提出异议才是适当的。关于专家资格的异议，虽然对方可能在证人作证前，通过初期动议的形式提出该问题，但并不要求对方这么做，在证人宣誓前，对方因疏忽而未提出该问题时，也不构成该异议的放弃。除了证人的亲身知识争议有可能交给陪审团决定外，其他证人资格事项都独属于法官决定的事项。参见[美]约翰·W.斯特龙主编：《麦考密克论证据》，汤维建等译，中国政法大学出版社2004年版，第145～146页。

〔2〕 参见王进喜：《美国〈联邦证据规则〉（2011年重塑版）条解》，中国法制出版社2012年版，第21页。

调证人作证能力的，如不相信上帝的人、被指控重罪的人、与诉讼结果有利益关系的人、年轻小孩和精神错乱的人都不具有作证能力。但是，这一实践已被废除。现代的普通法实践都推定证人有作证能力，普通法先前判定无作证能力的要素如今大多成了判断证人可信性的要素。在《美国联邦证据规则》第 602 条和第 603 条之下，证人不具有作证能力的情形只有两种原因：一是缺乏亲身知识；二是证人不能庄严地承诺讲真话。[1] 被告人具有证人的资格，可主动选择为自己作证，这是英美法的一大特色。

此外，证人资格还有以下几个问题：一是专家证人资格的问题，也即在《美国联邦证据规则》第 702 条之下，该专家证人是否有专门的知识以帮助事实裁判者理解证据或确定争议的事实。根据《美国联邦证据规则》第 604 条的规定，译员的资格也适用专家证人资格的规定，并宣誓或郑重声明将如实翻译。二是儿童证人如果不能说出可理解的事物或明显无法意识到说真话的义务，则也会被否定作证资格。但是，这并不阻止其符合传闻例外的法庭外陈述作为证据。三是死人立法问题（Dead Man's Statutes），《美国联邦证据规则》第 601 条也保留了各州在民事案件中制定另外的证人作证能力的规则，大约半数的州保留了普通法实践中的死人立法规则，也即主张遗产者不能就与死者的对话或者交易作证，这主要是因利益丧失证人资格，这主要是防止欺诈并保护遗产。[2] 四是基于角色冲突的考虑而限制特定人的作证能力。根据《美国联邦证据规则》第 605 条和第 606 条的规定，主持审判的法官和参加审判的陪审员不得在该审判中作为证人作证，[3] 对其作证能力的否定是出于避免职能冲突和破坏正当程序的考虑。根据普通法和《美

---

[1] See Steven L. Emanuel, Founder & Editor - in - Chief, *Evidence*, Wolters Kluwer Law & Business, 2013, p. 7 - 8.

[2] See Christopher B. Mueller & Laird C. Kirkpatrick, *Evidence*, Wolters Kluwer Law & Business, 2012, p. 36 - 37.

[3] 在调查陪审团裁决或者起诉书的有效性期间，也禁止对陪审团的评议过程进行探究，陪审员在该议题上也没有作证的能力，不得对陪审团评议期间作出的任何陈述或发生的任何事件作证。但是，如果该事项属于下列事项时则例外地承认陪审员的作证能力：一是无关的有害信息是否不当引起陪审团的注意；二是是否有外部影响不当影响了任何陪审员；三是将裁决制作成裁决书时是否存在错误。

国联邦证据规则》,一方当事人的律师并非无作证能力。不过法官享有广泛的自由裁量权,以拒绝律师为其客户作证。例如,一方当事人的律师作证可能会存在这样的危险,陪审团可能将律师作为证人的证词和作为代理人的代理意见相混淆。在此情况下,法官可根据《美国联邦证据规则》第403条的规定阻止其作证。在其他普通法系国家,也有类似的证人作证能力规则,如在英国,任何人都有作证的能力——假设他有条理清晰的沟通能力。[1]《澳大利亚联邦证据法》第12条和第13条规定,原则上任何人都有作证能力并可强制其作证;但是如果一个人无力理解就该事实提出的问题,或者无能力就提问作出可被理解的回答,则该人就缺乏作证能力。该法第16条也否定了法官和陪审员在其所处的程序中作证的能力。

在大陆法系,关于证人资格的规定与英美法系有类似之处,即原则上承认任何人都有作证的能力。在德国,任何人均可为证人,即使精神病人、儿童或有利害关系之人都可作为证人,此外,鉴定人就依靠其专业知识所亲历的事实作证时,也是证人而非鉴定人。《德国刑事诉讼法》第22条规定,审判法官作为证人或鉴定人时,其不得行使法官职权。这意味着如其是预期证人时,则应以证人义务优先。根据该法第31条规定,该要求同样适用于陪审员、庭审书记员以及延请作为笔录员的其他人员。而且,当检察官作为证人被询问时,因为会危及其客观性的定位,其不得在审判结束时作为代表对证据进行总结,因此其作证时必须有他的同事在场以代替他在最后做总结陈词。自诉人也不得就自己或其他自诉人的事项作证,辩护律师也可以作证,但在强制辩护时,在辩护律师作证时,应当由另一名律师在法庭上代表被告人。[2]但是,与英美法不同的是,根据该法第73条和第74条的规定,鉴定人由法官任命,有官方指定的鉴定人时,法官一般不另选其他人员。而且,除了曾作为证人被询问外,鉴定人可以因与拒绝法官的理由相同被

---

〔1〕参见[英]理查德·梅:《刑事证据》,王丽等译,法律出版社2007年版,第517页。

〔2〕参见[德]魏根特:《德国刑事诉讼程序》,岳礼玲等译,中国政法大学出版社2004年版,第169~170页;[德]罗科信:《刑事诉讼法》,吴丽琪译,法律出版社2003年版,第240~242页。

拒绝。此外，被告人不得为证人，而且共同被告也不得作为证人接受就有关其他被告涉案情形的讯问。

在日本，根据《日本刑事诉讼法》第 143 条的规定，除法律特别规定外，任何人都有证人资格。但是根据该法第 20 条第 4 项、第 26 条和第 144 条的规定，公务员或曾经是公务员的人未经机关许可，公务员本人不得作为证人。而当法官和书记官已经作为本案的证人或鉴定人时，则不得执行职务。根据通说，检察官和辩护人也是如此。而且，与德国类似，被告人也不具有证人的资格。此外，日本学说上还区分了证人资格和证言能力，有证人资格的人如果欠缺叙述自己经历的能力即证言的能力，则该人的证言没有证据能力。[1] 日本的鉴定人由法院任命，在选任鉴定人时可以参考当事人的意见，而被指定的鉴定人如认为鉴定事项超出了自己的知识和经验、能力范围时，可以拒绝鉴定。而且值得注意的是，日本法上不承认鉴定人的回避。[2] 当事人可以对鉴定人的资格提出异议。在法国，根据《法国刑事诉讼法》第 101 条的规定，预审法官可以传唤其认为能够提供有用证言的任何人，而根据该法第 156 条和第 157 条的规定，鉴定人由预审法庭或审判法庭任命，并从鉴定人正式名单中挑选，但是其也可以任命名单外的人，但是他应当在说明理由的决定中具体解释做此选择的原因。如不说明原因，则这样选任的鉴定人无效。[3] 由此可见，大陆法系在普通证人的资格上与英美法系相似，都采取一种开放的态度。但是，大陆法系一般会严格限制被告人的证人资格，而避免被告人面临伪证和反对自己的两难境地。由于鉴定人多由法院选任，且鉴定人的资格多有专门的细则规定，而出于对法院的信任，鉴定人的资格在大陆法系的刑事诉讼法律中并没有细致的规定。

---

[1] 参见[日]田口守一:《刑事诉讼法》，张凌、于秀峰译，中国政法大学出版社 2010 年版，第 278 页。

[2] 参见[日]松尾浩也:《日本刑事诉讼法》(下卷)，张凌译，中国人民大学出版社 2005 年版，第 95～96 页。

[3] 参见[法]贝尔纳·布洛克:《法国刑事诉讼法》，罗结珍译，中国政法大学出版社 2009 年版，第 429 页。

2. 普通证人意见证据规则比较研究

在英美法系,证人对其观察到的事实作证而不是对事实进行推论、概括或总结,这是普通法上的一条重要原则。在英国,意见证据规则在1786年斯蒂芬的证据法专著中已有描述,其认为任何人对于争议事实的意见都被认为与事实的存在与否没有相关性,但是关于科学或艺术的问题,专家在该问题上的意见被认为是相关的。[1] 正如前文所述,限制外行证人意见的证据能力的理论基础是,这将侵犯陪审团的职权,而且这样可以促使证人把直观而不是修饰的感觉和印象表达出来。在美国,《美国联邦证据规则》第701条对此有专门规定。如果意见是基于科学、技术或其他专门知识的专家意见时,则受该规则第702条的规制,并不受该条的规制;如果不是基于科学、技术或其他专门知识的专家意见而仅仅是外行证人(lay witnesses)的意见时,外行证人的意见原则上不可采纳。但是,符合下述条件的意见具有证据能力:一是合理的基于该证人的知觉;二是有助于对证人证言的清晰理解或者确定争议事实。至于何者为事实,何者为意见,二者的区分界限并不清晰,这些判断很多时候依靠的是法官的常识,对于何种情况下会有助于对证人证言的清晰理解或者确定事实,法官具有实质的自由裁量权。如果未能排除外行意见,则可能会因该错误而被上级法院撤销原判。但是,禁止外行证人提出意见及其例外的规则往往被视为一个告诫,对它的执行很大程度上取决于法官的自由裁量。在澳大利亚,《澳大利亚联邦证据法》第76条和第78条明确规定,不得采纳意见证据来证明就其存在而表达意见的事实之存在。但是,具有证据能力的书证或证明书的意见,以及外行基于对某事所见、所听或者其他感知且为说明或理解该事件所必须时,可例外承认意见的证据能力。

大陆法系对证人意见陈述,较少有禁止规定,规定外行证人的意见证据规则的国家不多。这是因为,证人之意见多由审判官斟酌,由于认定事实和适用法律都是法官之职权,意见侵犯陪审团事实认定职权的情形较少存在,误导事实审理者和影响公正认定事实的可能,也会因法

---

〔1〕 See James Fitzjames Stephen, *A Digest of the Law of Evidence*, Fourth Edition, Macmillan and Co., 1881, p. 57.

官在审判上为专家之故较易避免，而且听取意见也有助于真实之发现。[1] 例如，在德国，刑事诉讼立法中没有专门规定意见证据的条款。《奥地利刑事诉讼法典》也没有专门规定意见证据，该法第161条只是要求证人准确、完整、连贯地作出陈述。但是，也有一些国家或地区在借鉴英美法系意见证据规则的基础上规定了外行证人的意见证据规则。例如，在日本，有关特定案件的意思表示文书和以无事实依据的传说、想象或意见为内容的证据等，其证据能力均被否定。[2]《日本刑事诉讼规则》第199条第13项规定："原则上禁止时证人进行要求其提供意见的询问，也允许对方当事人对该证人提供的不必要的意见声明异议。"但是，《日本刑事诉讼法》第156条规定："准许证人供述其根据自己实际经历过的事实所作的推测。"可见《日本刑事诉讼法》对意见的限制要宽于美国法，因为其明确规定推测事项虽然也属于意见的一种，却具有证据能力。《意大利刑事诉讼法》第194条第3款规定："对证人的询问应当围绕确定的事实。不得就公众中的传闻作证，也不得在作证中发表个人称颂，除非这是在就事实进行作证时所不可避免的。"其理论基础是：证据是严格的真实事证（Facta probanda actual evidential facts），有其极明显的范围，故非证人目击耳闻直接获知之事实不得作为证据，证人之证言如为其个人推测之词或为其个人之意见、按语或结论，而非本于其实际观察所得，不应认其为有证据能力。在大陆法系，规定外行证人的意见证据规则主要是确保证据的纯粹性，保障事实裁判的准确性，并提醒证人区分事实与意见，就其直接见闻进行陈述。与英美法系相同，判断外行证人的意见是否是以实际经验为基础的推测，属于法官依据常识和经验进行的裁量，法官在此有较大的裁量空间。以此来看，两大法系对待外行证人发表意见的规制都是具有弹性的，二者之间的差异并没有想象的那么大。

关于证人能否对案件的最终争点提供意见的问题，如果证人对法

---

〔1〕 参见刁荣华主编：《比较刑事证据法各论》，台北，汉林出版社1984年版，第278页。

〔2〕 参见[日]石井一正：《日本实用刑事证据法》，陈浩然译，台北，五南图书出版公司2000年版，第97页。

官和陪审团如何审判发表意见，告诉他们如何判决才算公正，这显然侵害了法官和陪审团的审判职权，会遭到毫不犹豫地排除。无论是大陆法系还是英美法系，无论是外行证人还是专家证人，都不例外。但是，往前再进一步，证人能否对争议的最终事实发表意见呢？在美国，19世纪和20世纪初，一些法院认为证人不能对案件的最终争点提供意见，其主要的理论基础是：这样的意见将侵犯陪审团的职权；证人对这些问题表达意见，会误导陪审团遵从他们的意见；最终争点的意见包含的法律概念是否与法律上的使用有相同方式本身就不确定。[1] 但是这种限制是过度的限制且难以使用，而且一般只起到剥夺事实裁判者获得有用信息的作用。为了不违反这个规则，往往会使证人试图以古怪的语言表达想要符合特定情况的意思。[2] 因此，《美国联邦证据规则》第704条摒弃了禁止证人对最终争点提供意见的规则，但是关于刑事被告精神状态的除外。这既适用于外行证人，同时也适用于专家证人。虽然意见不再仅因包含最终争点而受到异议，但是，法官可以基于《美国联邦证据规则》第701条的规定自由裁量排除那些没有帮助性的意见，以及根据该规则第403条的规定排除那些偏颇效应严重超过其证明价值的意见。《澳大利亚联邦证据法》第80条也有类似规定，其还规定意见证据不得仅因有常识事项而不可采。在大陆法系，几乎无法见到关于废除最终争点规则的法律条文，在自由心证原则之下，法官基于经验和逻辑判断证据，仅因意见中包含有最终争点或常识而排除该证据显然在大陆法系的法官眼中是不可思议的，这些意见的证明力如何完全委由法官自由心证。从这一点上看，两大法系对于不得仅因证人意见中包含最终争点或常识而排除该证据是存在共识的。

3. 专家证人意见证据规则比较研究

诉讼上需要专家证言至迟可以追溯至14世纪，当时的专家是法院

---

〔1〕 参见［美］艾伦、库恩斯、斯威夫特：《证据法：文本、问题和案例》，张保生、王进喜、赵滢译，高等教育出版社2006年版，第771页。

〔2〕 See Fed. R. Evid Committee Notes on Proposed Rules, Cornell Law School, https://www.law.cornell.edu/rules/fre/rule_704.

的助手而非一方当事人的证人，在当事人对等制度之下才被认为是当事人的证人。专家证人必须使法官相信其具备特殊的知识、技能、经验或训练，而且该专业能辅助事实裁判者为事实判断。在英美法系，有资格成为专家证人的人的范围非常的大，符合资格的专家证人无须要求受过正规教育。不论这些知识是如何获得，关键的问题是证人是否具有专业知识，以及能否对事实裁判者有所帮助。法庭有权力决定证人是否具有专家资格。根据《美国联邦证据规则》第 702 条的规定，人们可以基于“知识、技能、经验、培训”以及教育而获得作为专家的资格。对方当事人可以就专家证人的资格提出异议，还可以对证人进行遴选审查，想办法表明该证人不称职或者对审判没有帮助。法官则依照《美国联邦证据规则》第 104 条(a)来裁定该人是否有作为专家的资格。[1] 在英美法系，由于科学证据本身原理的复杂性，对其证据价值进行评价并非易事，其是否对待证事实有最小限度的证明价值，有时一般人难以根据经验去判断。因此，根据一般原则来审查科学证据，可能被描述为“关联性加有用性”的审查，或者更为简单地描述为关联性分析。[2] 在英国，专家意见在那些需要这类证据的情况下是可以被采纳的，这是意见证据不得被采纳的主要例外，法官在每个案件中决定陪审团能否得到专家的协助来解决争议中的问题。[3] 而专家意见的证明力由陪审团决定，专家只做证人而不做裁判者。

在美国，规制专家意见证据能力的是《美国联邦证据规则》第 702 条，《澳大利亚联邦证据法》第 79 条也有相似规定。对科学证据的审查则运用更专门性的规则来决定其可采性，该专门性规则的形成和发展经历了三个阶段。第一阶段，该标准形成于哥伦比亚特区联邦上诉法院审理的经佛赖伊案中。在该案中，法院认为：由演绎推理所推出的事情必须被充分地确立到其所属特定领域获得普遍接受（general ac-

---

〔1〕 参见［美］艾伦、库恩斯、斯威夫特：《证据法：文本、问题和案例》，张保生、王进喜、赵滢译，高等教育出版社 2006 年版，第 725 页。

〔2〕 参见［美］约翰·W. 斯特龙主编：《麦考密克论证据》，汤维建等译，中国政法大学出版社 2004 年版，第 395 页。

〔3〕 参见［英］理查德·梅：《刑事证据》，王丽等译，法律出版社 2007 年版，第 196 页。

ceptance)。[1] 该标准也被称为佛赖伊测试(Frye Test)。在该测试之下,科学证据的提出方必须通过调查科学出版物、法院判决书或者科学家的同行意见等方式来证明普遍接受的存在。在《美国联邦证据规则》出台前,美国多用"普遍接受"的标准来判断科学证据的可采性。但是,该测试严重妨碍了基于新兴学科和新技术而产生的科学证据的使用。于是便有了第二阶段的修订,后来批准实施的《美国联邦证据规则》并未采纳该标准,而是设定了"有关联性的证据均具有可采性"这一一般性的标准。在此之后,联邦最高法院在 Daubert 案中认为,《美国联邦证据规则》取代了佛赖伊标准,"在提出科学证据时,审判法官必须在开始就根据《美国联邦证据规则》第 104 条(a)的规定判断,专家准备作证提出的是否为科学知识,以及它是否会帮助事实裁判者理解或裁判争议事实"。这也就是说,在《美国联邦证据规则》之下,审判法官要确保任何及所有科学证言或证据的采纳不仅具有关联性,而且还需具有可靠性。[2] 这要求法官对科学证据的科学性以及该科学性能否合理地适用于争议事实作出评估,该案罗列了五项评估要素,即该理论或技术能否被检验,该理论或技术是否经同行审议并发表,该技术可能存在的误差率,是否存在操作标准,以及该技术是否具有普遍接受性。总之,《美国联邦证据规则》及其第 702 条为审判法官设定了这样的职责:确保专家证言依据的是可靠的基础,而且应与当下的案件具有关联性。第三个阶段是审查标准适用范围的扩张阶段。在 1999 年的库霍轮胎案中(Kumho Tire Co.),联邦最高法院将 Daubert 案的标准拓展适用到基于技术和其他专门知识的证言,但是,法院在适用可靠性测试的标准时是灵活的,其具有很大的自由度来决定如何裁定可靠

[1] See Frye v. United States, 293 F. 1013(1923).

[2] See Daubert v. Merrell Dow Pharms., Inc., 509 U. S. 579(1993). "Under the Federal Rules of Evidence, the trial judge must ensure that any and all scientific testimony or evidence admitted is not only relevant, but reliable." "Faced with a proffer of expert scientific testimony, the trial judge must determine at the outset, pursuant to Fed. R. Evid. 104(a), whether the expert is proposing to testify to (1) scientific knowledge that (2) will assist the trier of fact to understand or determine a fact in issue."

性,可以考虑一个或以上的要素,而非必然或排他地适用每一案件。[1] 于此,佛赖伊案的普遍接受标准成为可以考虑的因素之一,而不再是决定性的因素。

在大陆法系,专家证人被称为鉴定人,鉴定人被视为法庭的特别助手,并期待其有中立性。因此德国、意大利、奥地利等大陆法系国家都规定,可以基于适用于法官回避的同样理由要求鉴定人回避或撤换。[2] 此外,在日本和德国等大陆法系国家还有鉴定证人的概念,这类证人是基于特别的专业知识而知晓过去的事实,对该类证人进行询问适用证人的规定。[3] 例如,出现在事故现场的医师,基于其证人特点,其不可被其他鉴定人替代。因此,对该类证人的证言的证据能力审查也适用证人的证据能力审查规范。由于鉴定人是法庭或其他人聘任的对象,而且证据的判断一般委由法官自由心证,大陆法系对鉴定意见的证据能力缺乏系统的规定,法庭对于鉴定人的资格、鉴定意见的相关性基本上不予置疑。[4] 究其原因,除了大陆法系普遍实行自由心证和一元化的专业法庭之外,上述状况还和鉴定人的定位和选任程序有关。如前文所述,鉴定人被定位于中立的法官辅助人,而不同于英美法系双方当事人基于己方利益聘请的专家证人,在大陆法系国家,鉴定人通常由法院任命。[5] 除去一些立法规定必须聘请鉴定人为鉴定的事项外,法院针对何种事项聘请鉴定人,往往是其自由裁量的范围,而鉴定人的专业性和中立性都是其任命时考虑的因素。[6] 但是,基于鉴定人只是法官的辅助人而不可成为第二个法官的考虑,德国也强调法官不受鉴

---

〔1〕 Kumho Tire Co. v. Carmichael, 526 U. S. 137(1999).

〔2〕 参见《意大利刑事诉讼法》第 223 条,《德国刑事诉讼法》第 74 条,《奥地利刑事诉讼法典》第 126 条第 4 款。

〔3〕 参见《德国刑事诉讼法》第 85 条,《日本刑事诉讼法》第 174 条。

〔4〕 参见周湘雄:《英美专家证人制度研究》,中国检察出版社 2006 年版,第 24 页。

〔5〕 参见《德国刑事诉讼法》第 73 条,《日本刑事诉讼法》第 165 条。

〔6〕 在审前阶段,有些国家的检察官也可以任命鉴定人,例如德国,尽管审前任命鉴定人并不妨碍法院另请鉴定人,但是,在诉讼过程最初的选择很难更改,鉴于时间和财力法院不愿再任命另外的鉴定人,而且被告人在审判过程中也可以传唤自己的鉴定人。参见[德]魏根特:《德国刑事诉讼程序》,岳礼玲等译,中国政法大学出版社 2004 年版,第 179 ~ 180 页。

定意见的约束。例如,“上诉法院曾多次推翻下级法院的判决,理由是审判法院不是根据相关事实形成自己的意见,而对鉴定意见不加批判地接受。而且法庭可以自由地驳回鉴定人的意见,但是必须在判决中详细地论述驳回的理由”。大多数法庭如果对第一个鉴定人不满意,则会聘请另一个鉴定人。[1] 值得注意的是,在美国,根据《美国联邦证据规则》第706条的规定,审判法官也可自行指定专家证人,这被视为法官的固有权力。法官指定专家证人的理论基础是:法官对当事人雇佣的专家不信任,使用中立的专家有助于解决纠纷;有时当事人可能因财力的原因而无法获得专家的帮助。但是,由于当事人承担证明案件的主要责任,从实践上来看,法官很少行使该权力。[2] 这也可以看出当事人主义的诉讼模式对法官行为和理念的影响深入到了每一个细节。这在热衷于主导诉讼程序的大陆法系的法官看来是不可思议的。

在日本,科学证据既包含通过科学技术的侦查方法得出的结果而形成的证据,此项类似于美国的控方的专家证人,如鉴定笔录和勘验笔录,也包含由法院鉴定而得出的证据。对科学证据的审查往往是判断其是否具有法律关联性,很难保证该证据的证明力时,则应当认为其没有法律的关联性,进而排除该证据的证据能力。一般而言,当该技术对案件是可以信赖的,在事后也可以检验该结果时,可以认为有法律的关联性。[3] 日本对科学证据的证据能力审查思路是以自然关联性为前提,同时考虑法律关联性。日本判例的一般倾向是,在具备确认实施检查者的适格性,而且从仪器设备、工具、资料、检查方法等方面看检查结果具有可靠性的场合,承认其证据能力。[4] 这与美国的关联性加可靠性的审查在很大程度上是一致的。这也反映了战后《日本刑事诉讼

---

〔1〕 参见[德]魏根特:《德国刑事诉讼程序》,岳礼玲等译,中国政法大学出版社2004年版,第181页。

〔2〕 参见王进喜:《美国〈联邦证据规则〉(2011年重塑版)条解》,中国法制出版社2012年版,第234~235页。

〔3〕 参见[日]田口守一:《刑事诉讼法》,张凌、于秀峰译,中国政法大学出版社2010年版,第288页。

〔4〕 参见[日]长沼范良:《科学证据的可采性》,肖承海、郭华译,载卞建林主编:《诉讼法学研究》第12卷,中国检察出版社2007年版。

法》在向当事人主义诉讼模式迈进的过程中,对鉴定意见的证据能力审查所做的精细化的努力。

关于专家意见的依据是否要求可采性以及何时对专家意见的依据进行披露的问题,在美国,一方面,根据《美国联邦证据规则》第703条的规定,专家所依赖的事实或数据不需要具有可采性,只要是专家所合理依赖的即可,这就减少了专家对第一手信息的要求。至于如何判断专家对上述不可采证据的依赖是否合理,则有两个标准:这些事实或数据是该领域专家通常依赖的事实或数据,而且这些事实或数据具有足够的可靠性。[1] 这些不可采的证据通常集中于传闻证据,如精神疾病专家对被告人的精神情况所作的专家意见,可能建立在被告人亲人传闻证言的基础上。另一方面,对于其依赖的不可采的事实或数据能否在审判庭中提出让陪审员知道,根据《美国联邦证据规则》第703条和第705条的规定,为避免陪审团知悉该不可采的证据而影响其心证,进而对对方造成不公正的影响,同时出于诉讼效率的考虑,该规则规定:其一,意见的提出者原则上不可在法庭上披露该不可采的事实或数据,只有在法院认定其在帮助陪审团评价专家意见的证明价值严重超过其损害效果的情况下,专家意见的提出者才可以将该不可采的信息或数据披露给陪审团。此外,即便依据的是可采性的事实或数据,专家证人也不需要首先就所依据的事实或数据作证,因为这将使诉讼变得冗长而无意义。其二,对方当事人可以使用该不可采的事实或数据对专家证人进行攻击。而且,在交叉询问中,对方当事人可以要求专家披露这些在形成意见过程中合理依赖的可采或不可采的事实或数据。这是对方当事人对质诘问权的特别保护。

大陆法系国家对鉴定所依据材料的证据能力限制缺乏特别的规定,鉴定人一般会出具书面的鉴定意见,即使鉴定人出庭作证,法官也不用担心其说出依据的传闻证言会误导其事实心证,因为其对证据的证明力有综合一切情况自由判断的权力。但是,也有国家对此作了明确的规定。在德国,尽管其没有像上述《美国联邦证据规则》的规定,

---

[1] 参见王进喜:《美国〈联邦证据规则〉(2011年重塑版)条解》,中国法制出版社2012年版,第224页。

但是它可以通过其他程序发挥类似的作用。根据《德国刑事诉讼法》第 80 条的规定,为准备鉴定,鉴定人可以询问证人和被指控人,也可以查阅案卷或者在询问证人、被指控人时在场并向他们发问。因此,鉴定人了解案件事实的手段是多样的,其可以借此充分了解案件事实。但是,并不是所有其了解的事实都可以直接作为法庭裁判的基础。在德国,针对鉴定人了解的事实,区分鉴定所得之事实(Befundtastachen)和附加发现之事实(Zusaztsuchen)。前者又称检查结果事实,是指鉴定人只能基于其专业知识所得知,也即其专业知识所欲投入的事实,后者是指不需专业知识,可从调查或观察中发现,法院也可自行确认的事实。例如,鉴定人在审判程序外自其他非具专业知识的人处获得的案件事实。鉴定所得之事实可为法院不经其他证据之佐证而为判决的基础,而附加发现之事实需要鉴定人提供所询问的有关案情经过的人或者鉴定人本人以证人身份出庭作证,在审判程序中加以询问,如此才能为判决所用。[1] 在德国联邦最高法院的判例中,鉴定人在实施精神疾病鉴定时将被鉴定人的病友和医院的医护人员等第三人的观察体会结果作为其鉴定的基础,并以此为鉴定结果,最高法院基于鉴定人证言的特殊性,而否定了其陈述的证据能力。[2] 在另一起案例中,联邦最高法院支持了这样一种上诉理由:把鉴定人精神病科的医生当成证人般的供述作为判决的依据是不合法的。是否将鉴定人当成证人询问,重要的是应视其陈述是否是因传闻而知悉,并对犯罪事实属重要的事项。[3] 在意大利,《意大利刑事诉讼法》第 228 条规定,鉴定人为鉴定而取得的材料只能用于鉴定审核工作,以此限定了该材料的证据能力。

(三)最佳证据规则及其替代措施

最佳证据规则是一项悠久的制度,据赛耶考证,其最早出现在 1700 年首席法官霍尔特(C. J. Holt)在一个判决中的论述"仅仅需要事

---

〔1〕 参见[德]罗科信:《刑事诉讼法》,吴丽琪译,法律出版社 2003 年版,第 266 ~ 267 页。

〔2〕 NStZ,1993,245 - 246. 转引自朱富美:《科学鉴定与刑事侦查》,中国民主法制出版社 2006 年版,第 52 ~ 53 页。

〔3〕 NStZ,1982,256 - 257. 转引自朱富美:《科学鉴定与刑事侦查》,中国民主法制出版社 2006 年版,第 53 ~ 54 页。

物本性上能够给予的最佳证据"[1]。威格摩尔认为该最佳证据规则的命名较为模糊散漫而不具体,因此其认为一个正面或具体的表述应是原本法则(original of a document rule)。[2] 这一表述今天也较为流行。在大陆法系,很难找到最佳证据规则,但是存在一些替代措施以发挥类似的作用。

1. 英美法系的最佳证据规则

(1)最佳证据规则的理论基础和发展现状

在英美法系,最佳证据规则的理论基础是:文字或其他符号,差之毫厘谬以千里,观察时的错误危险巨大,因此除了提出文书的原文以供检阅外,其他关于文书内容的证明方式欺诈及类似错误的机会("自然"与"必定"保留一个即可)必定很多。同时,该规则还有利于保证文书证据的完整性,防止以下情况发生,即在引入一套全面的文书中选定的某部分内容,对于对方无法看到的那些部分会造成有意或无意的误导。[3] 尽管现代复制技术的进步,以及审前的证据开示有足够的机会让对方判断复本的正确性,这一规则仍面临着必要性的挑战。一些英美法系国家已经废除或弃用该项规则。例如,在英国,现代法院会采用所有证据,而无论其是否为最佳证据,不能提供最佳证据的唯一后果是降低该证据的证明力,这一规则在英国现代案例中偶尔出现,但不是很典型。[4] 在澳大利亚,《澳大利亚联邦证据法》第51条明确废除了原本法则。但是,考虑到这一规则对防止证据欺诈和隐匿、损毁证据仍有重要的作用,其在美国仍有重要地位,《美国联邦证据规则》第十章专门规定了这一规则,适用于书写品、录制品和影像。以下以《美国联邦证据规则》为例介绍最佳证据规则。

---

〔1〕 James Bradley Thayer, *A Preliminary Treatise on Evidence at the Common Law*, Little, Brown and Company, 1898, p. 489.

〔2〕 See John H. Wigmore, *A Students' Textbook of the Law of Evidence*, The Foundation Press, INC, 1935, p. 219.

〔3〕 参见[美]约翰·W. 斯特龙主编:《麦考密克论证据》,汤维建等译,中国政法大学出版社2004年版,第465页。

〔4〕 参见[英]理查德·梅:《刑事证据》,王丽等译,法律出版社2007年版,第8页。

(2)适用对象和原件定义

在美国，《美国联邦证据规则》第 1002 条规定了要求原件的最佳证据规则，其要求：除非本证据规则或联邦制定法有另外的规定，为证明书写品、录制品或者影像的内容，应当提供其原件。这里牵涉到原件的定义，根据《美国联邦证据规则》第 1001 条的规定，一方面，原件书写品、录制品和影像本身的定义比较开放，其中书写品(writing)包括以任何形式记下的字母、文字、数字或者同等物，带有描述性文字的动产(inscribed chattels)有时也可纳入该定义中。[1] 录制品(recording)包括以任何方式录制的字母、文字、数字或同等物，背后的政策也支持将录制的声音包含在录制品定义范围内。[2] 根据录制品做出的译文帮助陪审团理解录制品的播放时不适用于最佳证据规则，而且录制品和译文冲突时录制品优先。[3] 影像(photograph)是指以任何形式存储的摄影图像或者其同等物，重塑前的《美国联邦证据规则》采用列举式的定义，把照片、X 光片、录像带和电影都纳入了影像的范畴。另一方面，原件的定义也较为宽泛，原件在技术上并不必然是指形成的第一个书写品、录制品或影像，而是作为争点的书写品、录制品或影像本身。[4] 书写品或录制品的原件包括书写品或者录制品本身，以及其签发或者发行意在使其具有同等效力的任何对等物。这也意味着原件采用了意

---

〔1〕 例如，警察机关的徽章、车牌号、有文字的墓碑、交通标志等。但是，把这些刻写文字的动产纳入最佳证据规则的基本原理，把该规则限制在书证的初衷会被破坏，而且会对诉讼强加不必要的负担，毕竟要求大多数证据都是最佳证据会给当事人带来很大的讼累。因此，在美国的司法实践中，法官对此是否属于书写品并适用最佳证据规则享有自由裁量权。在裁量时应当考虑下列因素：一是动产记载的长度和复杂性；二是动产记载的交流性内容对案件的重要性；三是为避免误导事实裁判者，在证明动产记载时对精确度的需要程度；四是提供的二手证据的可靠性；五是关于动产记载的内容争议的存在；六是提出该动产原物是否容易；七是无法出示原物的原因。See Christopher B. Mueller & Laird C. Kirkpatrick, *Evidence*, Wolters Kluwer Law & Business, 2012, p. 1164.

〔2〕 See Christopher B. Mueller & Laird C. Kirkpatrick, *Evidence*, Wolters Kluwer Law & Business, 2012, p. 1163.

〔3〕 See Paul C. Giannelli, *Understanding Evidence*, Lexis Nexis, 2009, p. 418.

〔4〕 参见王进喜：《美国〈联邦证据规则〉(2011 年重塑版)条解》，中国法制出版社 2012 年版，第 334 页。

图标准(intent test),可能会存在多个原件,如同一批发行的报纸、杂志和一式几份的合同等。影像的原件包括负片和由此冲洗出来的任何胶片。[1]综上,最佳证据规则要求出示书写品、录制品和影像的原件,而不规制该三类证据之外的证据,在书写品、录制品和影像之外,是否提供原件则是一个诉讼策略的问题。

(3)不适用最佳证据规则的情形及其与相似证据规则的区分

考虑到最佳证据规则的原理是确保书写品、录制品或影响内容或措辞的精确性,以防止差之毫厘谬以千里的危险,关于最佳证据规则适用的一个前提是提出该书写品、录制品或影像的原本或复制品是为了证明书写品、录制品或影像的内容。反之,如果提出该类证据的替代品并不是为了证明该证据的内容,则不适用最佳证据规则。[2] 此处应当与传闻证据规则作出区分:

第一,当提出的书写品、录制品或影像是为了证明其内容存在,但不打算证明其主张内容的真实性时,只涉及最佳证据规则,而不涉及传闻证据规则的适用。例如,淫秽物品案件中影片来证明其内容的不健康,诽谤案中涉嫌诽谤的书写文件来证明其内容的诽谤性,这些都要求提供原件,由于不是用以证明该陈述所主张事项的真实性,因此上述证据不是传闻,不适用传闻证据规则。

第二,当提出的书写品、录制品或影像是为了证明其内容存在,且意图证明其主张内容的真实性时,则应适用最佳证据规则,但也有可能适用传闻证据规则。例如,检察官让看过证人书面陈述的警察出庭就该书面陈述的内容作证,则同时涉及最佳证据规则和传闻证据规则的

---

〔1〕 因为与打印的纸质片相比,负片能展现出更多的色调层次,这样一些微妙的色调差异容易被观察出来。严格来讲冲洗胶片并不是原件,但是出于实用目的,以及色调等级也较好且便于陪审团理解,《美国联邦证据规则》也把冲洗的胶片视为原件。See Jack B. Weinstein & Margaret A. Berger, *Weinstein's Evidence Manual*, Matthew Bender, 1991, p. 9.

〔2〕 例如,被告提出备忘录而非抵押票据原件来证明抵押票据的公司性质、抵押票据的签发日期,由于这些事项独立于票据的内容,因此此处并不适用最佳证据规则。证人关于其存款已经投保的证言被判定充分,并不需要提供原始保单。参见[美]艾伦、库恩斯、斯威夫特:《证据法:文本、问题和案例》,张保生、王进喜、赵滢译,高等教育出版社 2006 年版,第 690 页。

适用。

第三,如果有多种方式来证明过去事件,证据提出者当然可以不选择使用书写品、录制品或影像的内容来证明,而是选择证人出庭以自己独立观察的亲身知识来作证,此时也无最佳证据规则适用的余地。例如,一位线人偷听了一次谈话的内容并对其秘密录音,控方可以选择让该线人出庭就其亲自听到的内容作证,则不适用最佳证据规则。如果让听过录音的警察出庭就其从录音中听到的内容作证,则应适用最佳证据规则。此外,最佳证据规则与验真法则也不同,书写品、录制品或影像的验真是证明该证据就是证据提出者所主张的证据,影像的验真需要摄影者或其他目击者证明其描述的物体或场景是精确和真实的表示,这被称为画面证言理论(Pictorial Testimony Theory)。当影像是自动制作而没有目击的证人时,如 X 光片和自动监控录像,则根据《美国联邦证据规则》第 901 条(9)的规定描述制作过程的可靠性也可对其验真,这被称为沉默证人理论(Silent Witness Theory)。[1] 这些物品的验真管控的是这些证据与所宣称的证据的同一性,而最佳证据规则管控的是主张这些物品内容的精确性。有时验真和最佳证据规则会同时适用,这多发生在电脑打印输出品(computer print – outs),此类证据的验真需要描述电脑打印输出的过程和系统,并表明该过程或系统产生了准确的结果。此外,对方可能会提出最佳证据规则的异议,主张最佳证据是电脑上的记录而非打印输出品,或者最佳证据是转化为数据的原始纸质记录而非电脑上的记录。[2] 一般根据原件的定义或副本的例外,都可反驳此种异议。

---

〔1〕 See Paul C. Giannelli, *Understanding Evidence*, Lexis Nexis,2009,p. 381 – 382.

〔2〕 主张最佳证据是电脑上的记录而非打印输出品,这种反对通常是不成功的,因为《美国联邦证据规则》第 1001 条(d)关于原件的定义明确:对于电子形式存储的信息,原件是指准确反映该信息的任何打印输出品。主张最佳证据是转化为数据的原始纸质记录而非电脑上的记录时,根据《美国联邦证据规则》第 1001 条(e)的规定,这是通过准确复制原件的机械、电子技术制作的对等物,属于副本。根据《美国联邦证据规则》第 1003 条的规定,如果对原件没有产生真诚的疑问或者采纳副本不会导致不公平,则该副本同原件具有同等程度的可采性。See Steven L. Emanuel, Founder & Editor – in – Chief, *Evidence*, Wolters Kluwer Law & Business, 2013, p. 484.

（4）最佳证据规则的例外

《美国联邦证据规则》第1003条到第1007条设置了最佳证据规则的几种例外：第一，原则上副本（duplicate）与原件具有同等程度的可采性，除非对原件的真实性产生了真诚的疑问或者采纳副本来代替原件会导致不公平。该例外的理论基础是现代复制技术的准确性使得副本和原件能被同等对待，因此副本必须是“通过准确复制原件的机械、影像、化学、电子或其他相当过程或技术制作的对等物”〔1〕。第二，在不能提出原件能够得到合理的解释时，则例外地允许其他二手证据。合理的解释有以下四种：一是“原件已经丢失或损毁且并非证据提出者恶意丢弃或损毁”；〔2〕二是“通过可以利用的司法程序仍得不到原件”；〔3〕三是“该原件处于提供原件所要反对的当事人控制之下且通

〔1〕 这也意味着手抄的复制件不是副本，录制品的书面记录稿也不是副本。因为这些都不是具有可靠性的现代技术手段制作出来的。

〔2〕 这属于原件丢失或损毁的例外，这需要确立以下基础性事实：原件丢失和损毁的证明，以及该丢失或损毁是偶然或善意的且并不是为了阻止原件作为证据使用。原件丢失和损毁的证明，可以使用直接证据来证明，但通常提供的只有情况证据，即对该书证采取了适当的搜索方式，但没有发现它，这种证明的充分性取决于寻找的全面性和恰当性。通常情况下，当文书被知晓最后在某一特定的地点或者由某人持有时，那一场所必须被搜索，那个人应当被提出。法官在判断时需要考虑文书的重要性和失控时间的长短，以此决定搜索达到何种程度时才可以推断文件丢失或损毁。参见［美］约翰·W. 斯特龙主编：《麦考密克论证据》，汤维建等译，中国政法大学出版社2004年版，第472～473页。

〔3〕 这属于第三人持有的例外，区别于对方持有的例外。关于何时满足这个例外，美国法院有两种不同的做法且都有一定量的支持者，一种做法是只要证明文书本州以外的人持有或者超出法院程序所能达到的范围，就可免除原件地提供。另一种做法是，在采用二手证据前，要求提出人说明他为了从持有人处获得原件已经进行了合理的努力但是无效，或者说服法官相信即使尽了这样努力也是徒劳的。参见［美］约翰·W. 斯特龙主编：《麦考密克论证据》，汤维建等译，中国政法大学出版社2004年版，第473页。

知了该当事人后其仍不提出”;[1]四是该书写品、录制品或影像与关键问题没有密切联系。第三,公共记录的例外。该例外是指公共记录的复制件(copy),[2]如果通过公共记录的自我验真的方式核证或者通过证人证言证明是准确的,则具有可采性,而不要求提出原件;如果经过合理努力仍无法得到该类复制件,则其他关于公共记录的二手证据也有可采性。其理论基础是要求提供将这些原件从保管场所带走,将会给需要查询或参考这些原件记录的公众带来不便,且会造成原件丢失或损毁的风险。[3] 第四,卷帙浩繁的书写品、录制品或者影像的例外。这主要是指,如果证据提出者证明不方便在法院审查卷帙浩繁的书写品、录制品或者影像的内容,可以允许其使用概要、图表或者计算。但是需要履行一定的程序,即证据提出者应当准备原件和副本,供其他当事人在合理的时间和地点加以审查或复制,法院也可命令证据提出者将原件或副本在法庭上出示。此处的概要应当区分于审判中已经被采纳的证据进行总结和展示,后者受提出证据的方式和顺序的规则以及《美国联邦证据规则》第 403 条的规制。第五,对方当事人自认的例外。如果证据的提出者使用二手证据所要反对的当事人的证言、证言存录或书面自认,来证明原件的内容,则证据提出者可以不提出原件。[4] 其理论基础是,对方承认了相关内容,提出原件就无必要。

---

〔1〕 这属于对方当事人持有的例外。试图使用二手证据的一方,应当证明三个事实:一是对方拥有原件;二是他已经告知对方需要原件;三是对方拒绝或未能出示。John H. Wigmore, *A Students' Textbook of the Law of Evidence*, The Foundation Press, INC, 1935, p. 222. 通知的目的是告知对方举证人在审判中对该原件的需要,如果该原件就在法庭之内,或者通过诉辩状知悉了对该原件的需要,则无须再另行通知。

〔2〕 此处复制件的概念大于副本(duplicate)的概念,《美国联邦证据规则》第 1001 条(e)对副本的定义是通过准确复制原件的机械、影像、化学、电子或其他相当过程或技术制作的对等物,而复制件并没有这种技术上的要求。

〔3〕 参见[美]约翰·W. 斯特龙主编:《麦考密克论证据》,汤维建等译,中国政法大学出版社 2004 年版,第 474 页。

〔4〕 值得注意的是,口头自认并不符合本条规则,因为口头自认的不准确性风险太大。See Fed. R. Evid Committee Notes on Proposed Rules, Cornell Law School, https://www.law.cornell.edu/rules/fre/rule_1007.

2. 大陆法系的类似替代措施

与美国精细的最佳证据规则相比,大陆法系很难找到最佳证据规则的立法例。但是,最佳证据规则所要解决的二手证据的不精确性问题在大陆法系同样存在。大陆法系一些国家和地区通过以下途径解决此类问题。首先,通过确定法庭调查证据的范围的方式来判断是否为最佳证据。在德国,当其他的证据和被申请的证据一样可靠时,法官会拒绝该证据申请,〔1〕反之,当申请调查的证据比其他证据更为可靠时,则允许对该申请证据进行调查。问题是,如果申请调查的这个原件无法获得,根据《德国刑事诉讼法》第244条第3款的规定会被驳回申请,这就间接承认了文书、录制品或影像的二手证据的证据能力。这类似于美国的通过可资利用的司法程序得不到任何原件时而采纳二手证据的情形。其次,调查原则和法官澄清事实的义务也会促使法官依职权或依申请收集更有价值的原件,这相当于给了反对方一次让法院协助寻找原件的机会。例如,《德国刑事诉讼法》第244条第2款规定,法院依职权应当将证据调查涵盖所有对裁判具有意义的事实和证据材料,原件当然属于这种证据材料。要求原件的一方可以向法院申请调查该原件。在调查申请满足了形式要求后,法庭基于调查原则和澄清事实的义务就不能拒绝此类申请,而必须努力寻找和收集被申请的证据,“除非存在拒绝申请的特别理由,拒绝申请必须由全体法庭作出说明理由的决定”〔2〕。即使在转向当事人主义的日本,其《日本刑事诉讼法》仍然规定了职权调查原则。〔3〕 最后,通过对证明力的自由心证来否决不可靠的二手证据,或者至少降低此类二手证据的证明力,以此种实践倒逼举证者提出证据原件。例如,德国联邦最高法院允许证件文

〔1〕 参见[德]罗科信:《刑事诉讼法》,吴丽琪译,法律出版社2003年版,第424页。

〔2〕 [德]魏根特:《德国刑事诉讼程序》,岳礼玲等译,中国政法大学出版社2004年版,第157页。

〔3〕 参见《日本刑事诉讼法》第298条第2款,该款规定:“法院认为必要时,可以依职权调查证据。”但是从其贯彻当事人主义的方针来看,职权主义只是一种补充手段。职权性证据调查的可能性、必要性、调查的范围,都较当事人请求的证据调查要低、要窄。参见[日]石井一正:《日本实用刑事证据法》,陈浩然译,台北,五南图书出版公司2000年版,第219页。

书的影印本代替原本作证据调查时的客体,不过法院也应知悉这类影印本只有较少的证据价值。[1] 只是此种允许会损害法院的澄清义务。综上所述,基于调查原则的普遍存在,在大陆法系的国家和地区的刑事诉讼中,试图通过类似于最佳证据规则的方式排除二手证据,几乎是不可能的,因为在无法得到原件时,基于查清事实的义务,有二手证据总好过什么也没有。

但有时采纳二手证据的行为本身就是不公正的,所以在美国的规定和实践中,即使是具有可靠性的副本,如果采纳副本代替原件将导致不公正,也会排除该副本。[2] 如果二手证据的提出者恶意丢弃或损毁了原件,那么这些二手证据就不可采纳,除非他能证明这种损毁是偶然或善意的,而且不是为了阻止原件作为证据使用。[3] 这种基于公正或任何人不得从自己的过错中获益的原则排除二手证据的做法,在大陆法系似乎是不可思议的,因为法官所负有的查明真相的义务需要通过这种有证明价值的二手证据来实现,如果其排除了仅剩的二手证据,那么势必会损害这种查明真相的义务。至于此类二手证据的证明力如何,则经法庭调查后交由裁判者自由心证。一些细微的区别还表现在,如果原件为对方当事人所持有,且二手证据的提出者已通知该当事人需要该原件,如果当事人不出示,根据《美国联邦证据规则》的规定,可以直接采纳该二手证据。在大陆法系的刑事诉讼中,在上述情形下,当事人很可能申请法院调查取得该原件,法院基于调查原则也可依职权命令持有原件的当事人提交该原件,而非直接采纳该二手证据,因为这与其调查原则要求法官澄清事实的义务不相符。值得注意的是,如果考虑到美国的最佳证据规则主要适用于书写品、录制品或者影像与关

---

〔1〕 参见[德]罗科信:《刑事诉讼法》,吴丽琪译,法律出版社2003年版,第439页。

〔2〕 如果只是原件的一部分被复制,而当未被复制的部分为交叉询问、揭露被复制部分的资格或以其他方式对对方当事人有用,则会引起公平性的问题。See Fed. R. Evid Committee Notes on Proposed Rules, Cornell Law School, https://www.law.cornell.edu/rules/fre/rule_1003. 在一起窃取社会保障支票的案件中,采纳支票的不完整复印件被上诉法院认为是错误的。See United States v. Alexander, 326 F. 2d 736 (4th Cir. 1964).

〔3〕 参见[美]约翰·W.斯特龙主编:《麦考密克论证据》,汤维建等译,中国政法大学出版社2004年版,第473页。

键问题有密切联系的情况，如果与关联问题无密切联系，则构成最佳证据规则的例外，可以使用二手证据，再考虑到澳大利亚等国已经废除了该证据规则，那么大陆法系与英美法系在是否要求必须使用原件上差异并不是很大。

在这里，需要进一步对大陆法系的法定证据制度和直接原则与最佳证据规则做区分。二者乍看起来有表面的相似性，但是细究之后会发现，前者恐怕无法等同于后者。一方面，法定制度虽然也有某一证据形式优于另一证据形式的规定，但是正如前文所述，这是对证据证明力的分量的规定，而非对证据能力的规定。而且，这往往是一个独立的证据与另外一个独立的证据的证明力的比较，而非原件与复制件的比较。即使存在这方面的比较，在原件无法取得时，其也无意于排除描述原件内容的二手证据，只不过是赋予此类二手证据的证明力的分量较低而已。另一方面，直接原则虽然有出示与待证事实联系最密切的原始证据的要求，但是从直接原则的发展沿革可知，其原先所欲迫切解决的问题是书面秘密审查的弊端，故其重心放在传闻书面上，甚至不及于传闻证人。[1] 因此，我们从《德国刑事诉讼法》第 250 条看出，其要求的"询问不得以宣读先前询问笔录或书面陈述代替"并无意于规制描述书写品、录制品和影像的二手证据。因此，如果把直接原则等同于最佳证据规则，显然是不合适的。

第三节　我国证明政策规则的构建

证明政策规则在刑事证明中发挥着不可或缺的功用，大陆法系虽然没有一套证明政策规则，但一系列替代制度也发挥着证明政策规则的功能，确保刑事证明过程不受不可靠证据的支配。我国以往认为大陆法系不存在证明政策规则或类似措施的观点实质误导了我国证据制度的改革，导致我国既没有体系化的证明政策规则，又没有类似于大陆

---

〔1〕 参见陈运财：《直接审理与传闻法则》，台北，五南图书出版公司 2001 年版，第20～21 页。

法系的替代制度，进而导致刑事证明时刻面临着不可靠证据的冲击。在我国证据能力向体系模式转变的过程中，有必要构建起现代证明政策规则。

一、中国关联性规则的具体化

在我国司法实践中，对关联性的质证长期以来面临空洞化的现象，质证者很难提出一个准确的方式去质疑证据的关联性，裁判者也往往基于经验去判断证据的关联性，而无法给出一个准确的判断框架。证据的关联性的空洞化将会导致“不具有相关性”或“证明价值被偏颇效应严重超过”的证据混入法庭调查的范围并影响事实裁判者的心证，因此，有必要对我国关联性规则进行具体化改造。

（一）逻辑关联性的具体化改造

我国2018年《刑事诉讼法》第50条第1款对关联性的规定较为抽象，缺乏对附条件的关联性和关联性限制条款的规定，而传统的证据三性说对关联性的定义较为原则，把关联性视为证据与案件的联系，无法提供一个可操作的检验标准。例如，在一起玩忽职守案的审理中，辩护律师提出，公诉人提出的调查报告等证据，与被告人玩忽职守、不认真履行查处超载的指控不具有关联性。法院在论证时指出：“关联性是指作为证据内容的事实与案件事实之间的联系，侧重于证据与证明对象之间的形式性关系，不涉及证据的证明价值。”据此驳回了辩护人的异议。[1] 法院既未分析待证事实对确定诉讼的重要意义，也未分析证据对待证事实的证明价值。而是把关联性抽象地界定为证据与证明对象的形式性关系，这种判断略显粗糙，无法为证据的关联性提供可操作的标准。在未来修法中，建议对《刑事诉讼法》第50条第1款进行重塑，基本的思路有以下两点：

第一，细化关联性的定义。关联性定义的细化，是运用可操作的关联性标准进行证据审查的基础。在这方面，我国宜放弃大陆法系对关联性不加以规定而作为当然之理的不作为状态，而可以采取“原则规定关联性条款再规定关联性的限制事由”的立法模式，细化证据关联

---

〔1〕 参见山西省泽州县人民法院刑事判决书，(2015)泽刑初字第126号。

性的定义,即把该款替换为“倾向于证明或反证案件重要事实的证据有关联性”。此外,为明确关联性与证据能力之间的关系,有必要进一步作出以下规定:“除宪法、法律或最高人民法院制定的证据规则另有规定外,关联性证据具有证据能力。”这样逻辑关联性就与证据能力联系了起来。

第二,明确逻辑关联性的判断要素。细化关联性的定义后,应当明确逻辑关联性的两个判断要素。一是该证件必须具有证明或反证案件事实的倾向性,即与没有该证据相比,有该证据将会使待证事实更可能或更不可能的任何倾向。这种倾向性对证据的证明价值要求是非常低的,也可视为最低限度的证明价值。以此最大限度地容许证据,也免去了限定证据种类的烦琐。而是否具有这种倾向性则依赖法官的经验概括,即该问题完全交由法官判断。二是待证事实必须是案件的重要事实。这里的重要事实主要是犯罪构成要件事实,而非其他事实。至于量刑事实,在定罪和量刑程序分离后,则应当在量刑程序中予以判断。这样证据的关联性就与犯罪构成这一实体法要件相联系。这样作为证据能力规则的逻辑关联性规则的内涵和边界就变得清晰起来,便于司法实务人员依照该标准进行判断。而且,把排除有关联性证据的范围限定在宪法、法律和最高人民法院的规定之内,有利于最大限度地容许证据,避免证据规则的零碎化和不统一。

(二)关联性限制事由的补充

对逻辑关联性规定只是剔除了那些不具有最低限度证明价值或证据要素性事实指向的不是案件重要事实的证据,这固然有利于最大限度地容许证据,但无法堵截那些其证明价值严重被偏颇效应所超过的证据。正如前文所述,严格来讲,我国并不存在基于偏颇效应而限制关联性的规则,但是,实践中确实存在基于浪费时间或明显重复等原因拒绝调查某一证明价值较低的证据的做法。当下迫切需要做的是把这些实践整合起来,形成一个明确的关联性的限制事由,以便于司法实践中实务人员的援引和判断。需要注意的是,此类规则的补充应当配合二元制法庭的改造同时进行,如果不存在二元制法庭,参考此类证据规则应特别慎重。

第一,我国尚没有必要悉数规定关联性的限制事由。因为这些关联性的限制规则大多数是基于其本国的问题和实践来设计的。例如,美国的被害人性行为和性洁癖的限制规则,就是为了解决其国内突出的性侵被害人因害怕日后司法程序中的类似诘问而不愿意报案的情况。我国被害人很多时候不用出庭作证,就目前来看尚无专门规定的必要。此外,关联性的限制事由要结合本国的问题和实践,这也意味着许多事由有待我国司法经验的总结。从这个层面讲,我国也应给予基层法院发展这种限制事由的权力,鼓励基层法官解释法律,甚至是续造法律,不能过度地限制法官创造性的解释法律的权力。

第二,我国需要规定的是裁量限制关联性的规则。作为一种限制的原则,我国有必要赋予法官裁量限制关联性的权力,给法官限制证据关联性提供一定的操作空间。未来修法可以作出以下规定:“当证据的证明价值被下述一个或多个偏颇效应所超过时,法院可以排除该证据:明显重复、浪费时间、不当拖延、混淆争点和不公平的损害。”这样法官就可以在实践中具有较大的排除证据的自由裁量权,这可以被视为证据裁量排除的总括性条款。除此之外,我国不宜过多规定证据的裁量性排除规则,以使证据能力规范保持较为明确的可预期性。此外,鉴于我国理论和实务中总是误解证明价值和证据的可信性,我国在该条款后也可再加一句:“证明价值的判断不涉及证据的可信性,法院应在假定该证据可信的情况下判断证据的证明价值。”

第三,我国可根据当下的实践需求规定品格证据规则。虽然我国强制性限制关联性的规则应当在实践中根据裁量限制规则进行探索,但是,考虑到我国审判中大量使用被告人前科证据的情况,而且,正如前文所述,我国在适用品格证据时存在一些混乱现象,因此我国有必要单独规定品格证据规则。未来立法宜原性规定“禁止依照品格证据进行习性推论”。同时,根据品格证据规则的一般理论,进一步规定可以使用品格证据的例外情形。例如,被告人开启的例外,特定情形下被害人品格使用的例外,用于弹劾和正誉以及证明动机、机会意图等特定事项的例外。

(三)附条件的关联性之增设

我国司法解释虽然涉及了附条件关联性的问题,但是解释者把其作为一个真实性问题来对待,应是忽视了附条件关联性的存在。我国有必要规定附条件的关联性的条款，并把验真和证人的资格作为附条件关联性的重点问题予以单独规定。至于最佳证据规则中包含的附条件关联性问题，则可在最佳证据规则中一并规定，以维持证据规则的体系性。与上述关联性的限制事由相同，附条件的关联性的有效实施依赖一个二元制的法庭，因此，在决定进行二元制法庭改造前，我国附条件关联性的增设也应保持一定的克制，否则很可能无法达到预期的效果。这里主要对证人的亲身知识和验真问题作详细说明。

我国立法宜明确：证人对作证事项必须具有亲身知识。证人对作证事项具有亲身知识是证人作证的基础，也是证人能否如实作证的关键。基于前文所述的冤假错案的教训，未来修法，我国宜明确把其规定在证人的资格中，作出以下规定："只有在有证据足以认定普通证人就某一事项具有亲身知识的情况下，该证人才能就该事项作证；证人在作证前应当确认对作证的事项具有亲身知识。"此外，证人对作证事项是否具有亲身知识，多依赖证人自己的证言以及法庭上控辩双方对证人的交叉询问。鉴于我国证人普遍不出庭作证的情况，还应当规定："对方当事人对证人是否具有亲身知识有疑问时，证人应当出庭作证。"以此强调证人出庭作证的必要性。

我国立法宜对验真作单独规定，并注意特殊证据的验真。我国关于验真的规定较为零散，可以把相关规定整合在一起对验真法则作一个总括性规定："证据提出者应当提出足够的证据证明其提出的证据就是其所主张的证据。"我国可列举的证据验真方式如：知情人的证言、辨认、专家证人的比对、关于过程或者系统的证据以及证据保管链条的完好等。作出该规定的目的是方便在验真时指出证据提出者需要证明的基础性事实。至于自我验真的证据可以重点规定公文书和公共出版物、经核证的关于常规活动的国内外记录等，具备自我验真的证据只是表明其不需要提出外部证据（extrinsic evidence）来支持验真，其仍然需要表明该证据符合自我验真证据所应具备的特征。从理论上讲，以下几类证据的验真问题值得我国特别注意，因为，在我国传统上都把它们视为书证或笔录类证据，更多地关注其程序问题，而忽视其本身的验真。

第一，应当注意地图、模型、图表和摘要等展示性证据（demonstrative evidence)的验真。在我国,这些展示性材料有时被视为书证,或不被作为证据使用。但是此类证据在帮助说明有关待证问题时有一定的价值。展示性证据在广义上相当于实物证据(real evidence),狭义上则指本身并无证明价值,但可用来说明或澄清有争议的事实问题的实物,[1]其常在狭义上使用。[2] 此类展示性证据的验真需要证明其准确地表现了其意图描述的事物。只要法官认为经验真的展示性证据对事实裁判者有帮助作用,且没有被裁量限制关联性的规则所排除,则一般应肯定此类证据的证据能力。

第二,应注意示意和实验的验真。在我国司法实践中也存在法庭上的示范,有时也存在法庭上的小实验,但是大部分实验是法庭外侦查机关所做的侦查实验,此类证据的验真在我国传统上未能得到重视,但也有例外,在张氏叔侄冤案中警方使用的侦查实验就作为原审的证据得以采纳。从证据理论上讲,是否容许示意(demonstrations)和实验,法官通常有自由裁量权,如果法官认为他们的证明价值超过了其偏颇效应,一般会肯定此类证据的证据能力。常见的示意证据如原告或被害人展示身体受伤的部分,但如果伤者通过积极行为或操作表现伤害对其造成的实际影响,则法庭通常不情愿允许此类展示。当然,示意证据需要表明其现在的展示与争点事实具有相似状况(similarity of conditions)。实验可分为法庭内实验和法庭外实验,法官有权根据裁量限制关联性的规则决定是否允许法庭内和法庭外的实验,法庭内或法庭外的实验将会特别关注实验和原事件是否有足够的相似状况。[3] 在这里,"相似状况"的要求被视为验真应考虑的重要因素。[4] 我国在对实验和示意证据验真时可参考此类做法,把状况的相似性纳入此类

---

〔1〕 参见薛波:《元照英美法词典》,法律出版社 2003 年版,第 396 页。

〔2〕 此类展示性证据的证据地位常常不清晰,在任何可能的时候,法庭会把此类证据纳入证人证言,并作为上诉需要的记录的一部分。因此,此类展示性证据需要留存,否则上诉法院就无法理解证人的证言。See Steven L. Emanuel, Founder & Editor – in – Chief, *Evidence*, Wolters Kluwer Law & Business, 2013, p. 484 – 485.

〔3〕 See Steven L. Emanuel, Founder & Editor – in – Chief, *Evidence*, Wolters Kluwer Law & Business, 2013, p. 486 – 487.

〔4〕 参见[美]艾伦、库恩斯、斯威夫特:《证据法:文本、问题和案例》,张保生、王进喜、赵滢译,高等教育出版社 2006 年版,第 224 ~ 226 页。

证据验真的重要考虑因素。

第三,应注意勘验性质及其验真问题。在我国,现场勘验多由侦查人员完成,而事实裁判者很少亲自勘验,裁判者只是通过阅读相关的勘验笔录和照相来完成对勘验对象的认知。在美国,对勘验是否属于证据存在不同见解。一些司法区认为勘验不是证据,它仅帮助事实裁判者理解和评估证据。这种形而上的区分对陪审团不起作用,因为把证明描述从他们于现场获得的个人知觉和回忆中隔离出来是令人存疑的。现代联邦当局一般拒绝这种语义上的遁词,而认为勘验构成证据。[1] 现场勘验通常指陪审团和法官到一个特殊的地方实地参观和观察。勘验的对象还可以扩展到人身和不动产。[2] 是否进行现场勘验,法官有自由裁量权。[3] 在刑事案件中,许多州的制定法都要求法官出席勘验,被告人拥有让律师参与勘验的宪法权利。但是,尚不确定被告人是否有亲自参加勘验的宪法权利,现代当局表示被告一般应当被允许参与勘验,在勘验中作出陈述或证言要提交给陪审团时,被告人出席勘验的权利很可能有宪法基础。[4] 在众多案件中,勘验过程中会出现一些非权威的评论、显然的传闻或者其他不正当的事件,这时法官出席勘验以裁量证据的可采性,规定恰当的记录的准备工作,被认为是防止此类事件发生的最好保证。[5] 勘验的验真较为容易,验真的要求

---

〔1〕 See Christopher B. Mueller & Laird C. Kirkpatrick, *Evidence*, Wolters Kluwer Law & Business, 2012, p. 1157 – 1158.

〔2〕 参见[美]约翰·W. 斯特龙主编:《麦考密克论证据》,汤维建等译,中国政法大学出版社2004年版,第445页。

〔3〕 法官在裁量时需要考虑以下因素:一是通过现场勘验获取的信息对案件有多重要;二是这些信息能否通过地图、照片、表格或其他法庭内的证据来获得;三是将被勘验的物体或场所是从事件后被大大改变了原貌。法官是否参与勘验应分情况而论,在民事案件中,法官通常不需要参与,被雇佣的陪同勘察员(showers)、陪同陪审团去勘验,律师和当事人通常被允许参加。See Steven L. Emanuel, Founder & Editor – in – Chief, *Evidence*, Wolters Kluwer Law & Business, 2013, p. 485 – 486.

〔4〕 See Christopher B. Mueller & Laird C. Kirkpatrick, *Evidence*, Wolters Kluwer Law & Business, 2012, p. 1157.

〔5〕 参见[美]约翰·W. 斯特龙主编:《麦考密克论证据》,汤维建等译,中国政法大学出版社2004年版,第446页。

是：证明勘验的现场与诉讼事件有关，而且陪审团被告知了在条件上任何显著的变化。[1] 在我国的一些复杂刑事案件中，律师也会亲自到现场勘验，有时辩护方也会申请作为事实裁判者的法官甚至合议庭全体人员到现场勘验。此时法官可参照上述美国法官裁量的因素，判断现场勘验的必要性。如果法官裁定不进行现场勘验，则在对方的异议下，应对控方提供的勘验笔录和现场照片、录像进行验真。

二、辅助证明政策的体系建构

在关联性和附条件的关联性规则之外，辅助证明政策规则也是我国构建证明政策规则的一个重要部分。正如前文所述，我国辅助证明政策规则的构建宜与我国以真实性为核心的质证传统相衔接，在该种传统上提出我国辅助证明政策规则建构的路径。

（一）真实性保障规则和探究规则的分立

在我国的质证传统中，证据的真实性往往被作为一个重要的质证点。真实性在我国有时也被称为客观性，我国传统理论对证据客观性的界定主要指向"证据必须是客观存在的事实"，即强调证据的真实性。法律文件中以真实性取代客观性似乎已成为一种明显的趋势。[2] 我国传统学说对真实性的解释较为抽象，无法充当起证据审查的标准。而且，真实性在证据能力判断和证明力的判断上并未作区分，有把证据能力和证明力混为一谈的倾向。

应注意区分"对证据真实性的保障规则"和"对证据真实性的探究规则"。"对证据真实性的保障规则"属于证据能力规则，它侧重于对保障证据真实性的外部形式和程序性内容的审查，其主要功能是保障证据实体性内容在形式上的可靠性，等同于前文所讲的证据政策规则。"对证据真实性的探究规则"属于证明力的评价规则，如自由心证原则和印证规则。真实性的证据能力化应重点关注的是真实性保障规则，并使之具体化，以真正发挥真实性作为证据资格标准的作用。笔者认为，我国证据真实性的证据能力化，应当把真实性的探究规则从"真实

---

〔1〕 See Christopher B. Mueller & Laird C. Kirkpatrick, *Evidence*, Wolters Kluwer Law & Business, 2012, p. 1156.

〔2〕 参见陈光中：《证据法学》，法律出版社 2015 年版，第 150 页。

性”中分立出去，而重点拓展真实性保障规则，即为保障证据的真实性而存在的排除规则，当证据因其形式或内容而使其真实性在表面上看起来不可靠时，则应当排除该证据。这就是辅助证明政策规则，这类规则的范围包括传闻证据规则、意见证据规则和最佳证据规则。这种分类可以有效填补司法实践中对证据真实性质证时空洞化，从而把证据的真实性真正改造为证据能力规则。以真实性为核心的质证方式经证据能力化的改造后，其关注的不再是证明力问题，而是证据能力问题，即证据能否经受传闻证据规则、意见证据规则、最佳证据规则等辅助证明政策规则检验的问题。

未来立法宜把“真实性的保障规则”作为辅助证明政策规则予以充实。立法宜区分证据真实性的保障规则和真实性的探究规则，分别设置证据能力条款和证明力判断的条款。第一，应在证据能力的条款之外规定证明力的条款。由此实现证据真实性保障规则和探究规则从传统的真实性质证方式中分化出去，成为一项单独的证明力评价规范。例如，《德国刑事诉讼法》第 261 条和《日本刑事诉讼法》第 318 条规定“证据的证明力，由法官本于庭审中形成的心证自由判断，但不得违背逻辑和经验”。第二，在证据的真实性保障规则立法方面，宜在立法上把真实性的保障规则作为辅助证明政策规则予以充实。我国现行《刑事诉讼法》并没有规定传闻证据规则，也未明文规定意见证据规则和最佳证据规则。2018 年《刑事诉讼法》第 50 条第 3 款的“查证属实”虽包含了真实性保障规则和真实性的探究规则，但字面表述过于宏观、抽象和隐晦。未来修法宜细化真实性保障规则，另辟条款专门规定完整的传闻证据规则、意见证据规则和最佳证据规则，并根据需要分别设计各规则的一般条款和概括条款。

（二）我国确立传闻证据规则的具体设想

1. 确立我国传闻证据规则的必要性

通过当事人主导推动证人出庭作证的改革需要传闻证据规则的支撑。由于传闻证据规则的缺失，我国至今无法有效治理证人不出庭作证的难题。治理证人不出庭作证的传统思路是“加强官方在证人出庭作证的主导作用”。例如，确立强制证人出庭作证的程序，保护出庭作证的证人的各项权益。但是，这种官方主导的思路是证人出庭作证的基础性保障,而非证人出庭作证的动力。我国解决证人出庭作证的思路应当把重心从“官方主导”转移到“当事人推动”上。因为,负有义务推动证人出庭作证的是提出该证人的一方,仅在提出证据一方无法说服证人出庭作证时才可申请法庭强制传唤该证人出庭。而保障当事人督促自己证人出庭作证的动力正是传闻证据规则。也只有在当事人无法说服自己的证人出庭作证,其先前证言笔录将不被允许在法庭出示的情况下,当事人才会积极采取一切措施促使自己的证人出庭作证。把此种责任分摊到各方当事人身上的做法是最为经济和有效的做法。

对质诘问权的保障和发现真实的目的也要求设置传闻证据规则。在诉讼中,被告人享有与不利证人的对质权,而控辩双方对证人的交叉询问是发现真实的一大利器。从这个层面上讲,我国也有必要规定传闻证据规则。虽然我国也有反对传闻证据规则的声音,但其思路多囿于诉讼模式、法律传统、诉讼文化及配套制度缺失等。[1] 事实上,这些有的是传闻证据规则缺失的果,而非因;还有一部分是未来司法改革所要努力破解的问题。正如有学者所言,仅仅因这些障碍的存在就否定传闻证据规则,显然有因噎废食之嫌,规定传闻证据规则有利于保障人权、发现真实并强化庭审功能。[2] 因此,在证人普遍不出庭作证和冤假错案频发的现实下,我国不宜再对设置传闻证据规则的必要性无休止地争论下去。当务之急是如何有效地设计我国的传闻证据规则。

2. 确立我国传闻证据规则的思路

传闻证据规则和直接言词原则都贯彻了“促使证人出庭作证并保障被告人对质权”的证明政策,两种制度都镶嵌于自身的制度体系和诉讼模式之中,都有自身的优势与不足。从长远来看,传闻证据规则对上述证明政策的贯彻更为彻底且符合我国以审判为中心的诉讼制度改革的方向,未来可依此方向构建我国的传闻证据规则。至于我国传闻证据规则的立法模式则可坚持通行的原则加例外的方式,为准确地理

---

〔1〕 参见汪容:《传闻证据规则若干基本问题研究》,载《中国刑事法杂志》2005 年第 2 期。

〔2〕 参见刘玫等:《传闻证据规则的理论与实践》,中国政法大学出版社 2017 年版,第 27 ~ 28 页。

解非传闻,还应附带规定传闻的定义。

(1)我国宜先规定传闻的定义和禁止传闻的原则

关于传闻的定义,我国立法可参考美国的规定,把传闻规定为需满足以下三个条件的证据:一是该证据是一份陈述;二是该陈述在当下庭审之外作出;三是提出该证据的当事人希望用该证据证明该陈述所主张事项的真实性。当一项证据不符合上述三个条件时就是非传闻,对于非传闻自然就无适用传闻证据规则的必要。而且,还应当区分"陈述人"和"证人"这两个概念,陈述人是当前法庭之外陈述该信息的人,而证人则是当前法庭之上叙述陈述人的庭外陈述的人。

关于传闻证据规则的原则,立法可作以下规定:"除法律和最高法院制定的其他规则外,传闻证据不具有证据能力。"这就在原则上否定了传闻证据的证据能力,是一个较为简便的判断方法。

(2)我国宜对传闻的例外分门别类地作一些原则性规定

传闻证据规则还应当规定一些例外,这些例外的基本原理是比较清晰的,也即该传闻本身具有特别的可靠性,或者传闻本身具有一定的可靠性且具有使用该传闻的必要性。

我国有必要规定传闻规则的概括例外和援引传闻例外的前置程序。传闻规则的概括例外是传闻例外的兜底条款,对此有必要作概括规定。未来修法可对概括例外作以下规定:"当符合下面两个条件时,肯认传闻的证据能力:一是该陈述在可靠性上具有特别的情况保证。二是该陈述被提供作为重要事实的证据,与证据提出者通过合理努力所能获得的任何其他证据相比,该陈述在其所要表明的问题上更有证明价值。"援引传闻例外的一个前置程序条件不可忽视,这一点需要立法予以特别明确,也即"在审判前,传闻证据的提出者应当向对方当事人提供该陈述的意图、陈述的细节、陈述人的姓名和住址,以使对方当事人有公平的机会对此予以回应"。也只有在履行了该程序之后,符合传闻例外的陈述才具有证据能力。

我国还有必要规定传闻规则的具体例外。至于如何规定我国传闻规则的具体例外,则取决于立法者在立法过程中的利益权衡。但是,基本的思路还是离不开传闻例外的一般原理。

第一,传闻的具体例外的第一种原理是:在传闻本身就具有特别的可靠性时,无论陈述人能否出庭都可以作为传闻的例外而采纳。此类属于《美国联邦证据规则》规定的 23 种例外。正如前文所述,这些情况主要是陈述人在说话时的动机、陈述与感知之间的时间间隔、对陈述的审查要求、进行准确报告的法律职责等,这些都保证了陈述具有特别的可靠性。值得注意的是,在这些例外中,记录类传闻在我国往往被视为书证。例如,日常活动的记录、公共记录、人口统计公共记录等,在我国往往被视为书证,直接在法庭宣读即可。但是,严格来讲,其符合传闻的定义,把其视为传闻的例外更具有合理性。因为该陈述不仅包括口头主张,还包括书面主张,它是在当下庭审外做出的,用其来证明笔录主张的真实性。此外,即时感觉印象、激愤话语、当时存在的精神或情感或身体状况等,也有必要规定在此类例外中。这样可以方便把译员的陈述排除在传闻证据规则之外,因为译员在法庭上的翻译本身就属于传闻。但是,可适用即时感觉印象的例外。

第二,传闻的具体例外的第二种原理是:传闻本身具有一定可靠性且具有使用该传闻的必要性,此时也可以构成传闻的例外。这类例外主要是在证人不能出庭情况下才成立的例外。该种情况下既要明确证人不能到庭的标准,这主要是指非因传闻提出者的错误导致的证人不能到庭的客观情况,也要规定证据具有一定可靠性的情况。这主要包括:先前证言的例外、濒死心态下陈述的例外、对己不利的陈述的例外、关于个人或者家族史的陈述的例外、因不法行为致反对传闻的权利丧失的例外。这些例外可以先考虑我国的问题情况,以问题为导向进行规定。例如,在我国,证人提出方有时会阻挠或变相阻挠己方证人出庭作证。为解决该问题,我国宜明确规定证人不能到庭的标准,并规定对方当事人因不法行为致反对传闻的权利丧失的例外。

(三)证人资格和意见证据规则的完善

我国关于证人资格的规定存在范围较窄的缺陷,前文已有详细论述。未来我国证人资格规则的体系宜统一规定证人的资格和专家证人的资格,并在转型的过程中注意以下问题。

1. 普通证人资格规则的完善

(1)我国现行普通证人资格的规定宜删除,另行规定两项重要条件。我国 2018 年《刑事诉讼法》第 62 条对证人的资格所采取的限制在实践中很少援用，而实践中的做法基本上是原则上肯定证人的资格，把生理缺陷、精神的缺陷或者年幼，视为评价证明效力和可信性的参考。而现有的对证人资格的两种要求，即"能否辨别是非"和"能否正常表达"，只有证人出庭接受询问后才能准确判断。因此，我国关于普通证人的该项资格限制实际上处于无效状态，未来修法宜删除该限制。真正需要规定的普通证人作证资格的条件是：证人对作证事项有亲身知识，并且，证人在作证前需要宣誓或郑重承诺如实作证。这是对证人作证能力的最低限度的要求。

（2）我国宜把证人的范围扩大至被害人甚至被告人，在其作为证人作证时，适用普通证人的资格。我国现行《刑事诉讼法》和司法解释把被害人作为当事人对待，且规定对被害人陈述的审查适用证人证言的审查标准。姑且不论被害人的当事人地位落实得如何，就前文所列的冤假错案的情况来看，把被害人作为证人在法庭进行交叉询问是很有必要的。至于被害人就其被害情况发表影响性陈述，则属于量刑程序中的事情，可以不受证据能力规则的限制。此外，关于被告人能否作为证人的问题，尚有进一步探讨的必要。大陆法系国家多采取否定的态度，而英美法系国家则多采取肯定的态度。在我们作出选择前，可以试着考虑被告人作证的优势：给予被告人选择做证人的机会，是为了避免一些被告人出现"跳进黄河也洗不清"以及"被告人恣意说谎"两个极端情况。一旦被告人选择坐在证人席作证，则就应当按照证人的义务要求其对作证事项具有亲身知识，并在伪证罪的威慑下郑重承诺讲实话，进而接受控辩双方的交叉询问。这样做既有利于查清被告人所主张的一些事实，也有利于减少"被告人恣意说谎"或者"即使被告人说真话时外人也怀疑被告人说谎"的情形发生。[1]

---

〔1〕 因为，根据常人的心理来讲，既然被告人郑重表明愿意接受一旦说谎就受到伪证罪的处罚，其所作证事项的可信性就会增强，至少人们不会恣意地怀疑被告人所说任何话的真实性。在我国许多冤案中，就存在无论被告人如何辩解，法庭都不相信被告人所说的话，最后只有在真凶落网或"被害人"归来后才相信被告人的话。让被告人做自己的证人，让外人看到其对自己的话负责的决心，有利于减少这种依赖真凶落网来平冤的情形发生。而且，在确定是否存在刑讯逼供的基础性事实时，也可以允许被告人作为证人为自己作证。

(3)针对侦查人员、鉴定人、翻译人员以及检察官、辩护人的证人资格,应作区别性的规定。一方面,宜允许侦查人员、鉴定人、翻译人员在证人和职业人员之间转换。我国2018年《刑事诉讼法》第29条和第32条规定,侦查人员、鉴定人、翻译人员担任过本案的证人的,应当回避。这种规定带有明显的职权主义的色彩。虽然这些规定体现了国家立法对于确保上述工作能公正进行的良好初衷,但是,这些人在业务中亲身知悉的事实往往具有重要的价值。现有立法规定此类人作证后就不能在该案中从事其之前的特定工作,让其他人替代其重新从事该工作,显然会大大增加诉讼的成本。更为关键的是,上述做法会导致这些人员为了继续在本案中从事其本职工作,而以各种理由回避作证的情况发生。上述主体在为控辩某一方服务且提供证据资料时,不可避免地会产生立场上的偏见,让其做到完全的客观中立显得有些理想化。尤其是案件的侦查人员,其本职工作实质就是为控诉服务的,很难说侦查人员具有特别的客观中立性。让侦查人员在法庭作证后回避本案的后续侦查,是对司法资源的浪费,也会导致侦查人员不愿意出庭作证。我们可以看到,在当事人主义诉讼模式下,这些人是可以随时进行角色转换的。未来我国在向当事人主义诉讼模式的转变中,应当取消这种不必要的回避限制,允许侦查人员、鉴定人、翻译人员在其职业角色与证人角色之间进行转换。但一个前提是:这些人员在作为证人时应当满足证人资格的要求。另一方面,至于检察官和辩护人是否能作为证人的问题,我国不宜进行一刀切的规定,以避免当事人通过"证人不能再做检察官和辩护人"的规定来排除检察官和辩护人。在向当事人主义诉讼的转型中,应当把该问题交由法官进行裁量,适用裁量限制关联性的规则,也即考虑检察官或辩护人的证言的证明价值是否会被"让其作证可能带来的混淆争点、不公正偏见或拖延诉讼等偏颇效应"所严重超过,以此标准来决定是否允许其作证。

2. 专家证人资格的完善

关于鉴定人和译员的资格,我国对于鉴定人的资格限定过死,其出发点是好的,但是,这种限制导致了这样一种尴尬的局面:在许多事项上,司法实践不得不采纳没有鉴定人资格的检验人的检验报告作为证据。2012年的《刑诉法司法解释》第87条规定,检验报告是作为定罪量刑的参考来适用,但是,鉴定意见本来也是一种参考的证据,事实裁判者在认为其不可信时当然也可以予以舍弃。很显然,检验报告在影响事实裁判者的心证上与鉴定意见并无二致。事实上,司法实践中对检验人的适用变相地扩大了鉴定人的资格,这种扩大是符合现实需求的。因此在2021年的《刑诉法司法解释》中正式承认检验报告可以作为证据使用。

未来修法宜把鉴定人的资格作扩大处理,或把鉴定人和检验人统一作为专家证人,并规定专家证人的资格。立法宜作以下宽松的规定:只要能证明"该专家证人具有专门的知识以帮助事实裁判者理解证据或确定争议的事实",不管其专门的知识是来源于教育、训练和特殊技能,还是来源于经验或知识,[1]都应当肯定其专家证人的资格并让其出庭作证。这就最大限度地满足了司法实践的需要。至于当事一方依照2018年《刑事诉讼法》第197条的规定聘请的有专门知识的人,其资格也适用于专家证人的资格。在此宽松的资格条件下,应通过专家证人出庭作证和交叉询问的制度来保证专家意见的可靠性。此外,我国刑事诉讼并未规定译员的资格,未来修法应当明确译员的资格适用专家证人的资格要求,即具有专门的知识以帮助事实裁判者理解证据或确定争议的事实。

3. 意见证据规则的完善

至于意见证据规则的完善,我国宜分别规定普通证人和专家证人的意见规则。

关于普通证人的意见规则,我国司法解释规定了排除普通证人意见证言的规则,但是,其设定了"根据一般生活经验判断符合事实"的例外。正如前文所言,这种例外的设置混淆了证据能力和证明力,宜把其修正为"合理的基于证人的感知且有助于理解证人证言的除外"。这也就意味着,普通证人陈述意见的条件是:"证人个人认知的事实不能用其他方式表达;虽不能详细叙述但已经对这些事实形成了一个总

---

〔1〕 这些是法官判断专家证人是否具有专门知识的重要依据,这些基础性事实的证明应当由专家证人的提出方进行证明。

体的印象;仅仅陈述事实细节尚不能准确地传达证人所具有的总体印象。"[1]例如,证人对某人的喜怒哀乐的感情,或者强壮、虚弱等身体状况等那些被常人认为可以合理地基于自身感知就能察觉的状况都可包含在意见证据规则的例外范围内。[2] 但是,他人的动机或意图即使合理地基于自身的感知也很难揣测,正所谓"人心叵测"说的也正是这个道理,所以人的动机和意图不可纳入意见证据规则的例外范围内。

专家证人的意见往往具有可采性,但是其在作证问题上应当符合专家证人的资格,这属于证人资格的问题,而且专家意见应当具有可靠性,即基于足够的事实和可靠的原理、方法。我国司法解释对专家证言的可靠性虽要求鉴定程序符合规定或鉴定过程和方法符合相关专业的规范,但是这种标准较为宽泛,容易导致对专家意见可靠性质证的空洞化。正如前文所述的冤假错案有一部分就是因为缺乏对专家证言的可靠性进行判断。为避免类似错误再度发生,可参考 Daubert 规则中的标准中的合理部分,即该理论或技术是否被检验、是否经同行审议并发表、可能存在的误差率、是否存在操作标准以及是否具有普遍接受性。

(四)最佳证据规则的重塑

我国"两个证据规定"和司法解释规定最佳证据规则的尝试值得肯定。但是,正如前文所言,现有规定存在理论上的混淆和制度上的缺失。未来在向体系模式转型过程中,应当对这些混淆进行调整,对缺失部分予以补齐,以使最佳证据规则真正发挥出应有的制度功效。最佳证据规则的重塑宜注意以下几点:

1. 应注意区分验真规则与最佳证据规则。这两个规则所基于的理论有着明显的差别。验真规则要求的是证明该证据就是主张者所声称的证据,其主要是对"提出的证据"和"主张的证据"的同一性要求。而最佳证据规则要求的是关于书写品的内容的主张应当提供书写品的原件。我国司法解释把物证放到最佳证据规则之中,容易产生概念上的

---

〔1〕 张保生主编:《证据法学》,中国政法大学出版社 2014 年版,第 291 页。

〔2〕 这些往往属于普通证人的速记性证言(shorthand testimony),几乎不可能以其他方式表达出来。参见[美]乔恩·R. 华尔兹:《刑事证据大全》,何家弘等译,中国人民公安大学出版社 2004 年版,第 427 页。

混淆。这就要求把物证从最佳证据规则中剔除出去，而把物证和书证的验真问题统一规定到验真法则中，以避免理论上的混淆。

2. 应当明确原件的定义，同时扩展原件替代品的范围。现有规定把原件的范围限制为书写品，有不足之处。未来修法应使原件的定义和范围囊括书写品、录制品、音像和带有描述性内容的动产。因为从内容上看，录制品、音像和描述内容的动产，都有对内容的描述，它们在这一方面与书写品无异，只是承载内容的客体不同而已。因此，有必要把上述物品也纳入原件的范围之中。同时，应当区分影像、录制品的验真问题和最佳证据规则的问题，把影像和录制品的验真规定在验真规则项下。此外，现有规定把原件的替代品只限制为副本或复制件，范围十分狭窄。事实上，其还应当包括关于原本内容的证言、拍照、录像等其他证据。未来修法宜扩展原本替代品的范围，对其作一个开放性的规定。这样规定可以在符合最佳证据规则例外条件的情形下最大限度地容纳有价值的证据。

3. 应当明确最佳证据规则的原则和例外。最佳证据规则作为一项证据能力规范，应当有原则性规定。未来修法可在比较法的经验基础上，明确我国的最佳证据规则的原则，规定："为证明书写品、录制品或影像的内容时应当提供原件，但是法律另有规定时除外。"这就明确了：只有在为证明原件的内容时才应当提供原件，如果只是用原件来证明其存在的形态，则不应受到该规则的约束。与此同时，今后立法还应当明确最佳证据规则的例外。关于最佳证据规则的例外，我国规定了副本的例外，从广义上解释也可认为包括了"公共记录复制件的例外"。但是，鉴于我国还存在上文所描述的其他问题，为解决该问题，应当补齐以下例外：特殊情况下不能提出原本的例外、卷帙浩繁的原件的概要的例外、对方自认的例外。首先，对方不能提供原件的例外在我国往往会遭到滥用，以致发生"对方隐匿原件甚至毁坏文书、录制品和影像原件"的情况。未来最佳证据规则重塑时应当特别规定："证据提出者恶意丢弃或损毁原件，并用其他证据来证明原件的内容时，应当否定该证据的证据能力。"还宜规定："当原件为对方当事人所控制时，无论基于何种原因，对方当事人经证据提出方通知拒绝在审判中提供原件，则证据提出方可以提出其他证据来证明原件的内容。"其次，鉴于我国司法实践中存在大量使用概要作证的情况，有必要规定卷帙浩繁的原件的概要的例外。这里有一个需要澄清的地方是，我国侦查阶段讯问犯罪嫌疑人的笔录都属于概要性质，但其不属于该例外的范畴。考虑到讯问的全程录音录像多是对讯问现场的准确记录，该笔录概要可视为全程录音录像的替代品，在笔录发生争议时则应当以录音录像内容为准。有学者提出把讯问录音录像定位为诉讼证据，且是优于讯问笔录的最佳证据。[1] 该观点能较为有效地解决讯问笔录增、减、匿、饰犯罪嫌疑人现场供述的问题，把录音录像作为一个独立的诉讼证据来替代容易出错的笔录具有可行性。严格来讲，如果该笔录是侦查人员根据录音录像的内容而作的，当然应该适用最佳证据规则。但在我国，该笔录大部分是基于侦查人员的直接感知而作，而非基于侦查人员观看录音录像后而作，这有别于最佳证据规则的要求。该问题可以作为笔录的验真问题来看待，以出示录音录像的方式来证明该笔录就是证据提出方所宣称的笔录。最后，未来修法还宜明确对方自认的例外。如果二手证据所要反对的当事人承认了原件的内容，则证据的提出者就可提出原件的替代品，而不再要求原件。

---

〔1〕 参见秦宗文：《讯问录音录像的功能定位：从自律工具到最佳证据》，载《法学家》2018 年第 5 期。

第六章　外部规范:外部政策规则的中国式现代化

外部政策规则是近代以来发展最为迅猛的一类证据能力规范,威格摩尔之所以称其为外部政策规则,是因为该类规则是为了贯彻独立于证明政策的其他外部政策而设立。证据能力规范并不把查明真相作为唯一目的,实际上它还负责保证司法公平,以实现公正的判决。[1] 这些价值追求虽然与发现真实不同,甚至背道而驰,但也属于证据法的价值追求的一部分,可把其视为证据法的外部价值体系。外部政策规则主要包括非法证据排除规则和特免权证据规则,以及由非法证据排除规则而引申的毒树果实原则(fruits of the poisonous tree doctrine)。[2] 而一些"部分基于证明价值,部分基于外部政策"而限制证据关联性的规则,理论界多把其称为相关性规则。[3] 外部政策规则在我国尚未受到充分重视,2012 年刑事诉讼修法所移植的非法证据排除

---

〔1〕 正如《美国联邦证据规则》第 102 条规定的目的:"对本证据规则的解释,应当保证在每个程序中的司法公平,消除不合理的耗费与迟延,促进证据法的发展,从而实现查明真相与公正判决的目的。"

〔2〕 因违反证据开示规则而排除证据也可视为外部政策规则,理由是此类规则在于实施证据开示的外部政策。在美国的证据开示过程中,如果一方故意违反证据的开示规定而不开示证据,审理中进行诉讼突袭要求提出该证据,则法院会排除该证据,禁止其提出。这被美国联邦最高法院视为对故意违反开示规定的人最严厉的制裁。See Taylor v. Illinois 484 U. S. 400(1988);See Federal Rules of Criminal Procedure, Rule16(d).

〔3〕 《美国联邦证据规则》第 404 ~ 415 条强调的是特殊种类的证据的可采性,作为一个法律问题,它权衡了关联性的一般标准和与之相反的《美国联邦证据规则》第 403 条所列举的偏颇效应,以及外部政策的考虑。See Christopher B. Mueller & Laird C. Kirkpatrick, *Evidence*, Wolters Kluwer Law & Business, 2012, p. 156. 艾伦等也把该类规则称为相关性规则。参见[美]艾伦、库恩斯、斯威夫特:《证据法:文本、问题和案例》,张保生、王进喜、赵滢译,高等教育出版社 2006 年版,第 347 页。

规则由于制度定位和配套措施等原因而面临异化问题。在证据能力制度向体系模式转型的语境中，我国外部政策规则面临着继续变革并实现外部政策规则的中国式现代化的艰巨任务，这就需要从中国问题出发，从不同的视角展开进一步的、深刻的变革。

第一节　外部政策规则的问题所在

在2012年，我国《刑事诉讼法》最为重要的修正内容是非法证据排除规则的正式确立，这为我国刑事诉讼法治的发展提供了重要支撑。而且，该次修法还规定了“不得强迫任何人证实自己有罪”的特免权，这也为我国特免权规则的发展开辟了一个端口。但是，毋庸讳言，我国非法证据排除规则脱离了外部政策规则的定位而陷于真相理念之中，面临着空转的局面，毒树果实原则的顾此失彼更加剧了这一问题。与此同时，特免权规则的缺位也导致我国宪法所确立的价值无法在刑事证明中得到充分尊重，进而导致了实践与理论相左的变相援用现象，这些问题都应在体系模式的转型过程中得到认真对待。

一、陷于真相理念的非法证据排除规则

（一）真相理念的支配导致规则效果的软化

我国非法证据排除规则条款实际上发挥了三种功能。我国2018年《刑事诉讼法》第56条规定了非法证据排除规则，以排除采用非法方法收集的供述、证人证言和被害人陈述，以及排除可能严重影响司法公正的违法获取的物证和书证。该条实际上承担了三种功能：一是确保陈述的自愿性，对不具有陈述自愿性的言词证据予以排除；二是贯彻不得强迫自证其罪的特免权规定；三是保障被告人和证人的基本权利。

基于第一种功能，非法获取供述的排除规则就类似于美国的供述自愿性规则，但是，对该功能的强调会招致一些适用上的困难。我国相关司法解释性质文件不仅丰富了“刑讯逼供等非法方法”的内容，如把

冻、饿、晒、烤、疲劳审讯都列入非法方法的范围,[1]而且还把自愿性规则扩展到采用威胁方法获取的非自愿性供述,[2]至于以引诱和欺骗取证之证据能力还不明朗。[3] 自愿性规则的弊端在于无法寻求一个有效的标准去判断被告人供述时是否自愿,而有时会演变成"只有供述是虚假时才认定为非自愿"的情况。这就促使许多地方建立起了预防性规则,使自愿性规则变成一种强调外在权利保护的刚性规则。例如,规定除紧急情况外,在规定的办案场所外取得的供述和未依法全程录音录像取得的供述,都应当排除。[4] 证人询问之地点不符合规定且不能合理解释的,证人证言笔录应予排除。[5] 有时我们把第一种功能和第二种功能捆绑在一起讨论,将其视为供述自愿性问题。基于第二种功能,该规则也可视为特免权证据规则,主张援用特免权的主体是被告人和证人。但是,由于我国并不承认犯罪嫌疑人的沉默权和证人拒绝作证的权利,这种特免权规则实际上处于失效的状态。[6] 因此,此种功能暂无法激活。

真正意义上的非法证据排除规则其实是基于第三种功能而建立起来的,但我国司法对第一种功能的过度强调导致非法证据排除规则的效果大打折扣。从证据理论上讲,非法证据排除规则与被告人的宪法基本权利有着紧密的联系,侵害被告人宪法基本权利获得的证据原则

---

[1] 参见《关于建立健全防范刑事冤假错案工作机制的意见》第 8 条第 1 款。

[2] 该威胁方法严格限制在"以暴力或者严重损害本人及其近亲属合法权益等"。参见《严格排非规定》第 3 条。

[3] 我国《刑事诉讼法》和相关司法解释都规定,严禁以引诱、欺骗的方式收集证据,但是实践中对引诱、欺骗收集证据的证据能力还缺乏统一认识。最高人民检察院的一些司法文件等否定了引诱、欺骗收集证据的证据能力。参见最高人民检察院《关于在审查逮捕和审查起诉工作中加强证据审查的若干意见》第二部分。

[4] 参见《关于建立健全防范刑事冤假错案工作机制的意见》第 8 条第 2 款。

[5] 参见 2021 年《刑诉法司法解释》第 90 条。

[6] 对"不得强迫任何人证实自己有罪"的解释仍有争议。有学者从实质解释的角度认为我国刑事诉讼确立了沉默权制度。参见孙远:《不强迫自证其罪条款之实质解释论纲》,载《政法论坛》2016 年第 2 期。也有学者从形式解释论的角度认为我国刑事诉讼确立沉默权的观点无法成立。参见程雷:《刑事诉讼法律解释方法的顺序规则初探——以反对强迫自证其罪原则与应当如实回答之关系为范例的分析》,载《中国刑事法杂志》2018 年第 1 期。

上都需排除。我国部分司法文件把非法限制人身自由的方法获取的供述，以及采用暴力、威胁和非法拘禁方式获取的证人证言笔录予以排除，而不考虑供述是否违背了被告人和证人的意愿，这可以视为对被告人和证人人身基本权的绝对保障。[1] 2012 年，时任全国人民代表大会常务委员会副委员长王兆国所做的《关于〈中华人民共和国刑事诉讼法修正案（草案）〉的说明——2012 年 3 月 8 日在第十一届全国人民代表大会第五次会议上》中明确表述了非法证据排除制度的规范目的："为从制度上进一步遏制刑讯逼供和其他非法收集证据的行为，维护司法公正和刑事诉讼参与人的合法权利，有必要在法律中对非法证据的排除作出明确规定。"[2] 从该立法目的来看，我国法律倾向支持的是第三种功能。但是由于司法过度强调非法证据排除规则的第一种功能，而未能重视第三种功能与公民宪法基本权的互动，我国非法证据排除规则已经在"虚伪排除说"的理念中越陷越深。而"虚伪排除说"导致的问题是：即使该证据是以非法手段获得的，如果异议者无法证明该证据是虚假的，裁判者仍倾向于不排除该证据。非法证据排除规则的刚性效力已趋于软化，有学者进而提出：我国司法对非法证据的排除是一种柔性排除。[3] 这种现象值得我们警惕。

（二）配套机制的不足使规则效果大打折扣

我国非法证据排除规则的实施保障机制并未有效建立，这也使排除的效果大打折扣。实证研究的情况与理论界不谋而合：我国非法证据排除规则的实施情况并不理想，排除的案例很少，非法证据的范围、

---

〔1〕 参见《严格排非规定》第 4 条和第 6 条。也有判例把其类推适用到证人证言的证据能力判断上，采用非法限制人身自由后收集的证人证言也予以排除。参见甘肃省庆阳市中级人民法院（2017）甘 10 刑终 175 号刑事判决书。

〔2〕 王兆国：《关于〈中华人民共和国刑事诉讼法修正案（草案）〉的说明——2012 年 3 月 8 日在第十一届全国人民代表大会第五次会议上》，载《人民检察》2012 年第 8 期。

〔3〕 它是指专门机关通过主动弃用或者撤回有关证据的方式排除非法证据，以柔化刚性排除难以克服的若干阻力。参见闫召华：《刑事非法证据"柔性排除"研究》，载《中外法学》2018 年第 4 期。

排除程序不明确,排除非法证据的案例主要发生在基层法院。[1] 而且,让作为事实裁判者的法官去排除非法证据,其动力不足且效果有限。例如,在一项针对西部某省会城市两级法院近百件刑事案件的样本分析中,无一件是审判人员依职权启动排除程序的。[2] 这些现象的产生与排除规则配套机制的不足有一定的关系。

一方面,审判组织和庭前阅卷制度制约了非法证据排除规则功能的发挥。在一元制法庭里,让事实裁判者主动排除掉其认为能帮助其认定案件事实的证据,从理性人的角度来看,确实是心理上的挑战。毕竟没有人愿意去无视一件能助益自己的信息。更为关键的是,为了有力地指挥庭审调查,我国法官普遍存在庭前阅卷现象,法官在审前已经知悉了案件的全部证据,这些证据已经对其心证造成了影响,其甚至在大体上已经形成了对案件的预判。即使作为事实裁判者的法官排除了非法获取的证据,该信息已经被其提前知悉,该信息对其心证造成的影响是很难消除至一干二净的。正如有学者所言:法官的阅卷成果在心理上是难以删除的。[3] 由此看来,非法证据排除规则实施的困境更多是程序机制的不足或缺失所导致的。非法证据排除规则的实施效果固然依赖于制定法,但更多地依赖于发达的程序机制,以此来保障所有排除非法证据的动议都能得到公正和有效的审理。

另一方面,权利保障机制的匮乏也使我国非法证据排除规则收效甚微。这种情况可以具体到非法辨认笔录的排除规则中考察。根据传闻证据规则的基本理论,虽然对先前辨认笔录的传闻属性予以豁免,但其前提是:该辨认人已经出庭作证并就先前陈述受到交叉询问,而且,被告人在被辨认的过程中享有律师在场协助的权利,律师的在场也在一定程度上保障了先前辨认程序的正当性。在我国,这些保障措施都不存在,辨认笔录往往直接进入法庭作为定案根据,这成为酿成冤假错案的原因之一。例如,在欧阳某抢劫冤案中,警方先拿出被告人照片给

---

〔1〕 参见杨宇冠等:《非法证据排除规则在中国的实施问题研究》,中国检察出版社2015年版,第184页。

〔2〕 参见杜豫苏:《非法证据排除审理程序的困境与完善》,载《法律科学(西北政法大学学报)》2013年第6期。

〔3〕 参见王超:《排除非法证据的乌托邦》,法律出版社2014年版,第347页。

同案人看,然后才让他们进行辨认,此种违法制作的辨认笔录最终成为原审法院定罪的依据。[1] 再如,在陈某臣抢劫、强奸冤案中,辨认对象只有三个人,另外两人的年龄和体貌特征与陈某臣相差甚远,另一嫌疑人宋某峰未参与辨认。公安机关在组织被害人辨认时,事先向被害人暗示嫌疑人脸上有黑痣。[2] 这些违反辨认程序得到的辨认笔录,本应被作为非法证据予以排除,却被原审法院作为判决的依据,以致酿成冤案。在反思冤假错案教训的基础上,我国 2021 年《刑诉法司法解释》第 105 条规定,辨认程序中如果存在以下情况,则应对违反法律、法规获取的辨认笔录予以排除:不是侦查人员主持、使辨认人见到辨认对象、辨认活动没有个别进行、辨认对象没有混杂在具有类似特征的其他对象中、辨认人受到明显暗示或指认等情形。严格来讲,这属于非法证据排除规则的范畴。但是,在相关权利保障机制不到位的情况下,仅靠该规则来保障辨认程序的正当性,其效果是不容乐观的。而且,该规则能否有效实施本身也存在疑问。

二、毒树果实原则的顾此失彼及其危害

毒树果实原则是为了弥补非法证据排除规则的局限性应运而生的。因为,如果只排除以非法方法获取的证据本身,而不禁止后续取证行为对此非法获得之信息的使用,非法证据排除规则的目的依然会落空。由于观念的保守和理论的不足,我国并没有确立一个完整的毒树果实原则,后续的司法解释虽然关注到了重复性供述的排除问题,但其效力范围并不及于实物证据,此种顾此失彼的制度漏洞导致非法证据排除规则很难通过毒树果实原则继续保持其威慑效力。

(一)排而不除:毒树果实原则缺失的危害

2010 年在制定"两个证据规定"时,我国曾考虑对毒树果实原则作出规定,即规定"对于以非法言词证据和非法实物证据为线索取得的证据,法庭根据取证行为违法的程度和案件的具体情况决定能否作为

---

〔1〕 参见江国华:《错案追踪(2014 - 2015)》,中国政法大学出版社 2016 年版,第 29 页以下。

〔2〕 参见江国华:《错案追踪(1998 - 1999)》,中国政法大学出版社 2016 年版,第 152 页以下。

定案的根据”。但是,考虑到现实情况十分复杂,最终未保留该内容。[1] 然而,毒树果实原则缺失的后果是无情的,其正在考验着我国司法实践对排除非法证据的决心和毅力。事实恰恰如此,毒树果实在我国司法中的横行已使为数不多的排除非法证据的实践的效果大打折扣,甚至直接导致非法证据排而不除。例如,专门的实证调研显示,侦查或检察机关在辩护方申请排除非法证据后,删掉辩护方申请排除的非法证据,而重新制作一份形式、内容都合法的证据。后来该重新制作的证据堂而皇之进入法庭并为法官所采纳。[2] 而第二次取证的行为很可能使用了第一次非法获取的信息。毒树果实原则的缺失正在侵蚀非法证据排除规则所做的制度努力。

(二)狭窄适用:现有重复性供述排除规则的不足

值得注意的是,我国相关司法解释规定了重复性供述的排除法则,部分承认了毒树果实原则。《严格排非规定》第5条规定,排除重复性供述的条件有:其一,限定于采用刑讯逼供方法使被追诉者作出供述;其二,被追诉人受该刑讯逼供的影响作出了与该供述相同的重复性供述。在满足这两个条件后,原则上应当排除该重复性供述。但该条还规定了几种例外:一是更换侦查人员的例外。如果是在更换了新的侦查人员并重新告知诉讼权利和认罪的法律后果后自愿供述,则该重复性供述具有证据能力。二是诉讼阶段变更的例外。在审查逮捕、审查起诉和审判期间,检察人员和审判人员告知诉讼权利和认罪的法律后果后自愿供述的,则该重复性供述同样具有证据能力。但是,把第一次非法取证的方式严格限定在刑讯逼供,把重复性供述限定在与第一次供述相同,规定的范围似乎过于狭窄。不利于毒树果实原则在供述领域内的贯彻。有学者建议,把第一次非法取证的方式扩大到非法拘禁、威胁以及二者叠加的情况,[3] 其具有一定的合理性。但是,对此供述

[1] 参见戴长林、罗国良、刘静坤:《中国非法证据排除制度:原理·案例·适用》,法律出版社2016年版,第116页。

[2] 参见陈光中:《非法证据排除规则实施问题研究》,北京大学出版社2014年版,第39~40页。

[3] 参见董坤:《重复性供述排除规则之规范解读》,载《华东政法大学学报》2018年第1期。

的毒树果实原则绳捆索绑般的限制势必会葬送该规则的命运，更为妥适的做法或许是回到毒树果实原则的一般原理上，在其例外上下功夫，而非限制毒树果实的方式和类型。

（三）顾此失彼：针对实物证据的毒树果实原则缺失

从法律的明文规定来看，我国并不存在实物证据的毒树果实原则，这就意味着，依靠非法获得的供述进而获取的实物证据，或者依靠非法获得的实物证据进而获得的供述，很有可能被法官判断为具有证据能力。毒树果实原则在该领域的缺失加剧了非法证据排除规则的制度危机。因为，如果仅排除非法获取的供述，而不排除根据该供述获取的实物证据，那么排除供述的意义也将大打折扣。这等于变相邀约侦查人员通过非法获取供述的方式取得实物证据，此举不仅未能阻吓违法侦查，反而变相鼓励通过非法取证间接获取更为有价值的实物证据。此种效果于受损基本权来说是放弃了一种较为彻底的救济，而且有违程序正义的标准，显然不是非法证据排除规则所追求的立法目的。也有研究从解释论上认为，2021 年《刑诉法司法解释》第 141 条可以容纳毒树果实原则，[1]《严格排非规定》第 7 条也有容纳实物证据的毒树果实原则的空间。[2] 但是，解释论上的扩展仅是权宜之计，其能对司法产生的影响远没有一次立法来得更为直接。更为关键的是，一元制的法庭也使法官缺少排除毒树果实的动力。美国在毒树果实原则产生前并不存在排除毒树果实的规定，但是其仍发展出了毒树果实原则，原因为何？在笔者看来，纵然有多种因素促使了毒树果实原则的产生，但是关键的原因是审理该问题的法官被定位于只负责法律适用，而不负责“有罪与否”的认定，法官可在无事实认定的负担下，凭借自己对法律的专业理解，把毒树果实作为一个真正的法律问题来判断。因此，当务之急是如何设计我国的毒树果实原则以及改造一元化法庭，以缓解我国非法证据排除规则的制度危机。

---

〔1〕参见林国强：《论毒树之果在我国刑事诉讼中的适用空间》，载《河北法学》2013 年第 10 期。

〔2〕参见张威：《我国证据裁量排除模式的基本构造》，载《兰州大学学报（社会科学版）》2018 年第 2 期。

三、特免权规则的全面缺位与变相援用

在我国，由于历史和理念上的原因，特免权规则一直处于缺位的状态。这种状态虽然不至于立马显现出摧毁某一特定行业的态势，但其危害是渐进的、长远的，其对法治国家秩序的破坏也是潜在的、深远的。

（一）不得强迫自证其罪特免权的乏力

与两大法系在特免权规则上的诸多共识相比，我国立法对特免权的认识甚至还未起步。我国刑事诉讼法长期奉行的是“知道案件情况的人，都有作证的义务”，甚至至今对犯罪嫌疑人仍有“应当如实回答”的要求。在2012年《刑事诉讼法》修改时增加了“不得强迫任何人证实自己有罪”，这是我国特免权规则第一次在刑事诉讼中的明文规定。权威的释义认为：这是对《刑事诉讼法》原则性质的规定，强化了对刑讯逼供的禁止，与我国参加的《公民权利和政治权利国际公约》的规定相接轨。[1] 但是，从理论上讲，反对强迫自证其罪的核心并不仅仅是排除非自愿陈述，更为关键的措施是赋予被告人沉默权，或者在证人意识到作证会自证己罪时赋予证人拒绝证言的权利。但是，我国关于后两方面并未有明确规定，实践中也未出现承认沉默权的做法。而且，通过权利告知来贯彻不证己罪原则的做法在我国也并不存在。与英美法系告知米兰达规则和大陆法系国家告知沉默权相比，我国对犯罪嫌疑人的告知是“应当如实回答”，而且拒绝回答的权利仅限于“与本案无关的问题”。此外，我国也不存在侦查讯问时的律师在场权，以及违反将被捕者无延误地带至治安法官前的规则。在一系列核心保障措施缺失的情况下，仅靠一个可能无法兑现的非法供述排除规则来保障反对强迫自证其罪的权利，恐怕是不现实的。

（二）亲属特免权和职业特免权缺失的危害

至于其他特免权证据规则，我国并没有明文的规定。关于亲属特免权，我国并未延续自西周就存在的“亲亲相隐”的合理部分，而只是在2012年修改《刑事诉讼法》时规定了被告人的配偶、父母、子女可以免于被人民法院强制出庭作证，也即，这些主体仅有免于强制出庭作证

---

〔1〕 参见郎胜主编：《中华人民共和国刑事诉讼法修改与适用》，新华出版社2012年版，第116页。

的特权，而并不享有拒绝证言的权利。关于职业特免权，我国也无明确的规定，法律虽然规定了律师、医师、会计师和公证人保守职业秘密的义务，[1]但是，该义务与我国《刑事诉讼法》规定的"知道案件情况的人，都有作证的义务"存在冲突。在此种情况下，实务中一般都遵循《刑事诉讼法》的规定，要求此类人员就其业务知悉的事实作证。

上述不承认特免权而强制特定群体作证的做法的弊端是非常明显的。其一，它破坏了该类职业的专业人员和客户之间的信赖关系。客户在知道自己不能主张该特免权时，很可能不会把全部事实告诉专业人员，这将会影响专业人员作出准确的判断，并且严重影响到该职业的有效运转，甚至导致社会功能的紊乱。其二，这严重侵害了客户的隐私权。在律师、医生等严重依赖信息真实性和全面性的行业，客户基于职业信赖全面披露自己的信息时显然有隐私的合理期待。强迫专业人士就其知悉的客户隐私作证不仅会对《宪法》保护的人格尊严权造成侵害，而且可能会导致客户为保障自己的隐私而拒绝向专业人士寻求帮助的现象。其三，强迫被告人的亲属反对被告人将破坏家庭关系的和睦，与社会的公序良俗相冲突，不利于维护传统的道德。而且，强迫亲属作证会压制亲属之间的坦诚交流，侵犯交流者的隐私权，而坦诚交流和保守隐私也是构建一个健康的家庭关系所必备的条件。司法机关强制利用亲属间基于信任而坦诚交流且有合理隐私期待的信息去反对至亲的人，于情于理都不容。其四，这将妨害发现真实并降低诉讼效率。即使强迫这些群体作证，出于亲属关系、客户隐私以及业界口碑的考虑，他们很可能会不配合，甚至会发生作伪证、隐匿部分事实的情况。此类证言产生错误或带来误导的概率较高，司法机关不得不投入大量

---

〔1〕 2017年《律师法》第38条规定："律师应当保守在执业活动中知悉的国家秘密、商业秘密，不得泄露当事人的隐私。律师对在执业活动中知悉的委托人和其他人不愿泄露的有关情况和信息，应当予以保密。但是，委托人或者其他人准备或者正在实施危害国家安全、公共安全以及严重危害他人人身安全的犯罪事实和信息除外。"2021年《医师法》第23条规定："医师在执业活动中履行下列义务：……（三）尊重、关心、爱护患者，依法保护患者隐私和个人信息……"2014年《注册会计师法》第19条规定："注册会计师对在执行业务中知悉的商业秘密，负有保密义务。"2017年《公证法》第23条规定："公证员不得有下列行为：……（八）泄露在执业活动中知悉的国家秘密、商业秘密或者个人隐私……"

的精力和资源去辨别证言的真伪，这势必会降低诉讼效率。

（三）实践中变相援用特免权的做法

既然我国不承认亲属特免权和职业特免权，那么强迫此类人群作证，发现真实的利益是否得到了很好的维护呢？从司法实践反馈的证人拒绝作证或拒绝出庭作证的情况来看，效果恐怕并不理想。[1] 问题症结有很多，其中重要的一点是，即使在特免权规则缺失的情况下，亲属和特定专业人士出于对隐私和信赖关系的考虑，往往会以“不知情”或“记不清了”为由拒绝配合作证，这实际上是在变相地援用特免权。正如有学者认为，很多不愿意作证的证人是出于内心情感和伦理上考虑而不得已选择拒绝作证。[2] 我国也有学校婉拒了警察向其提出的询问学生的要求，理由即是让孩子揭发其父母是违反人性的，新闻调查显示近八成网友支持学校的这一做法。[3] 这实际上也是在间接援用亲属特免权。控诉机关和法院往往也只能通过教育或劝服等手段促使其作证，对此类人员动用强制作证手段，不仅有司法成本上的担忧，还有道义上的顾虑。此外，还有部分证人不配合作证是出于自证己罪的担心，由于司法无法给予该类证人“在说明可能自证己罪的理由后，可以拒绝作证”的承诺，这类证人有时会选择以“不知情”或“记不清了”为由来变相行使拒证特免权。为了表明其真的记不清了，有时其不得不对那些不会导致自证己罪的事项也主张缺乏记忆。上述变相行使特免权的做法及其包含的隐性成本，值得我国立法和司法机关深思并重新检讨特免权证据规则的必要性。

---

〔1〕 在“北大法宝”案例库检索后，涉及拒绝作证或拒绝出庭作证的民事和刑事案件有两千余起，这仅是有裁判文书记录的情况，没有裁判文书记录的拒绝作证或拒绝出庭作证的情况虽是未知数，但从实务反馈的情况来看，情况也不乐观。

〔2〕 参见吴丹红：《特免权制度的中国命运——基于历史文本的考察》，载何家弘主编：《证据学论坛》第10卷，中国检察出版社2005年版。

〔3〕 参见杨玉红：《上海一校长拒让警察询问孩子：揭发父母违反人性》，载《新闻晚报》2012年5月10日。

第二节　外部政策规则的相关考察

与证明政策规则不同，在第二次世界大战后，世界各国对于基本人权的尊重使得外部政策规则得到空前认可和长足发展。尽管英美法系和大陆法系在外部政策规则的内容和实施方式层面存在一些不同，但都非常重视外部政策规则的建设。两大法系在外部政策规则领域内的共识为我国体系模式的转型提供了有益参考。

一、人权价值主导的非法证据排除规则

非法证据排除规则可以追溯至欧洲大陆的法定证据制度，那时的欧洲刑事诉讼法规定了相当严格的证据收集规则，甚至规定违反这些规则的侦查行为获取的证据是不可采的。作为结果的无效（nullity）就是指行为而且有时作为行为结果的证据都应从侦查文档和审判中一并排除。[1] 即使在废除法定证据制度的当代，也有一些欧洲大陆国家坚持这种无效理论，如法国、意大利和比利时。但是，现代意义上的非法证据排除规则起源于美国，并影响着其他法治国家的实践。

（一）两大法系对待非法证据的态度之比较

普通法系的非法证据排除规则虽然出现得较大陆法系的早，但也是20世纪之后的事情，相较于18世纪资产阶级革命早已提出的人权、自由和平等的宣言，作为实现这些价值的政策性证据规则进入司法的进程确实是滞后的。边沁所主张的自由证明的思想对英美证据法的发展影响深远，使得证据规则的发展总是克制的。1914年，联邦最高法院在Weeks案中首创非法证据排除规则，并确立了违反《联邦宪法第四修正案》进行的取证，侵犯了被告人人身、住宅、文件和财产免受不合理搜查和扣押的宪法权利，由此获得的证据应当予以排除。[2] 在非法证据排除规则作用的地域范围方面，1961年联邦最高法院在Mapp

---

〔1〕 See Stephen C. Thaman, *Fruits of the Poisonous Tree in Comparative Law*, Southwestern Journal of International Law, Vol. 16:2, p. 336(2010).

〔2〕 See Weeks v. United States, 232 U. S. 383 (1914).

案中将非法证据排除规则扩大适用到州法院管辖的刑事案件，非法证据排除规则开始在全国适用。[1] 关于非法证据排除规则作用的事项，起初只限于违反《联邦宪法第四修正案》的非法搜查和扣押，且只限于通过违法取证直接获得的证据。后来，1920 年联邦最高法院在 Silverthorne 案中把排除非法证据的范围拓展至借由非法证据来取得的其他证据。[2] 1951 年，联邦最高法院在 Rochin 案中把其扩展至违反《联邦宪法第十四修正案》正当程序条款的事项。[3] 此外，联邦最高法院在 Foster 案中认为，在外观上凸显被告，具有向证人暗示指认被告的情形，也侵犯了被告正当程序权，因而以正当程序的规定应排除该证据。[4] 1964 年联邦最高法院在 Escobedo 案中判定，若拒绝被告在侦查中请求辩护人协助的要求，在此种环境下获取的任何陈述都不能在刑事审判中作为反对他的证据。[5] 也有因在辨认程序中剥夺被告人的辩护权而排除证据的案例，[6] 非法证据排除规则扩展到侵犯被告于《联邦宪法第六修正案》赋予的辩护权的情形。此外，还有因侵犯反对自证其罪的宪法特权而排除非法证据的情形，该部分将在下面的关于供述和特免权的部分作详细介绍。非法证据排除规则也影响了美国的制定法，受联邦最高法院的影响，1968 年美国国会制定并颁布《综合犯

[1] See Mapp v. Ohio, 367 U. S. 643 (1961).

[2] See Silverthorne Lumber Co. v. United States, 251 U. S. 385 (1920). 该案中，警察无令状擅自闯入 Silverthorne 查扣了被告人父子的所有文件资料，后来被告人以违法搜查和扣押诉请法院要求警察返还该资料，法院支持了该诉求。警察在遵令返还资料前将该资料摄影留存，后据此留存资料向大陪审团申请签发令状，命被告父子及其公司交出该资料，被告人坚决不从，因此被判处藐视法庭罪。被告人不服，向联邦最高法院申请救济，遂有该判决。

[3] See Rochin v. California, 342 U. S. 165 (1952). 在该案中，被告人在警察到来时慌忙把毒品吞入口中，警察将其带入医院违背其意志让医生掰开其嘴强行对其洗胃，终于取出毒品。被告人主张排除非法证据，联邦最高法院认为，警察的行为虽未违反反对强迫自证其罪的规定，但警察的行为严重违反了《联邦宪法第十四修正案》正当法律程序的规定，因此排除了该证据并撤销了对被告人的定罪。

[4] See Foster v. California, 394 U. S. 440 (1969).

[5] See Escobedo v. Illionis, 378 U. S. 478 (1964).

[6] See United States v. Wade, 388 U. S. 218 (1967); Gilbert v. California, 388 U. S. 263 (1967).

罪防治法》（the Omnibus Crime Control Act of 1968）明确规定，违反本法通讯监察程序进行非法监听的，其因窃听而获取的通讯，应排除其证据能力。[1] 进而把非法证据排除规则扩展到非法监听。从上述发展的历程可以看出，美国非法证据排除规则的发展与《联邦宪法》有紧密的联系，最高法院对侵犯公民基本权的非法取证行为皆采绝对排除的态度。此外，《澳大利亚联邦证据法》第 138 条则专门规定了法官对排除非法取证证据的自由裁量权，该条规定原则上不得采纳非法或不当行为获取的证据，除非能够证明采纳该证据的可取性大于其不可取性，并罗列了这种裁量活动的八项标准。

大陆法系国家虽是成文法国家，但由于废除法定证据制度后仍对证据立法心存余悸，使得证据排除规则的发展极为克制和迟缓。因此，即便是到了现代，大陆法系国家对非法证据排除规则的规定依旧很少，且集中在排除非自愿的口供上，并注重与宪法基本权利的互动，口供之外的排除规则多依靠判例推动。例如，《德国刑事诉讼法》第 52 ~ 55 条和第 81c 条规定的特定的证物不得为证据，第 136a 条规定的举证方法禁止，第 81a 第、第 98 条、第 100 条、第 105 条、第 111e 条、第 111n 条需要特定人指挥或实行才有效的相对性取证禁止。但是，关于证据使用禁止的条款异常稀少，仅有《德国刑事诉讼法》第 136a 条第 3 项第 3 段、第 69 条第 3 款，对前东德的国家安全机构所记录之资料使用所定之法律和《联邦登记法》第 51 条第 1 项，对违法获得的被告人供述和证人陈述、国家安全资料和当事人的前科记录作了禁止使用的规定。除此之外，在刑事诉讼法中对证据使用禁止未作任何规定。这给学说和判例的发展留下了空间。与美国违宪性取证行为获取证据的绝对排除类似，德国判例和学说都认为："如果证据涉及人权之不可侵害的范围时，并且人性尊严也将因此受侵害，则一律成立证据使用禁止。"[2] 再如，法国刑事诉讼立法并未规定非法证据排除规则，即使是非自愿供述的排除规则也没有规定。正如前文所述，其排除非法证据的实践与程序无效理论紧密相连。《法国刑事诉讼法》第 171 条规定：违反该法或

[1] See United States Code 2012 Edition, Title 18, § 2510 et. seq.

[2] [德]罗科信：《刑事诉讼法》，吴丽琪译，法律出版社 2003 年版，第 217 页。

其他刑事诉讼程序的某项实质性手续,当该违反已经侵害诉讼有关的当事人利益时,即产生无效。根据该法第 174 条的规定,预审法庭决定是否应当撤销不符合规定的全部诉讼行为或文书,被撤销的文书或文件应从侦查案卷中撤出,禁止对抗当事人,否则对律师和法官追究责任。法国形成了一些排除非法证据的判例,对证据能力的限制往往源于"对文明基本价值的尊重",并受欧洲人权法院判决的影响。[1]

在奥地利,《奥地利刑事诉讼法典》第 166 条明确规定,通过刑讯或其他对意志的形成或意志的实施造成不受许可的影响,或通过因不可修复的违反基本程序原则而不受许可的讯问或询问方法,获取的犯罪嫌疑人的陈述以及证人和共同犯罪嫌疑人的陈述,不得作为不利于犯罪嫌疑人的证据使用。在日本,其立法的情况类似于德国,非法证据排除规则的规定少得可怜。在学说上,其把《日本刑事诉讼法》第 317 条所说的"证据"解释为合法证据,而非法证据则不属于该条中的证据,并把该法第 319 条第 1 款对非自愿性自白的排除视为对非法收集证据的特别规定。同时,于 1978 年在判例上开始采用非法证据排除规则。[2] 与德国和日本的情况显著不同的是,在意大利,非法证据排除规则适用范围异常宽广,《意大利刑事诉讼法》第 191 条规定,违反法律禁令获得的证据不得加以使用,可以在诉讼的任何阶段指出上述证据是不可使用的。从条文含义上看,意大利把所有违反《刑事诉讼法》收集的证据都纳入该规则所规制的范围,但其实施并不严格。[3] 与意大利立法类似的还有保加利亚立法,《保加利亚刑事诉讼法》规定,没有按照本法规定的条件收集或制作的证据方法不能被采纳。[4] 从规范的密度来看,在德国、法国和日本等传统的大陆法系国家,非法证据

---

〔1〕 参见[法]贝尔纳·布洛克:《法国刑事诉讼法》,罗结珍译,中国政法大学出版社 2009 年版,第 76 页以下。

〔2〕 参见[日]田口守一:《刑事诉讼法》,张凌、于秀峰译,中国政法大学出版社 2010 年版,第 290 ~291 页。

〔3〕 意大利最高法院曾判决,无证搜查后获取的物品的扣押并不违法,因为扣押物品的行为独立于无证搜查的行为,因此获取的物品并不会得到排除。这使得《意大利刑事诉讼法》第 191 条成为无效条款。参见[美]史蒂芬·沙曼:《比较刑事诉讼:案例教科书》,施鹏鹏译,中国政法大学出版社 2018 年版,第 120 ~121 页。

〔4〕 参见《保加利亚刑事诉讼法》第 105 条。

排除规则所规范的领域还远未达到比肩美国的领域广度。

在宪法或法律无明文规定的情况下如何排除非法证据,大陆法系和英美法系面临着相似的问题,有时也分享着类似的解决思路。关于该问题主要体现在两个方面,即法院根据何种权力基础来排除此类非法证据,以及法院根据何种标准排除此类非法证据。关于第一个方面的问题,英美法系和大陆法系面临的问题存在程度上的差异。在美国,当违法取证是非宪法性违法行为时,对于是否排除由此获取的证据,美国联邦法院和州法院的态度都是开明中包含着谨慎,也即与宪法性违法行为相比,这一领域排除非法证据的行为往往受到限制。联邦或各州对非宪法性违法行为获取的证据有明确规定的情况下,法院自得依照法律规则排除非法证据。如果法律没有明确规定,法院是否可以排除因非宪法性违法行为获取的证据?对此,美国的司法在排除此类证据时衍生出两种模式,基于制定规则的权力的模式和基于法院的监督权(supervisory powers)的模式。关于前者,一些法院基于其制定证据规则的权力而把非宪法性违法的排除规则纳入其制定的证据规则中,如阿拉斯加州最高法院。关于后者,一些法院认为其享有比规则制定权更为宽泛的对司法程序的监督权,基于这种职权,其也可以排除通过非宪法性违法行为获取的证据,美国联邦最高法院的判决支持了这一模式,但是其在适用该权力时往往是十分谨慎的。[1] 在大陆法系,由于其属于以成文法为主的法系,法官通过法律解释的手段判决案件的观念已经深入人心,尤其是漏洞填补的法学方法在大陆法系法学方法论中的发展已趋于成熟。法官通过行使在个案中的法律解释权来发展排除规则,在法律和方式上的阻碍相对较小。例如,在德国和日本,其

---

〔1〕 参见[美]约翰·W. 斯特龙主编:《麦考密克论证据》,汤维建等译,中国政法大学出版社2004年版,第329页。美国联邦最高法院援用法院的管理权而排除非宪法性违法行为的判例有McNabb v. United States, 318 U.S. 332(1943)。该判例认为,违反"将被捕者无不必要延误地带到治安法官面前"这一法律规定获取的证据应当排除。还有一例是Rea v. United States, 350 U.S. 214(1956)。该判例认为,违反美国《联邦刑事诉讼规则》第41条不适当签发搜查证而获取的证据应当排除,联邦最高法院认为该问题不是一个宪法问题,而是法院对联邦执法机构的监督权,联邦法院的权利延伸至监控联邦在搜查和扣押领域内的要求,并确保它们被遵守。

在法律无明文规定的情况下排除证据时，几乎都是依靠宪法和法律赋予法官的法律解释权和成熟的法学方法论体系。

关于第二个方面的问题，在法律沉默的领域通过何种方法和标准排除非法证据，美国所面临的问题与大陆法系国家类似。正如前文介绍，大陆法系国家排除非法证据的法律规则是非常少的，判例发展也较为保守，这在德国和日本的实践中都显而易见。但是，它们的判例和学说在应对这些问题方面发挥了重要作用。在德国，《德国刑事诉讼法》第136a条第3项第3段、对前东德国家安全机构所记录之资料使用所定之法律和《联邦登记法》第51条第1项，对违法获得被告人供述、国家安全资料和当事人的前科记录作了禁止使用的规定。除此之外，其刑事诉讼法中对证据使用禁止未作任何规定。对此德国曾尝试发展出一个普遍解决问题的方式，即联邦最高法院所主张的权利范围说（Rechtskreistheorie），[1] 由于权利范围理论无法解释非法获取证人证言的使用禁止问题，而且与被告人的公平审判权相冲突，因此遭到了学界的诸多批评。后来，德国学界又提出功能理论（Funktionslehren）、保护目的理论（Schutzzwecklehren）、法治国重建理论（Lehre von der Wiederherstellung der Rechtsstaatlichkeit des Strafverfahrens）和权衡理论（Abwägungslehre）。[2] 这些理论在一定程度上与美国的理论有相通之处。

在美国，联邦最高法院通过判例发展出司法正洁理论（integrity of the judicial system）和阻吓违法理论（deterrent theory）作为排除非法证据的理论基础，[3] 此外，还有联邦最高法院提出的核心地位理论（central role）。首先，美国的司法正洁理论强调排除非法证据表明了法院

---

〔1〕 该学说认为："在违反举证禁止时，是否对此提起第三审上诉或所取得证据是否具有证据能力，需视该提起上诉之人，其权利范围是否已受到严重侵害，或该侵害只是次要性，或甚至是无关紧要而定。" 参见［德］罗科信：《刑事诉讼法》，吴丽琪译，法律出版社2003年版，第214页。

〔2〕 参见［德］迈克尔·赫格曼斯：《德国刑事诉讼法中的证据使用禁止》，周婧译，载《证据科学》2016年第5期。

〔3〕 See Steven L. Emanuel, *Criminal Procedure: Thirtieth Edition*, Maryland: Wolters Kluwer Law & Business, p. 474 (2014).

不纵容违法取证,更不鼓励未来违法的态度,以维护公正、廉洁的法院形象。德国的法治国重建理论则与其相似,其强调法院禁止使用非法获取的证据是对法治国原则的贯彻。其次,美国的阻吓违法理论强调通过排除非法证据来阻吓侦查机关未来的违法行为,这一点类似于德国的功能理论,功能理论所强调的是非自主性证据使用禁止所具有的制约刑事追诉机关,维护刑事程序的一般和特殊预防目的。再次,美国联邦最高法院在排除通过非宪法性违法的非法监听手段获取的证据时,发展出了核心地位理论,当被违反的法律条文在法律的计划内发挥着核心作用,如果已经表明该条的规定被忽视,那么紧接着就要排除由此获得的证据。[1] 而在违反的条款并不处于核心地位时,一般不会排除该非法证据。[2] 尽管侧重的细节不同,该理论与德国的规范目的保护理论发挥着类似的作用。根据规范目的保护理论,违反法规所取得的证据是否禁止使用,要考察所违反法规的规范目的。例如,《德国刑事诉讼法》第81a条规定,对被告人强制检查身体和抽样,为实现保障被告人健康的目的,应由医师进行,在实践中,如果由护士进行,则所获取的证据通常不构成证据使用禁止,因为排除这个证据对该条欲保护的被告人的健康没有任何益处。[3] 最后,美国宾夕法尼亚州最高法院还创设了裁量排除理论,即当排除非法证据给予的救济与其所得的利益不成比例时,则不应当排除非法证据。[4] 也有学者把其称为可责性

〔1〕“The provision for pre－application approval was intended to play a central role in the statutory scheme and that suppression must follow when it is shown that this statutory requirement has been ignored.” See United States v. Giordano, 416 U.S. 505.

〔2〕“No matter how egregious or willful the violation of these provisions, it seems that suppression will not follow, and the Court opens the door to the creation of other non－“central” statutory requirements.” See United States v. Chavez, 416 U.S. 562 (1974).

〔3〕参见岳礼玲:《德国证据禁止的理论与实践初探》,载《中外法学》2003年第1期。

〔4〕See Commonwealth v. Mason, 507 Pa. 396(1985). 在该案中,州高等法院认为,警察逾越了管辖权到被告人所在地获取的证据因违反了州关于管辖的规定而应当排除。而州最高法院认为即使警察确实违法,但排除非法证据的救济和其所获得的利益不成比例。

比较原则（comparative reprehensibility），[1] 这就类似于德国的权衡理论。在德国，权衡理论是指：任何违反取证规定的案例，在最终决定证据是否禁止时，都要在个案中进行衡量，也即在每一个个案中，都要分析具体案例情况，兼顾比例原则，权衡公权力机关追诉利益和个人权利保护的必要性。德国最高法院近年的判决，常以权衡理论的名义，解决证据应否禁止使用的问题。[2] 在法律没有明确规定需要排除非法证据的领域，德国和美国的理论进路虽然有别，但二者共同的经验是通过司法实践与证据理论的联动模式，搭建由具有证据能力概括功能条款组建的理论平台。

（二）两大法系中供述规则的不同运作路径

鉴于供述在整个犯罪证明体系的重要性，两大法系都发展出了诸多关于供述的证据能力规则，并且大多把其与反对强迫自证其罪的特免权联系在一起分析。时至今日，关于供述的证据能力规则已相当复杂。在美国，其至少包含了自愿性法则、迟延移送排除法则和米兰达规则的多重限制。在大陆法系，关于供述的证据能力规则在人权保障的呼声下也日趋丰富。

在普通法中，采纳口供需遵循自愿性这一普通法规则在 18 世纪中叶才形成，早期讨论的理由是，陈述如果不是受负罪感的驱使，而是受避免痛苦或获得好处愿望的驱使而作出的，那么该陈述就缺乏可靠性。[3] 可以看出，普通法早期对供述可采性的考虑是从其本身的可靠性出发的。在非法证据排除规则出现前后，这种自愿性考量一直存在。因此就不难理解，普通法中的口供规则多伴随着自愿性的分析，其与非法证据排除规则的关系并不总是那么明朗。

在大陆法系，第二次世界大战后，在人权保障的呼声下，尤其是对宪法性人格尊严这一基本权的渐趋重视，关于供述的证据规则才逐渐丰富起来，其产生之初就与宪法的基本权密不可分。例如，《德国刑事

---

〔1〕 See Yele Kamisar, *Comparative Reprehensibility and the Fourth Amendment Exclusionary*, Michigan Law Review, Vol. 86:1, p. 6 – 11 (October 1987).

〔2〕 参见林钰雄：《干预处分与刑事证据》，北京大学出版社 2010 年版，第 194 页。

〔3〕 参见［美］约翰·W. 斯特龙主编：《麦考密克论证据》，汤维建等译，中国政法大学出版社 2004 年版，第 279 ~ 280 页。

诉讼法》在19世纪最初起草时，人们认为没有必要对人人都认为不能使用的讯问方法作专门规定，但是1950年实施的《德国刑事诉讼法》出于对纳粹时期非人道的讯问方法的反思，改变了这一观念，详细列举了禁止使用的讯问方法。[1]《德国刑事诉讼法》第136a条具体规定了："不得用虐待、疲劳战术、伤害身体、施用药物、折磨、欺诈或催眠等方法损害被指控人的意思决定和意思自由。强制只能在刑事诉讼法允许的范围内使用，禁止以刑事诉讼法不准许的措施相威胁，禁止许诺法律未规定的利益，禁止使用损害被指控人记忆力或理解力的措施。"而且，上述规定并未给被指控人同意留下任何空间，即使同意也不得使用上述禁止方法，且使用该方法得到的供述不得作为证据。《意大利刑事诉讼法》第188条也有类似规定：即使关系人同意，取证也"不得使用足以影响人的自由决定权或者足以改变对事实的记忆力和评价能力的方法或技术"。《日本刑事诉讼法》走得更远，其规定"受强制、刑讯逼供、胁迫和经过不当的长期扣留或拘禁做出的自白"，以及其他疑似非自愿的自白都不能作为证据使用。日本司法对被告人同意使用非法证据的情况较为谨慎，判例上认为，如果非法取证侵犯了被告人不能放弃的宪法权利，则不能确认该同意的效力。[2] 这些都是保障人权的外部政策进入证据领域的结果。

关于限制供述的证据能力的性质问题，本身是较为复杂的，其原因在于英美法系供述所涉及的证据面异常广泛。一方面，在美国，联邦最高法院把供述自愿性问题视为受《联邦宪法第五修正案》反对强迫自证其罪特权所规制。[3] 因此，有学者把其作为特免权问题一并讨论。而且，即便以米兰达法则为代表的预防性法则占据了主流，作为反对强迫自证其罪的一部分的自愿性标准依然是重要的，尤其是在承诺或称引诱、欺骗取证时，对于所获取供述的证据能力之有无，联邦最高法院

---

〔1〕 参见［德］魏根特：《德国刑事诉讼程序》，岳礼玲等译，中国政法大学出版社2004年版，第83页。

〔2〕 参见［日］田口守一：《刑事诉讼法》，张凌、于秀峰译，中国政法大学出版社2010年版，第295页。需要注意的是，这种对非法获取供述的同意和对传闻证据的同意是有差异的，根据《日本刑事诉讼法》第326条的规定，被同意的传闻是可以使用的。

〔3〕 See Bram v. United States, 168 U. S. 532(1897).

和部分下级法院把其视为影响自愿性的问题予以考察。[1] 有时,违反将被捕者无延误地带至治安法官前的规则所获取供述的证据能力,也被国会立法作为自愿性问题予以考虑。[2] 关于自愿性的证明责任和标准,美国联邦最高法院在 Lego 案中确立了控方负举证责任并达到优势证据的标准。[3] 另一方面,关于供述的规则还包括答辩中的供述规则、不得对沉默予以不利推论的规则和弹劾程序中的供述使用规则。答辩中的供述规则即《美国联邦证据规则》第 410 条规定的禁止使用已经撤回的有罪答辩规则,禁止使用答辩陈述中的答辩讨论规则,禁止使用未成功的辩诉交易期间的答辩陈述规则,这些规则都是为促进争端的自愿解决和答辩陈述的坦率性而制定的外部政策规制。在弹劾程序中,无论是主询问还是反询问,原则上允许使用不可采的供述,[4] 但不得用非自愿性供述进行弹劾,因为其违反了宪法正当程序。[5] 并且该非自愿性供述本身可靠性就不足。但不可忽视的是,关于供述的证据能力规则中还有一部分属于非法证据排除规则或其他规则。一方面,正如麦考密克所述,一定程度上,某些供述的法律规则是非法证据排除规则的一类范例,排除该供述是出于一种不同于查明真相的政策需要,如排除非法逮捕获得的供述。[6] 1966 年的米兰达案对自愿性供述法则进行了革命,联邦最高法院认识到拘禁审讯本身就存在强制力,会侵蚀个人抵抗意志并强迫其说话,因此最高法院把自愿性的判断标准发展成为一种预防规则,违背此类规则获得的供述即使不能认定

---

〔1〕 联邦最高法院对承诺获取证据的可采性论述参见 Arizona v. Fulminante, 499 U. S. 279(1991)。对欺骗获取证据的可采性论述参见 Frazier v. Cupp, 394 U. S. 731(1969)。

〔2〕 See United States Code 2012 Edition, Title 18, § 3501.

〔3〕 采取优势证据标准的主要理由是没有发现有什么好的理由提高证明标准,采用优势证据标准应当不会使有罪裁判变得不可信,而且提高证明标准所得到的东西将远远盖过陪审团在判断被告有罪或无罪时达到真实判决的公共利益。See Lego v. Twomey, 404 U. S. 477(1972).

〔4〕 主询问的允许参见 New York v. Harris, 495 U. S. 149(1990),反询问中的允许参见 United States v. Havens, 446 U. S. 620(1980)。

〔5〕 See Mincey v. Arizona, 437 U. S. 385(1978).

〔6〕 参见[美]约翰·W. 斯特龙主编:《麦考密克论证据》,汤维建等译,中国政法大学出版社 2003 年版,第 274 页。

为非自愿也必须被排除。[1] 在这种情况下供述的证据能力问题就成为判断是否违背告知程序的非法证据排除规则的问题。此外，关于通过违反将被捕者无延误地带至治安法官前的规则而获取的供述的证据能力，美国联邦最高法院确立的麦克纳伯规则（McNabb Rule）将其视为最高法院监督权的运用，并以该监督权排除了违法获取的证据。[2] 而作为不正当逮捕和扣押的毒树果实的供述，联邦最高法院也认为应以非法证据排除规则予以排除。[3] 这些都说明关于供述的证据能力规则中，有一部分确实是属于非法证据排除规则的范围。但必须承认的是，供述自愿性有时已超出反对强迫自证其罪的特免权范围，其还侵犯了被告人的人身权等其他基本权，因此，最高法院还有因取证严重违法而排除非法证据的考虑。因此，在日本的学说中，对否定自白证据能力的理由出现了三足鼎立的情况：一是虚伪排除说，即排除此类强迫获得的自白是因为其不真实；二是人权拥护说，即认为排除非自愿自白是为维护被告人的反对自证其罪的人权；三是违法排除说，它认为排除自白证据是因为获得证据的程序或手段不当。"违法排除说把是否否定自白的证据能力的考察点，从被告人本身延伸到获取自白的态度和方法上"，将判断标准客观化，使法院在裁判时可操作性更强。此说已成为日本的通说。[4]

二、两种制度立场中的毒树果实原则

从阻吓侦查违法的角度看，非法证据排除规则具有局限性，为弥补该缺陷，毒树果实原则应运而生，它特指禁止用非法取得的证据来获取其他证据的原则。该原则的理论基础是：对于非法取得的证据，固然应当禁止其被直接使用，但是执法人员会基于第一次违法取证获取的信息而展开第二次取证。第一次违法取证是毒树，而第二次取证为第一次违法行为的毒果，如果不禁止其间接使用，则等于鼓励执法人员以违

---

〔1〕参见［美］约翰·W.斯特龙主编：《麦考密克论证据》，汤维建等译，中国政法大学出版社2004年版，第283页。

〔2〕See McNabb v. United States, 318 U.S. 332(1943).

〔3〕See Wong Sun v. United States, 371 U.S. 471(1963).

〔4〕参见彭勃：《日本刑事诉讼法通论》，中国政法大学出版社2002年版，第285～286页。

反法律、侵害人权的方式取得证据，非法证据排除规则的目的仍会落空。由于诉讼模式和诉讼目的的差异，两大法系对毒树果实原则的制度立场有异，英美法系采取的是违法行为立场，重点考察违法行为与毒树果实的联系，而大陆法系采取的是公平审判的立场，重点考察使用毒树果实对被告人公平审判权的影响。

（一）违法行为立场：英美法系的毒树果实原则

现代的毒树果实原则产生于美国，1920 年联邦最高法院在 Silverthorne 案中把排除非法证据的范围拓展至借由非法证据取得的其他证据。在该案中，警察在无令状的情况下擅自闯入 Silverthorne 家中查扣了被告人父子的所有文件资料，后来被告人以违法搜查和扣押诉请法院要求警察返还该资料，法院支持了该诉求。警察在遵令返还资料前将该资料摄影留存，后据此留存资料向大陪审团申请签发令状，命被告父子及其公司交出该资料，被告人坚决不从，因此被判处藐视法庭罪。被告人不服遂向联邦最高法院申请救济，法院以大陪审团签发的提出证据的命令系基于非法查扣的文件资料内容，认定大陪审团所签发的命令无效，进而撤销了藐视法庭罪的判决。大法官霍姆斯论述道："法律禁止以某种方法取得证据的实质是，不仅不得提出于法院使用，更严禁其一切使用。"〔1〕1939 年美国联邦最高法院在 Nardone 案中正式使用"毒树果实"的名称。〔2〕 第一次非法取证的成果被排除后，警察仍然锲而不舍再度寻求到该成果，那么第二次获得的成果是否排除将直接影响到非法证据排除规则的实施效果。试想，如果警察第一次搜查到的物品因缺乏搜查证而被排除后，如果没有毒树果实原则的规制，其很可能事后申请合法的搜查证，再依先前获知的信息进行合法搜索以获得该物，则第一次排除非法证据的意义将大打折扣，非法证据排除规则将被架空。不法获取的原始证据（original evidence）犹如毒树，而其衍生证据（derivative evidence）则是毒树果实，毒树既无证据能力，那么由毒树而衍生的果实也应禁止使用。在英国，并没有发展出如美国一般的毒树果实原则，遵照普通法的精神，如果该证据能够充分并令

---

〔1〕 Silverthorne Lumber Co. v. United States, 251 U. S. 385(1920).

〔2〕 See Nardone v. United States, 308 U. S. 338(1939).

人满意地证明相关事项，而不依赖先前违法获得的证据，那么毒树果实也可被采纳。但也有一些案件认为，如果毒树果实与毒树有密切联系，该毒树果实就不能被提出。[1] 一个先前非法取证行为帮助了后续以合适的方式获取自白，在法院的自由裁量权之下倾向于排除该证据。后续合法获得的自白是否受到了先前违法取证的玷污则取决于具体案件的情况。但是，根据《英国警察与刑事证据法》第76(2)条的规定，全部或部分排除供述，并不影响根据该被全部或部分排除的供述发现的其他事实的可采性，也就是说，衍生证据是可采的。[2] 可见英国的标准显然是非常宽松的。

非法行为和证据发现之间存在何种程度的联系时才能排除毒树果实呢？美国的判断方法是"要是没有"(but for)，也即，要是没有被告所指称的非法行为，该证据就不会在当时被获得。为避免毒树果实原则的适用过于极端，致使社会和司法制度付出过大代价，美国司法实践中逐渐发展出了排除毒树果实的例外情形，大致有以下三种：

一是独立来源的例外(the independent source exception)。若此争证据并非来源于非法取得之证据，而是有独立、合法的来源，则不应排除该证据。[3] 该规则的理论基础是：受到质疑的特定证据并不是以违反《联邦宪法第四修正案》的方式获得的，或称受到质疑的证据与违反《联邦宪法第四修正案》间不具有因果联系。控方可以反驳试图援引排除规则的被告，称其没能够证明非法行为和有获取争议的证据之间存在因果联系。[4]

二是必然发现的例外(the inevitable discovery exception)。它是指警察虽然通过非法取证而获取证据，但是即使没有警察的不法行为，该

---

〔1〕 See Richard Glover, *Murphy on Evidence*, Oxford University Press, 2013, p. 348.

〔2〕 See Andrew L. T. Choo, *England and Wales: Fair Trial Analysis and the Presumed Admissibility of Physical Evidence*, in Stephen C. Thaman ed., Exclusionary Rules in Comparative Law, Springer, 2013, p. 343 – 344.

〔3〕 See Silverthorne Lumber Co. v. United States, 251 U. S. 385 (1920); Segura v. United States, 468 U. S. 796 (1984).

〔4〕 参见[美]约翰·W. 斯特龙主编：《麦考密克论证据》，汤维建等译，中国政法大学出版社2004年版，第345页。

证据也必然会被发现，因此例外地允许采纳这个原本不可采纳的证据。[1] 其理论基础是：这种例外并不违背排除法则的核心理论，排除法则本身不让检控方因警察的违法行为而获利。但如果证据必然会被发现，那么肯定该证据的证据能力，应不至于使检控方获利，反而是排除该证据会使检控方处于比警察合法行事的情况下更不利的处境。而这一例外的运用依赖于检控方对“必然发现”这一假设情节的证明，联邦最高法院在 Nix 案中要求检控方以优势证据的标准证明必然发现的事实的存在。

三是稀释的例外（purged taint exception）。它是指先前非法收集证据的行为与最后证据的发现之间介入了其他独立因素，这些因素足以将原来不法的污点稀释干净，不至于破坏排除法则所欲达到的阻吓目的和司法的公平正义，此时例外地允许该证据的使用。[2] 其理论基础是：起初的非法行为和受到质疑的证据尽管存在因果关系，但是最初的非法行为对证据获得的影响相当微小以至于并不会导致排除证据的后果，也即，污点的稀释使得非法公务行为的危害结果变得如此稀薄，以至于排除规则所带来的威慑效果已经不能再证明其成本的合理性。[3] 而非法行为的污点是否得到了充分的稀释取决于三个因素的考量，即非法行为与受到质疑的证据之间在时间上的联系；介入情况的数量和性质；公务不当行为的目的和恶意程度。[4]

稀释的例外是专门针对毒树果实原则的例外，其适用具有广泛性。这些例外的表现可归类为以下几种：其一，在 Wong Sun 案中，被告人 Wong Sun 被非法逮捕后又被法院保释，几天后，其经警察通知自愿前来缉毒局应讯后自白，该自白与非法逮捕之间的因果关系因时间经过和被告人自愿意志的介入而变得薄弱，由于污点已经被稀释因而该自白具有证据能力。其二，警察因非法逮捕、搜查、指认等发现的线索，固

---

〔1〕 See Nix v. Williams, 467 U. S. 431(1984).

〔2〕 See Harrison v. United States, 392 U. S. 219(1968); Wong Sun v. United States, 371 U. S. 471(1963).

〔3〕 See United States v. Leon, 468 U. S. 897(1984).

〔4〕 参见［美］约翰·W. 斯特龙主编：《麦考密克论证据》，汤维建等译，中国政法大学出版社 2004 年版，第 347 页。

应予以排除,但以此线索锁定犯罪嫌疑对象之后全面收集的证据,因为后续大量的合法全面的侦查行为的介入,使先前的非法污点被稀释,故后面收集的证据具有证据能力,被告人不得因此而被豁免追诉和审判。[1] 其三,利用未告知米兰达法则而获取的自白和非法搜查而获取的书证而发现其他证人,因时间间隔久,加上警方主观上是善意、并无施压等恶劣手段等原因而稀释了先前的非法,后来获得的证人则不予以排除。[2] 其四,因第一次不法取得之自白而衍生的第二次自白。在Oregon案中,被告以露底理论(cat out of the bag theory)为抗辩,主张因第一次未告知米兰达法则而为的自白,自己已经露底了,犹如猫跳出袋子后再也抓不回来一样,其后的侦查是在误以为第一次自白有效的心理压力下而为的自白,故应当适用毒树果实原则。联邦最高法院多数意见认为,如果第一次自白是警方通过暴力、胁迫等其他不正方法所取得,那么后续的第二次自白应当予以排除。但是本案第一次自白仅是未告知其米兰达法则,第二次自白只要是被告人深思熟虑后的自愿行为即可稀释非法行为的污点,第二次自白即具有证据能力。[3] 其五,被告人因刑讯而自白,后在律师在场的情况下为有罪答辩,之后又主张该有罪答辩是先前刑讯获得自白的毒果,要求排除。联邦最高法院认为,非法行为已因后来律师的介入而稀释,后续的认罪答辩应有证据能力。[4] 上述情形都是毒树果实原则的稀释例外的典型情形。

值得注意的是,除了稀释的例外以外,其他的例外既适用于毒树果实这一衍生证据的排除,也适用于非法获取的原始证据的排除。此外,还有一种只适用于非法证据排除规则的善意的例外(the good faith exception),由于该例外只针对违法取证存在善意的情况,因此并无适用毒树果实原则的空间。联邦最高法院在Leon案中创设了该规则,法院多数观点认为:证据排除法则应当予以修正,以免警方因合理信赖独

---

〔1〕 联邦最高法院的典型判决有Frisbie v. Collins, 342 U. S. 519(1952)、United States v. Crews, 445 U. S. 463(1980)。

〔2〕 联邦最高法院的典型判决有Michigan v. Tucker, 417 U. S. 433(1974)、United States v. Ceccolini, 435 U. S. 268(1978)。

〔3〕 See Oregon v. Elstad, 470 U. S. 298(1985).

〔4〕 See McMann v. Richardson, 397 U. S. 759(1970).

立、超然的法官所签发的搜查证而据以执行搜查，其收获的证据因该搜查证在事后审查时欠缺法定相当事由而被裁定无效，进而影响其证据能力。[1] 但是，在美国，反对善意例外的声音也异常的强烈。[2] 该例外所关注的核心是，一名理性的受过良好训练的警察是否在客观上合理相信令状是有效的。因此，在 Leon 案中多数意见特意列出不能适用善意例外的四种典型情形，即审请核发令状的材料有虚假或误导的情形；核发令状的法官只是橡皮图章，缺乏超然中立；核发令状的依据不足；令状不符合程式，遗漏未记载法定应记载的事项。其理论基础是：排除法则是司法审判创设的司法救济，而并非违反《联邦宪法第四修正案》的必然结果，排除法则的目的是遏制警方不法取证，而不是惩罚法官的过错，检控方是否使用警方信赖的独立超然的法官所签发的搜查证而获取的证据，应以成本效益分析得出（cost/benefit analysis），排除警察根据信赖的搜查证而获取的证据并不具有任何实质的阻吓效益。

（二）公平审判立场：大陆法系的毒树果实原则

尽管大陆法系废除了法定证据制度并实行自由心证，但是，正如前文所述，受第二次世界大战之后人权思潮的影响，大陆法系的多数国家都在立法或实践中采纳了非法证据排除规则，而作为非法证据排除规则的保障规则的毒树果实原则也开始被欧洲大陆国家所借鉴。在德国，也有主张证据禁止适用长远效力（Fernwirkung）的学说，但这一问

---

〔1〕 See United States v. Leon, 468 U. S. 897(1984).

〔2〕 在 Leon 案中，以自由派大法官 Brennan 为代表的少数意见认为，证据排除法则并不是一种司法创设的救济，而是宪法要求的一种戒律，拘束所有政府部门，包括签发搜查证的司法部门。阻吓违法并非排除法则最主要的功能，以成本效益分析并不妥当。有些罪犯固然可能因排除非法证据而脱罪，但这不是排除规则的代价，而是《联邦宪法第四修正案》所应付出的代价。善意例外无异于教导只需竭尽所能取得搜查证，而不管该搜查证是否合法，之后再辩称合理信赖该搜查证即可。而且善意例外恐将瓦解司法官制度，使签发令状的法官误以为签发令状无须慎重其事，因为他们无须为自己的疏忽负责。善意例外恐怕会类推适用于警察认为有紧急情况而直接无票搜查的情形。受此反对意见的影响，美国的许多州法院将州宪法的规定解释为并不包含与善意例外相同或类似的情形。参见［美］约翰·W. 斯特龙主编：《麦考密克论证据》，汤维建等译，中国政法大学出版社 2004 年版，第 353 页。

题极具争议。联邦最高法院也有赞成长远效力的案例,[1]但是,法院通常认为从非法获得的信息中派生的证据是可采的,这是因为德国处理证据排除问题的基础是“干净的手”原理,很难从该原理中找到排除派生证据的合理性,该证据的排除也无法服务于被违反条款的规范目的且可通过合法手段取得,而且在权衡排除的基础上也倾向于采纳该派生证据,因为排除毒树果实会对查明真相造成巨大损害。[2] 德国也存在必然发现的例外,法院广泛使用这一概念。具言之,只要根据事实情况,可能存在合法的获取手段,法庭就会采纳非法获取的证据。[3] 在西班牙,如果衍生证据被污染,则可以宣告无效,但是如果定罪证据与非法获取的证据之间没有因果关系,则衍生证据未受污染。[4] 这类似于美国的独立来源的例外。在意大利,由于缺乏一个切题的规则对应《意大利刑事诉讼法》第 185 条规定的无效,不能使用的证据的衍生物(derivative Non - usability)的可采性问题一直存在争议。该条规定:宣告某一行为无效使依赖于该行为的执行活动丧失效力。意大利关于该问题的实践也不止一种声音。意大利最高法院认为作为非法搜查结果的扣押是合法的,因为合法的扣押独立于产生它的非法搜查。但是,意大利最高法院的法律体系中出现了个案分析的路径(case - by - case approach),在这些案件中,也有排除毒树果实的案例。[5]在法国,并没有毒树果实的规定,根据《法国刑事诉讼法》第 174 条的规定,在诉讼行为被认定无效后,预审法庭应当决定是否撤销不符合规定的全部诉讼行为或文件,或者只撤销其中一部分,或者决定撤销情形扩大适用于无效行为发生以后进行的全部程序或部分程序。在日本,其为数不多

---

〔1〕 参见[德]罗科信:《刑事诉讼法》,吴丽琪译,法律出版社 2003 年版,第 223 ~ 224 页。

〔2〕 参见[德] 魏根特:《德国刑事诉讼程序》,岳礼玲等译,中国政法大学出版社 2004 年版,第 198 ~ 199 页。

〔3〕 参见[德] 魏根特:《德国刑事诉讼程序》,岳礼玲等译,中国政法大学出版社 2004 年版,第 195 ~ 196 页。

〔4〕 参见[美]史蒂芬 · 沙曼:《比较刑事诉讼:案例教科书》,施鹏鹏译,中国政法大学出版社 2018 年版,第 116 ~ 117 页。

〔5〕 See Giulio Illuminati, *Italy*: *Statutory Nullities and Non - usability*, in Stephen C. Thaman ed. , Exclusionary Rules in Comparative Law, Springer, 2013, p. 247 - 248.

的判例因显著受到美国法的影响而接受了毒树果实理论，但数量较少，[1]并侧重于从违法的程度和两个证据的关联性来判断是否排除毒树果实，理论上也承认稀释的例外和独立来源的例外。[2] 综上所述，大陆法系国家关于毒树果实的理论认识和实践都尚不成熟，正处于发展和变革的过程中。这与其非法证据排除规则的发展程度密切相关。

需要注意的是，近年来欧洲人权法院的判决对欧陆各国的司法实践产生了重要的影响，其中关于毒树果实的讨论给欧洲各国的实践敲响了警钟。较为经典的是欧洲人权法院 Gäfgen v. Germany 一案。[3] 在该案中，申诉人在取得一被绑架男童的巨额赎金后，受到监视并被逮捕，其后的警察讯问中，他自始就对男童的下落和绑架者的身份提供错误的信息。警方担心男童挨饿受冻而危及生命，负责讯问他的警察在副警察首长的命令下警告申诉人，除非透露男童下落，否则他将会在一个受过特殊训练的人的手中遭受巨大痛苦。因此，申诉人说出了男童的确切所在地，并随同警察到该地找到了男童的尸体，同时发现了现场留下的轮胎痕迹，此时申诉人作出了是其绑架并杀害男童的自白，申诉人被控绑架并谋杀该男童。德国审判法院排除了申诉人在侦查期间因遭受威胁而作的自白，但是根据该自白而发现的尸体和轮胎痕迹等物证仍被使用。审判之初法院告知了申诉人沉默权但申诉人在审判庭上仍作了自白，法院根据该合法自白以及尸体、轮胎痕迹等物证认定被告人有罪，并判处其终身监禁。申诉人主张判决违法，上诉后遭德国联邦最高法院驳回，又向德国联邦宪法法院申请宪法诉愿而被拒绝。申诉人遂向欧洲人权法院申诉，主张德国法院使用了通过其被威胁情形下获取的自白而取得的证据，即尸体、轮胎痕迹等物证，其公平审判的权利遭受侵害。德国政府应诉并主张，不论在拯救被害人的生命上还是在判申诉人谋杀罪上，皆存有重大公共利益而可能使通过违反《欧洲人权公约》第3 条手段获得的物证之使用正当化，而且申诉人被严重怀

---

〔1〕 小早川義則『毒樹の果実論』(成文堂,2010 年)55 ~66 頁参照。

〔2〕 参见[日]田口守一:《刑事诉讼法》,张凌、于秀峰译,中国政法大学出版社 2010 年版,第 294 ~295 页。

〔3〕 See ECHR, Gäfgen v. Germany, no. 22978/05, 30 June 2008.

疑犯有谋杀罪,此后终归都会发现被害人的尸体和其他物证,并且该可能性极高。欧洲人权法院认为,《欧洲人权公约》第 3 条是民主社会最根本的价值之一,并无例外条款,纵使在危及国家存亡之公共危机状况下,也决不允许违反本条规定。《欧洲人权公约》无论相关对象之所作所为如何,绝对禁止刑求、非人道或有辱人格的待遇或处罚。以刑求威胁他人的行为至少可能构成非人道行为。使用借由违反《欧洲人权公约》第 3 条手段所得的自白再衍生取得的物证,将造成审判整体如同使用该自白般变得不公平。因此关于该程序对申诉人是否公平,应当考量全案情形,特别是未受污染证据将要证明的事实、系争物证的重要性以及申诉人的防御权是否得到保障,尤其是在审判中申诉人就系争证据提出异议的可能性等情事。法院最终认为申诉人自取回赎金后就遭受警方的严密监控,且未受污染的证据并非不可取得,系争物证对确定申诉人罪证而言仅属附加,其防御权并未因采纳该证据而遭到侵害,因此该证据的使用并未使审判变得整体上不公平,据此法院以 6 票对 1 票认为未违反《欧洲人权公约》第 3 条。

欧洲人权法院的逻辑是,刑讯获取自白的毒树果实都应被排除,这里有一个可反驳的推定,即以非人道和非尊严的方式获取自白的毒树果实的使用侵犯了公平审判权,法庭上的自愿性自白当有律师代表时不认为是先前非自愿自白的果实。[1] 由此可见,欧洲人权法院处理毒树果实的路径是考察公平审判权是否受到侵犯,虽然其列举了几项权衡被告人公平审判权是否因使用毒树果实而被侵害的标准,我们也可以清楚地看到其在作出结论时更多地考虑到作为毒树果实的物证获得的不可避免性,也即强调了必然发现的例外,这与美国的毒树果实原则的例外不谋而合。但是,与美国不同的是,它还强调了其他要素的重要性:毒树果实要证明的事实,系争物证的重要性,以及申诉人的防御权是否得到保障。前两项要素显然是考虑到证据的价值,这里仍然带有欧洲大陆对发现真实的偏爱的意味。在美国,虽然联邦最高法院确立了必然发现的例外,但是美国各州的实践基于该例外可能被误用的风

---

〔1〕 See Stephen C. Thaman, *Fruits of the Poisonous Tree in Comparative Law*, Southwestern Journal of International Law, Vol. 16:2, p. 358 (2010).

险，更加严格地对该例外予以限制。如一些州要求控方需要证明本来会（would），而不是或许（might）或者可能（could）以适当的方式获得受到质疑的证据，一些州要求警察必须是善意的，一些州要求控方证明正在积极进行替代性调查程序，还有一些观点认为违法特别严重或侵犯到法律的核心地带则不适用该例外。〔1〕以此对比来看，欧洲人权法院和美国虽然都重视必然发现的例外，但是二者对其适用的限制却存在宽严之别。

三、特免权证据规则的两种立法模式

两大法系虽然诉讼模式不同，但在特免权制度上存在相当多的共识。正如前文所述，这种共识大多源于国家对宪法基本权的普遍尊重，对程序正义的恪守和认识论上的共识。从更广的社会科学解释，两大法系在人性中的共同部分是特免权得以确立的前提，而法律政策目标的一致性也促成了特免权规则的普遍性。〔2〕当我们追根溯源后可以发现，两大法系关于律师与委托人的特免权制度都发源于罗马法的一种观念，即律师应忠实于委托人而不能在委托人的案件中作证。〔3〕但由于诉讼模式和诉讼理念的不同，二者在特免权具体适用上的差异也值得深思。鉴于德国和美国在两大法系中具有代表性，笔者将主要就该两国的异同进行分析。

（一）立法模式的差异

关于特免权的立法模式，英美法系对特免权的立法多集中于独立的证据法中，其逻辑严密且体系性较好。在美国，除去也被视为特免权的反对强迫自证其罪的权利由宪法规定外，《美国联邦证据规则》采取了原则性立法的模式。《美国联邦证据规则（建议稿）》最初规定了9种特免权，包括律师与委托人特免权、精神治疗师与患者的特免权、配偶证言特免权、神职人员与交流者的特免权、政治投票、商业秘密、国家

---

〔1〕参见［美］约翰·W. 斯特龙主编：《麦考密克论证据》，汤维建等译，中国政法大学出版社2004年版，第349～350页。

〔2〕参见易延友：《证据法的体系与精神——以英美法为特别参照》，北京大学出版社2010年版，第151～153页。

〔3〕参见［美］约翰·W. 斯特龙主编：《麦考密克论证据》，汤维建等译，中国政法大学出版社2004年版，第174页。

秘密、其他官方信息和情报人员的身份。但是由于政府特免权的广泛和夫妻特免权的狭隘等原因，该草案一提交国会即引起了相当大的争议和批评，最终国会决定删除该草案中的特免权部分而以一个原则性条款赋予法院“按照理性和经验加以解释的普通法”调整特免权的权力，除非《联邦宪法》、联邦制定法或者最高法院的规则另有规定。但在民事案件中，特定条件下特免权由州法调整。2007 年《美国联邦证据规则》增加了第 502 条以规制律师和委托人特免权。因此，美国的特免权除去宪法规定的禁止强迫任何人自证其罪的特权外，其他特权多分布于普通法和新近的判例中，上述草案规定的特免权规则虽未被采纳，但成为联邦法院和州法院判决时的有利参照。一些州的证据法更是详细地规定了特免权的各种类型，如《马萨诸塞州证据规则》第 501 ~ 526 条规定了 21 个特免权，[1]其中的定义和适用程序较为严密，便于司法实务人员适用。在澳大利亚，《澳大利亚联邦证据法》第 117 ~ 134 条规定了委托人法律建议特免权、记者特免权、宗教特免权、反对自我归罪的特免权和为公共利益而排除证据，第 132 条规定了法院应当将提出特免权申请或异议的权利告知证人或当事人，第 134 条明确规定根据特免权一节而不得在程序中提出或者作出的证据，在该程序中不得被采纳。

大陆法系对特免权的立法主要集中于刑事诉讼法关于证人的章节中，但其立法的严密性和体系性较差。在德国，享有拒绝作证特权的主体非常之广，不仅表现在其婚姻家庭特免权覆盖的亲属范围之广，也表现在其职业特免权的主体之广，立法所罗列的一大堆职业名单足以使人有眩晕感。首先，关于反对强迫自证己罪的特权和婚姻家庭特免权，《德国刑事诉讼法》第 52 条规定了证人禁止自证其罪的特权和亲属之

---

〔1〕 参见《马萨诸塞州证据规则指南》，廖永安等译，湘潭大学出版社 2012 年版，第 45 页以下。

间的拒证特权,[1]第136条规定了被指控人的沉默权。其次,还规定了特定人员出于职业原因的有限制的拒绝证言权,包括神职人员、被指控人的辩护人、律师、专利代理人、公证人、财会师、宣誓过的查账员、税务顾问、医师、牙医、心理治疗师、药剂师、助产士、国家承认的麻醉品顾问和议会成员等及其辅助人因其职业身份被信赖而告知或所知悉的事项,该法第53条第1句第5项还规定了印刷和新闻从业人员的拒绝证言权。关于行政特免权,《德国刑事诉讼法》第54条规定公务人员、议员和政府的成员、议院的党团职员使用其特别的规定,但特别规定了联邦总统如果提供证言对德国联邦或某州利益带来不利,则可以拒绝证言。根据其公务人员法的规定,法官及公务人员就其职务上应保密的事项,只有在获得职务上的上级长官允许后才能陈述,而上级长官只有在陈述可能给国家或一邦带来不利影响,或对公务将有危害、造成重大困难时才能予以拒绝或限制。公务人员未获允许而擅加陈述的,其虽然可能触犯刑法,但是该陈述仍可作为证据使用。[2]

与德国形成鲜明对比的是,《法国刑事诉讼法》对职业特免权的罗列少得可怜,甚至没有证人反对自证己罪的特权。《法国刑事诉讼法》关于职业特免权方面只有该法第109条规定的新闻记者在作为证人时,有权不披露其消息来源,而对于其他职业特权却未有规定。此外,在日本,《日本宪法》第38条第1款明确规定了反对自证其罪的权利。《日本刑事诉讼法》第147条规定了亲属举证特免权,与德国类似,其亲属的范围是很广泛的。该法第149条规定了医师、律师等职务作证特免权,其范围虽不及德国法广,但也包括了8种职业。但在日本司法中,其尚未承认新闻记者的特免权。[3] 对此日本最高法院裁判认为,

---

[1] 亲属包括与被告订有婚约的人、配偶,已离婚的配偶,以及特定亲等内的亲属,此项规则的理论基础是省却被告亲属因介于陈述真实和亲属之间的情谊的矛盾冲突,而且即使强迫,其证言的价值也不高,强迫说出家庭隐私的方式无法使其价值合理化。参见[德]罗科信:《刑事诉讼法》,吴丽琪译,法律出版社2003年版,第243页。

[2] 参见[德]罗科信:《刑事诉讼法》,吴丽琪译,法律出版社2003年版,第249页。

[3] 参见[日]土本武司:《日本刑事诉讼法要义》,董璠舆、宋英辉译,五南图书出版公司1997年版,第67页。

鉴于作证义务是一般公民的重大义务,承认拒绝证言权系极端的例外而应予以限制,故《日本刑事诉讼法》所谓的例外规定是限定列举,对于新闻记者就其采访来源是否有拒绝证言权是立法上的裁量余地问题,不得类推适用于医生的拒绝证言权。[1] 日本的行政特免权规定在《日本刑事诉讼法》第 144 条中,与德国类似,其需要监督官厅的承诺,但是,除妨害国家重大利益外,其不得拒绝承诺。

(二)特免权适用的严格程度的差异

虽然大陆法系国家赋予的特免权范围和种类要广于英美法系国家的规定,但是,据此认为大陆法系在保障秘密特权方面要比英美法严格,显然是一种误解。例如,在婚姻家庭特免权中,《德国刑事诉讼法》第 52 条显示这种特权的主体有限定条件,即在亲属是被指控人的情况下,才可以拒绝证言,而在美国法中,即使夫妻双方都不是诉讼当事人,权利拥有者也仍享有夫妻之间的交流秘密特权。由此可见,德国法对亲属拒绝证言权的保护具有相对性,但在美国,夫妻交流秘密特权虽也受到政策目的的限制,但其显然比德国法的保护方式更为严格。

1. 关于特免权的拥有者和援用者。在美国,拥有特免权的人是特免权所维护的核心利益主体,只有特免权的拥有者才可以放弃特免权。如律师—委托人特免权是为了委托人的利益,则该委托人是特免权的拥有者。但是,特免权的援用者并非只有拥有者本人,代表拥有者的个人或继承人以及交流特免权中的职业人员,都可为了拥有者的利益而代表特免权的拥有者援用特免权。如律师—委托人特免权中,委托人在没有放弃特免权的情况下,律师可以援用特免权。在德国,《德国刑事诉讼法》规定了律师、辩护人等职业主体或其业务上的助理就其因业务所知悉的秘密,享有拒绝证言权,这似乎意味着拥有该特权的是上述专业人士而非客户,但事实并不是这样。《德国刑事诉讼法》第 53 条第 2 款还规定,拥有拒绝证言权的主体,如果被解除缄默义务,则他就不得再拒绝提供证言。也就是说,如果客户允许有关专业人士作证,那么该专业人士就不能再主张该特权了。比较有意思的是,如果专业人士放弃了拒绝作证的特权,对其知悉的职业秘密有所陈述,他可能会

---

〔1〕 最高裁判所昭和 27 年 8 月 6 日判决,最高裁判所刑事判例集 6 卷 8 号 974 頁。

面临刑法上公开秘密罪的指控。[1] 由此可见，特免权的真正拥有者是客户而非专业人士，专业人士虽然在法律的名义上有特权，但是其类似于美国法中援用者，本身不能放弃该特权。而德国法上特权的真正拥有者却被立法者淡化了。

2. 关于特免权的放弃。拥有者可以明示放弃，或者通过不援用和自愿披露秘密交流内容的方式放弃特免权。在美国，即使疏忽披露了特免权所保护的相关秘密，在符合一定条件下，也不构成特免权的弃权。如《美国联邦证据规则》第 502 条(b)规定的律师—委托人特免权中相关信息的疏忽披露，若持有者本来就采取了合理的措施来防止披露，且疏忽披露后迅速采取了措施来纠正错误，则该项疏忽就不构成特免权的放弃。在德国，在职业特免权中，客户作为该职业特免权的真正拥有者可以放弃特免权，而职业人士可以援引但不得放弃该特权。但是，是否采用免责的方式使证人放弃反对自证其罪的特权而作证指控被告人，大陆法系国家对此持谨慎态度。例如，德国法律不允许给证人豁免从而迫使他作证。在违反了告知义务时，该项陈述不得用于起诉证人，但被告人不得主张排除该证据。[2] 在日本，洛克希德案否定了检察机关通过刑事免责使证人放弃通过禁止不证其罪特权而获得的证人证言，判例认为由此获得的证据没有证据能力。日本学者也呼吁对刑事免责制度应在立法论方面进行探讨。[3] 这反映了两大法系对诉讼目的的不同认识，在刑事豁免这个方面，大陆法系显然更注重对犯罪的控制，为此不惜冒着无法成功追诉被告人的风险，而英美法系更看重诉讼效率和纠纷的解决。需要注意的是，根据一些研究者的观察，与英美法系不同的是，欧洲大陆的证人通常无视其法律权利，因此也不大可

---

〔1〕 参见[德]罗科信:《刑事诉讼法》，吴丽琪译，法律出版社 2003 年版，第 246 页。

〔2〕 参见[德] 魏根特:《德国刑事诉讼程序》，岳礼玲等译，中国政法大学出版社 2004 年版，第 177 页。

〔3〕 参见[日]田口守一:《刑事诉讼法》，张凌、于秀峰译，中国政法大学出版社 2010 年版，第 280 页。

能去实践它。此外，证人还很容易被政府官员特别是司法官员所威胁。[1] 对此一个可以解释的理由是，在大陆法系，虽然越来越多的国家规定了证人反对强迫自证已罪的特免权，但是，其缺乏像英美法系国家那样的刑事豁免制度来换取证人证言，作为缺乏刑事豁免制度的补充，政府官员容易通过劝说或强迫的方式使证人放弃不证已罪特权，尤其在该证人证言特别重要且成为无可替代的证据的情况下更是如此。

3. 关于对特免权主张的评论禁止。在美国，《美国联邦证据规则（建议稿）》第 513 条规定，法官或律师不得对特免权的主张进行评论，而且不得就特免权的行使作出任何推断。当事人应当在陪审团不知情的情况下主张特免权，如果陪审团有可能从特免权的主张中得出任何不利于当事人的推论，当事人有权向法官申请一项禁止陪审团就此作出任何推论的指示。1965 年，美国联邦最高法院在格里芬（Griffin）一案中判定，允许对被告人拒绝作证的决定进行评论，侵犯了《联邦宪法第五修正案》的禁止自证其罪的特权。[2] 但是，在被告人援引禁止强迫自证其罪特免权之外，能否就援用特免权行为的适当性进行评论，判例法则存在分歧。[3] 值得注意的是，虽然联邦最高法院判例禁止对被告人保持沉默的行为进行评论，但是并不禁止法院就被告人拒绝配合侦查的行为进行评论。在联邦或州最高法院的判例中，被告人拒绝配合排队供人指认，[4] 拒绝配合抽血检测酒精含量，[5] 拒绝提供手写字

---

〔1〕 "The European witness, unlike his Anglo - American counterpart, is generally ignorant of his legal rights, and therefore is not likely to exercise them. Moreover, he is easily intiminated (intimidated) by officials, especially by judicial officials." See Manfred Pieck, *Witness Privilege against Self - Incrimination in the Civil Law*, Villanova Law Review, Vol. 5: 3, p. 389 (1960).

〔2〕 See Griffin v. California, 380 U. S. 609 (1965).

〔3〕 允许进行评论的判例通常类比于这样一种惯例，即就毁灭证据和不提供出庭证人或可获得文件的行为可进行评论或作出不利推断，而禁止评论的判例则遵循了格里芬案的思路，即评论获不利推论将毁灭特免权。参见［美］艾伦、库恩斯、斯威夫特：《证据法：文本、问题和案例》，张保生、王进喜、赵滢译，高等教育出版社 2006 年版，第 915 ~ 916 页。

〔4〕 See Griffin v. California, 380 U. S. 609 (1965).

〔5〕 See S. D. v. Neville, 459 U. S. 553 (1983).

迹供笔迹辨认,[1]都可向法庭提出并供法庭评论。在德国,其判例也支持:证人拒绝作证的事实不得被用来暗示被告人有罪,而且其在禁止评论上又迈出一步,即证人在审前主张特免权,其在法庭中又作出被告人无罪的陈述,先前的特免权主张不得用来指责证人证言的可信性。[2]

4. 关于特免权的限制和例外。《联邦宪法第六修正案》规定刑事被告人有强制对己有利证人作证的权利和与不利证人对质的权利,有时这种权利与特免权之间存在紧张关系,联邦最高法院通过两个案例支持了"强制取得有利证据的权利胜于法律所保护的秘密"。[3] 美国大多学说据此解释后认为,在此种情形下,应依据利益衡量标准,决定被告人的强制取证或对质的权利是否优于该特权,主要考虑以下因素:当事人之间的武器平等是否能得到维持,该特权是政府特权还是社会特权,该特权是否照顾对抗双方的利益下公平的行使,该特权是否具有宪法的位阶。[4] 此外,几乎每项特免权都有一套例外,该例外或源于与其服务的外部政策无关的情形,或源于与其服务的外部政策相冲突的情形。这些例外在《美国联邦证据规则(建议稿)》中有具体的规定,例如,夫妻特免权不适用于夫妻一方被指控的罪行是对另一方本人或其孩子的人身或财产侵犯的案件,律师和委托人交流的内容涉及将来的犯罪或欺骗行为,也不受特免权的保护。在德国,《德国刑事诉讼法》明确规定律师、医生等特定人员无保持缄默的义务后,其不得拒绝证言。而且为了查明重罪或特定犯罪,在使用其他方式查清案情无望

[1] See State v. Harris, 839 S. W. 2d 54(1992).

[2] 参见[德]魏根特:《德国刑事诉讼程序》,岳礼玲等译,中国政法大学出版社 2004 年版,第 173 页。

[3] See Pa. v. Ritchie, 480 U. S. 39(1987). 该案中,联邦最高法院认为被告人虽无权直接阅览儿童福利机关保存的其女儿作出的陈述,但是应允许以管辖法院的命令揭露于法院,被告基于强制取证权有权要求法院审视该机关的记录,以判断是否可能影响审判结果。See Roviaro v. United States, 353 U. S. 53(1957). 该案中,联邦最高法院认为,线人的证词可能对被告极有价值,在此情形下政府机关对线人身份或陈述的保密特权应让位于被告人的强制取证权,检察官应当对线人的身份揭露于被告知悉,否则必须撤回起诉。

[4] 参见王兆鹏:《美国刑事诉讼法》,北京大学出版社 2014 年版,第 467 ~ 469 页。

时,出版和新闻从业人员也不得行使拒绝证言权。这类似于美国最高法院在 Branzburg 案中对新闻记者特免权所确立的权衡标准。[1]

5. 关于违反特免权获取的证据的证据能力问题。在美国,禁止强迫自证其罪的特免权具有宪法位阶,因此,违反强迫自证己罪特权而获取的证据将会被径直予以排除,违反米兰达法则获得的供述必须被排除。但是,不得强迫自证己罪的特免权只适用于言词证据,而不适用于实物证据。[2] 部分州的证据法规定了在错误的强制命令或未给予拒绝证言机会的情况下,获取的证言不具有证据能力。例如,《美国佛罗里达证据法》第 508 条规定,关于属于拒绝证言范围的事实的揭露,如果是出于法官错误的强制命令或法官未给当事人主张拒绝证言机会,对该拒绝证言权拥有人不利的部分,不得容许其作为证据。[3] 在德国,证人在审判时行使特免权拒绝作证时,不得宣读他在法庭审理前接受询问的证言;而且为了保证特免权所保护的利益,不仅禁止宣读,还禁止其他方式的使用。[4] 但是,违反特免权规定获取的证据在有的情况下是可以被采用的。例如,《德国刑事诉讼法》第 136 条赋予接受讯问的被指控人以沉默权。如果未告知被指控人沉默权,原则上将导致证据的禁止使用。但是如果被指控人知道沉默权,被指控人和辩护人同意使用或他们在讯问结束前未提出异议,或者后来告知并重新进行讯问,以此作为补救,则被指控人的陈述可以被采用。[5] 又如,律师、

---

〔1〕 See Branzburg v. Hayes, 408 U. S. 665 (1971).

〔2〕 See Schmerber v. California, 384 U. S. 757 (1966). 该判例明确政府为收集证据而违背个人意志采用强制方式采集被告人血液并不违反不得强迫自证己罪的特权。法院进一步论证说该特权仅适用于言词证据,而不适用于肉体或实物证据。

〔3〕 参见陈祐治:《佛罗里达证据法逐条释义》,台北,翰芦图书出版有限公司 2006 年版,第 189 页。对法官未给予当事人主张特权之机会的理解有一案例,Schetter v. Schetter, 239 So. 2d 51 (1970),该案中,原告律师用被告与被告律师谈话录音带,让心理专家以专家证人身份分析被告人精神状态,事实审法官采纳了该证言。但上诉法院认为,专家证人所听的录音带是律师与客户机密的通讯信息,有拒绝证言权存在,专家证人以未获授权揭露的事实,作为专家意见之根据,违背了拒绝证言权的规定,因此撤销原判,发回重审。

〔4〕 ゲラルト・グリュンヴァルト = 福井厚訳『ドイッ刑事証拠法』(成文堂,1999 年) 144 - 145 頁参照。

〔5〕 参见宗玉琨译注:《德国刑事诉讼法典》,知识产权出版社 2013 年版,第 124 页。

医生及《德国刑事诉讼法》第 53 条第 2 款、第 3 款、第 3a 款、第 3b 款规定的其他人员在相对人没有解除其缄默义务的情况下，违反了保密义务而提供证言，联邦最高法院和通说都认为不妨害该证言在刑事诉讼中作为证据使用。[1] 在奥地利，根据《奥地利刑事诉讼法典》第 159 条的规定，享有亲属特免权的证人如果没有明确表示放弃特免权，则他所作的全部陈述都无效。而享有职业特免权的证人如果没有被及时告知相关信息，其所作的涉及拒绝作证权的部分陈述无效。这些记录都应当销毁，以彻底杜绝出于任何目的的利用。在日本，未告知沉默权而获得的自白，在程序上违法且侵害了供述自由，原则上应予排除。[2] 这些立法例或学说都表明，现代诉讼制度对特免权的高度尊重。

第三节　我国外部政策规则的革新

对外部政策规则的相关考察为我们深入了解外部政策规则的内容和运行原理提供了有益的视角。在我国证据能力向体系模式转型的过程中，非法证据排除规则、毒树果实原则和特免权规则的革新都需在外部政策规则这一理论定位的框架下展开，回应宪法基本权利所关切的问题，并给出符合程序正义理念的中国方案。

一、非法证据排除规则的外部政策化

（一）非法证据排除规则与宪法基本权相联结

我国非法证据排除规则并未与宪法基本权利保护相联结，这就导致宪法基本权的保障需要依靠 2018 年《刑事诉讼法》第 56 条来完成。但是，这种操作带来的问题是宪法基本权的保障被打了折扣。从证据理论上讲，证据使用禁止和非法证据排除规则都应对侵害宪法基本权利取证的行为予以严厉制裁，适用最为严格的排除标准。为了保障宪法基本权功能在刑事诉讼领域内的实现，从而把基本权的保障提升到

---

〔1〕 参见［德］罗科信：《刑事诉讼法》，吴丽琪译，法律出版社 2003 年版，第 246 页。

〔2〕 参见［日］田口守一：《刑事诉讼法》，张凌、于秀峰译，中国政法大学出版社 2010 年版，第 299 页。

一个法治国家应有的高度,未来立法和司法实践宜把“侵害宪法基本权利获得的证据的排除”和“违反普通的法律规定获得的证据的排除”相区分。具体而言:侵害宪法基本权获得的证据应当绝对排除,而违反普通法律规定获得的证据则应依照《刑事诉讼法》或该法律的特别规定予以排除。例如,在我国频频出现问题的非法辨认,理论上是作为一个“传闻问题”和“侵害被告人宪法权利的问题”对待的。我国司法解释虽然规定了非法辨认的排除规则,但是由于缺乏律师在场权的保障和辨认人出庭作证的要求,这一规定在很大程度上是无法实施的。鉴于我国有许多冤假错案肇因于非法辨认,未来非法证据排除规则在该领域的立法和运用,应注意宪法基本权利保护与普通法律上的传闻证据规则的配合使用,即在对方当事人对辨认提出异议的情况下,只有在辨认人出庭接受交叉询问时,其先前的辨认笔录才具有证据能力,以此迫使辨认人出庭作证,就其辨认的过程作详细说明。同时,在程序上规定犯罪嫌疑人在辨认程序中享有的辩护权和正当程序权,取证方侵犯该权利的,则获取的辨认笔录不具有证据能力。

(二)现有非法证据排除规则的改良

我国《刑事诉讼法》关于非法证据排除规则的规定有不尽合理的地方,未来修法和实践宜对其作进一步的改良。一方面,在非法获取言词证据的排除领域,我国过度强调虚伪排除说,过度拘泥于非法取证方法是否会导致虚假陈述这一问题,大大影响了非法言词证据的排除效果。未来立法和实践宜从虚伪排除说过渡到违法排除说,确保言词证据排除的效力。同时,建立供述自愿性的审查程序,与非法证据排除规则一道发挥制度合力。另一方面,我国在物证的排除方面作了“可能严重影响司法公正”和“无法补正和合理解释”的限制,这两种限制事实上都不利于实物证据排除规则的贯彻。其一,“可能严重影响司法公正”其出发点是好的,但是,这会使法官在适用该标准时无所适从。未来改革应删除该规定,而以非法证据排除规则的例外取而代之,规定独立来源的例外、必然发现的例外和善意的例外。这几种例外既考虑到现实中有些非法证据的使用有可能不会严重影响司法公正,也可以把不排除非法证据的情形限制在一个较小范围内,并由证据的提出方证明上述例外情形的存在,这就可以较好地平衡人权保障和发现真实的利益。其二,"无法补正和合理解释"的要求,如果指明的是证据提出方可以修改证据,则无疑是允许当事方篡改证据,如果其意思是需要控方论证该证据不是非法证据或符合排除规则的例外,那么该规定又显得多此一举。因为在排除非法证据异议的审理中本来就要求控方对其证据作出合理解释。基于此,未来修法时,应对该规定存在的必要性作重新检讨。

(三)规定概括条款来应对法律无明文规定的非法取证

我国非法证据排除规则并不是完全覆盖所有的取证领域,在违法取证是非宪法性违法行为,且法律没有明文规定的领域,我国法院基于何种权力并以何种方式排除证据尚不明晰。一方面,关于该领域内排除非法证据的权力根据,我国法院可以法律解释权和监督制约权来发展非法证据排除规则,其依据就是宪法赋予的审判权和相互制约的原则。另一方面,关于该领域内排除非法证据的方式,我国法院排除非法证据的方式应当是理论驱动。正如前文所述,德国通行的做法是采取权衡理论进行审查,而美国通行的做法则是采取阻吓违法理论进行审查。我国非法证据排除规则采取阻吓违法理论较为合适。[1] 与此同时,我国也可以制定排除非法证据的概括条款来解决该问题。未来修法可结合规范目的保护理论和阻吓违法理论,把人权保障、抑制违法侦查的效果和追诉利益作为证据能力判断的要素,规定:"实施刑事程序的公务员违背法定程序所获取的证据,其证据能力的判断应当基于证据的证明价值和非法取证所造成的危害。法律另有特别规定的,从其规定。"该概括条款作为2018年《刑事诉讼法》第56条的重要补充,可以帮助实务人员审查实践中层出不穷,但第56条又对其无能为力的新的违法取证形态,以此形成非法证据排除规则的严密法网。

二、毒树果实原则及例外的全面展开

毒树果实原则对保障非法证据排除规则的实施具有重要意义,无论在英美法系,还是在大陆法系,都在司法实务中确立了毒树果实的原则。为保障非法证据排除规则的有效实施,贯彻阻吓违法侦查的外部

---

〔1〕 参见姚莉:《美国证据排除规则的衰变及其启示——以 Herring v. United States 案为主线的考察》,载《法律科学(西北政法大学学报)》2012年第1期。

政策,我国有必要规定完整的毒树果实原则。

(一)规定毒树果实的识别标准和排除的例外

正如前文所述,毒树果实原则的缺失使我国非法证据排除规则效果不彰,未来修法宜全面规定毒树果实原则,以真正确保非法证据排除规则的效力,从根本上遏制非法取证行为。未来修法宜改变现在只将毒树果实原则适用于重复性供述的做法,而把毒树果实原则适用于所有的证据类型。一方面,在判断是否为毒树产生的果实时,宜采取"要是没有"理论:要是没有被告所指称的非法行为,在当时,该证据就不会被获得。另一方面,未来修法宜明确毒树果实的原则,赋予毒树果实原则刚性效力,规定以非法证据为线索获取的其他证据,也应予以排除。这就保证了毒树果实原则的可操作性和威慑效果。

为避免毒树果实原则过于极端而使社会和司法制度付出过大代价,我国也宜规定毒树果实原则的例外。主要有以下例外:其一,独立来源的例外。若系争证据并非源于非法取得之证据,而是有独立、合法的来源,则不应排除该证据。其二,必然发现的例外。警察虽然通过非法取证而获取证据,但是即使没有警察的不法行为,该证据也必然地会被发现,因此例外地允许采纳这个原本不可采纳的证据。其三,稀释的例外。当原先非法收集证据的行为与最后发现证据之间介入其他独立因素,足以将原来不法的污点稀释干净时,应例外地允许该证据的使用。我国排除重复性自白的例外即是基于该原理。介入因素是否足以把污点稀释干净应取决于以下三个因素:非法行为与系争证据之间在时间上的联系;介入情况的数量和性质;公务不当行为的目的和恶意程度。

(二)毒树果实原则的适用步骤

为使毒树果实原则得到有效适用,在理论上,毒树果实原则应坚持以下适用步骤:证据被判定为毒树果实后,原则上应予排除;在排除该毒树果实前,应当参照图 6-1 进行以下三个阶段的检验:

第一步,应当考察所谓的毒树果实是否有独立的来源?如果有独立合法的来源则不构成毒树果实,不应当排除该证据。如果没有独立的来源确实是毒树产生的果实,则进入第二步的判断:是否存在介入因素足以把不法的污点稀释干净?如果存在,则不应当排除证据。如果不存在上述情形,则进入第三步的判断:即使没有侦查人员的违法取证,该毒树果实是否依然会被发现?如果仍会被合法地发现,那么该证据具有证据能力;如果不会必然被发现,则应否定该毒树果实的证据能力。如前文所述,独立来源的例外和必然发现的例外不仅适用于毒树果实原则,也适用于非法证据排除规则。此外,非法证据排除规则还有一个特有的例外,即善意的例外,此时需要考虑的是一名理性的受过良好训练的警察是否在客观上合理相信非基于自身的外部权力的有效性,这种例外针对的是违法取证的主观方面,因此不存在适用毒树果实原则的空间。当证据提出方主张上述例外时,其应当对上述基础事实的存在承担举证责任。

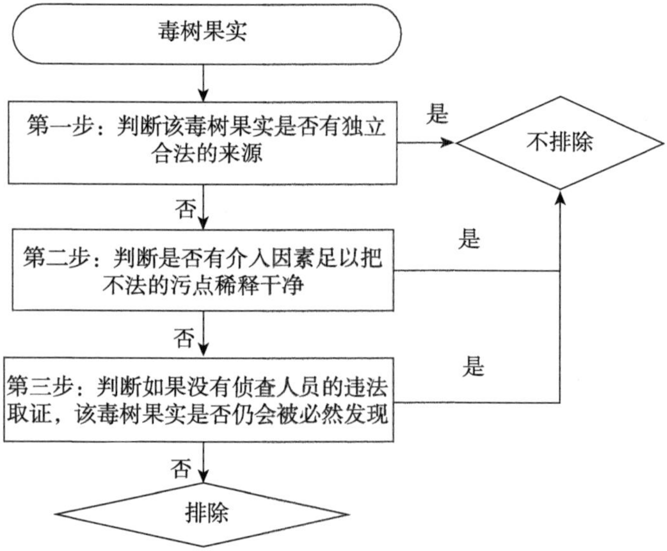

图 6-1 毒树果实原则的三步检验路径

三、特免权规则的共识部分先行立法

如前所述,我国至今有法律明文规定的特免权规则只有反对强迫自证其罪的特权,两大法系多数国家普遍规定的亲属特免权和律师—委托人特免权在我国法律中尚不存在。特免权规则的缺失对我国社会的危害是深远的,立法对基本权利功能要求的长期漠视不仅是危险的,而且是有害的。为回应宪法基本权利的关切,我国证据能力理论在向体系模式转型的过程中,有必要构建起符合中国宪法架构的特免权规则。

(一)宜先构建我国理论上存在共识的特免权规则

我国学者的证据立法建议稿中也普遍建议规定特免权制度,有的建议稿涉及反对强迫自证己罪的特权、亲属特免权、职业特免权和公务特免权,[1]而有的建议稿还涉及记者对于新闻线索和信息来源事项的作证特免权。[2] 我国需要规定哪些特免权?这需要立法机关根据宪法基本权的保护和当下社会问题的需要进行衡量。但是,就前文所述的反对强迫自证其罪的保护力度偏低和潜在证人变相援用特免权的情况来看,当务之急宜在落实反对强迫自证其罪特免权的同时,规定亲属特免权、职业特免权和公务特免权这三种存在共识的特免权。

1. 关于亲属特免权,我国自古有重视血缘和家族关系的文化传统,在周代就有类似于亲属特免权的制度。[3] 亲属的范围可限制在自己的配偶、三代以内血亲或两代以内姻亲,或者曾与自己有以上亲属关系的人,此外还宜包括监护人和被监护人。同时,订婚关系也是中国社会比较重视的亲密关系,具有较强的信任并保守秘密的期待,因此亲属特免权可以把与被告人或自诉人定有婚约的人也包含在内。

2. 关于职业特免权需要涉及哪些职业,现在还存在不同的意见。但是,至少应当将法律规定需要为客户保密的职业优先规定在职业特免权中,这些包括《律师法》《注册会计师法》《公证法》中职业人员为客户保密的义务。因此,为与上述立法规定相衔接,我国可以先行规定

---

〔1〕 参见毕玉谦、郑旭、刘善春:《中国证据法草案建议稿及论证》,法律出版社 2003 年版,第 335 页以下;陈光中主编:《中华人民共和国刑事证据法专家拟制稿(条文、释义与论证)》,中国法制出版社 2004 年版,第 193 页以下;张保生主编:《〈人民法院统一证据规定〉司法解释建议稿及论证》,中国政法大学出版社 2008 年版,第 233 页以下。

〔2〕 参见江伟主编:《中国证据法草案(建议稿)及立法理由书》,中国人民大学出版社 2004 年版,第 8 页。

〔3〕 亲不为证,可以远溯于周。儒家本于周礼亲亲之义,亲属容忍的思想,也可谓起于此时。参见李学灯:《证据法比较研究》,台北,五南图书出版公司 1992 年版,第 589 页。

律师—委托人特免权、医生—患者特免权、会计师—客户特免权和公证员—客户特免权。至于其他职业特免权,则可根据宪法规定的宗教信仰自由、新闻自由等基本权的保护方式作进一步的立法商讨,也可原则性地授权司法机关根据具体案件的情况对法未明文规定的特免权规则予以法律解释和续造。

3. 关于公务特免权,我国实践中也存在变相援引的情形。未来修法宜予以明示,可规定:"当要求公务员或曾为公务员的人就其职务上应守秘密的事项作证时,应当得到其主管机关的允许。除有妨害国家重大利益的情形,该主管机关不得拒绝。"这就可以较好地兼顾国家利益和司法个案中的真实利益,有利于树立司法权威,而且也能为其他证人出庭作证起到良好的示范作用。

(二)明确我国特免权在具体适用层面的规则

1. 为避免适用过程中带来的角色混淆,应当区分特免权的拥有者和援用者。特免权的拥有者是特免权保护秘密的实际拥有者,如职业特免权中的客户是特免权的实际拥有者,只有特免权的拥有者才可以放弃特免权。特免权的援用者既包括了拥有者本人,也包括了代表拥有者的个人或继承人以及交流特免权中的职业人员。这些人都可为了拥有者的利益而代表特免权的拥有者援用特免权。

2. 关于特免权的放弃,宜明确:特免权的拥有者可以明示放弃,或者通过不援用和自愿披露秘密交流内容的方式放弃特免权。即使疏忽披露了特免权所保护相关秘密,在符合一定条件下,也不构成特免权的弃权。例如,《美国联邦证据规则》规定,持有者本来就采取了合理的措施来防止披露,且疏忽披露后迅速采取措施来纠正错误,则该项疏忽就不构成特免权的放弃。

3. 在落实反对强迫自证其罪的特免权方面,鉴于不少冤假错案源自刑讯逼供的教训,未来修法宜注意赋予被告人沉默权。同时,侦查人员在讯问时应当告知被讯问人享有沉默权,未告知沉默权而获取的供述应当作为非法证据予以排除。此外,在落实证人反对强迫自证其罪的特权时,应当注意承认刑事豁免制度的使用,以换取证人重要的证言。

4. 关于对特免权主张的评论禁止,宜明确:当特免权拥有者援用特免权时,法官或控辩双方不得对特免权的主张进行评论,而且不得就特免权的行使作出任何推断。但是,如果行为人的行为不受特免权的保护,则也无禁止评论的要求。例如,被告人“拒绝配合侦查行为”,不属于反对强迫自证其罪特免权保护的范围,应当允许法庭评论和推断。

5. 宜明确特免权的限制和例外。在刑事诉讼中,被告人享有“强制对己有利证人作证的权利”和“与不利证人对质的权利”,当这两种权利与证人的特免权存在冲突时,法官宜综合考虑潜在证言的证据价值、公平性和特免权的位阶,以决定是否限制该特免权。当特免权的援用与其服务的外部政策相冲突时,则构成特免权的例外。例如,亲属特免权不适用于亲属一方被指控的罪行是“对另一方本人或其孩子的人身或财产侵犯的案件”;律师和委托人交流的内容涉及将来的犯罪或欺骗行为,也不受特免权的保护。

6. 关于违反特免权所获取证据的证据能力问题,为确保特免权规则的刚性效力,宜明确违反特免权规定而获知的信息的证据能力。例如,《美国佛罗里达证据法》规定:当由于程序主导者错误的强制命令或未给予当事人主张拒绝证言的机会,而导致属于拒绝证言范围的事实被揭露时,那么,对于该拒绝证言权拥有人不利的部分,不得容许其作为证据。

结　　论

证据能力理论的核心主张是通过法律限制不适格证据进入法庭接受调查的资格，该主张背后蕴含着多元的价值诉求，本质上代表了一种政策实施的立场。在自由证明的观念中，不应当为证据进入法庭接受调查设定门槛，因为事实裁判者接触的证据越多越容易发现真相，这种观点显然忽视了证据法的多元价值和诉讼事实的建构性特征。事实上，诉讼事实的准确性和正当性并非仅以证据的数量担保，更多是依靠证据的品质；事实裁判者并非接触越多的证据越好。只有证据本身是可靠的且正当的，诉讼事实认定才有准确性和正当性可言；不可靠证据和侵犯其他正当价值获得的证据只会污染事实裁判者的心证，进而使事实认定走向虚假和失当。进一步而言，由于证据法是宪法之下的法规范，其本身需要尊重宪法设定的多元价值秩序、执行宪法设定的多元政策，这就意味着证据法既要执行证明政策，通过促进证人当庭作证、禁止发表意见、督促出示文书原件等政策规则提升证据的可靠性，同时还要执行法治国原则之下的外部政策，以保障基本人权、诉讼效率、程序公正等其他外部价值。

在政策分析的视角下，证据能力规范正是在法治国原则之下贯彻多元法律政策的结果，这也就意味着证据能力规范的理论基础从单纯的“真相发现”转向多元的“政策实施”。这种转变宣告了“唯客观真相是从”的诉讼制度的破产。作为本体论世界中的客观真相具有绝对性和唯一性，而诉讼事实的经验性和可陈述性特征恰恰决定了该种事实的可谬性，它只能是一种逼近客观真相的真实或相对的真实，而非唯一的客观真实。“唯客观真相是从”的诉讼制度破产后，我们的诉讼制度进入了一个后真相时代。在这个时代，人们从事实的本体论中抽身出来，不再执迷于诉讼事实的绝对性，而开始探求逼近客观真相的正当程序和事实错误的非常救济程序，正当程序对诉讼事实的建构作用开始凸显。也正是在这一认识论的转向下,证据能力规范开始进入立法者的视野。起初的证据能力规范关注的是证明政策的贯彻,以期通过排除传闻、意见和副本等不可靠证据来执行证人出庭作证、禁止证人发表意见、出示文书原件的证明政策并提升事实裁判者心证的质量,进而确保事实认定的准确性。随着资产阶级革命对基本人权的强调,证据能力规范的逻辑重心开始转向基本权利的保障,并从实体基本权的保障拓展至程序基本权的保障,证据能力规范开始突破证明政策的局限而担当起执行法治国原则之下的人权、自由、效率等外部政策的使命,非法证据排除规则、毒树果实原则等一系列外部政策规则应运而生并得到长足发展。

诉讼事实是经正当程序建构起的事实,证据能力规范是正当程序得以发挥作用的主要甚至是关键媒介,证据能力规范之所以会阻拦不适格证据进入法庭与事实裁判者见面,不仅是出于执行证明政策的考虑,还出于该证据获得过程对法治国原则下的外部政策的破坏,这种破坏同样是诉讼证明所不能容忍的。只有确保证据是可靠的且获得手段是正当的,我们才会允许事实裁判者接触该证据,并通过举证和质证程序任由证据的证明力问题暴露在事实裁判者面前。事实裁判者最终根据逻辑与经验评价该证据的证明力,进而认定相应的诉讼事实是否成立。从诉讼事实形成的视角来看,正是这套正当程序建构了事实裁判者的诉讼事实信念,并担保了事实认定的正当性和可接受性。诉讼立法进而才能推定该种诉讼事实是真实的并赋予该判决相应的既判力。在这个过程中,证据能力规范通过决定何种证据有资格进入法庭的威慑手段发挥了政策实施的目的,“避免传闻、意见和副本等不可靠证据形式”的证明政策和“人权保障、秘密保护和效率提升”等外部政策才得以在诉讼中有效执行。

由于两大法系在“是否有必要设定证据能力规范来执行政策”和“能否让裁判者接触不可采证据”这两个问题上存在不同的认识和回答,英美法系和大陆法系在证据能力立法方面走向了不同的道路,进而分别形成了理性化的体系模式和经验化的分散模式。理性化的体系模式通过普通法的判例积累与理论提炼,形成了精密且体系化的证据可采性规则和以此为基础的证据法典,而且该模式以一种“法官负责证据能力裁判、陪审团负责事实认定”的二元化法庭避免了事实裁判者接触不可采的证据。与之不同的是，大陆法系对法定证据制度的后怕使其采用了直接言词原则等制度替代了证据能力的立法。随着政府对人权保障、秘密保护等外部政策的重视，越来越多的国家也开始规定了非法证据排除规则和特免权证据规则。这些规则散落于其诉讼法典中而不成体系，且其实施依赖法官经验，因此形成了一种经验化的分散模式。与此同时，由于该模式源于“证据能力裁判主体和事实判断者不分”的一元化法庭，因此它还特别依赖职业法官的丰富经验和高超的证据分析能力。

我国并不存在一套替代证明政策规则的立法，且外部政策规则也处于起步阶段，因此我国的证据能力立法表现出一种区别于两大法系的“不完整的分散模式”。该种模式虽在过去的司法证明中发挥了一定的积极作用，但已经无法满足现代社会对多元政策价值的需求。2010 年“两个证据规定”以及之后的相关立法和司法解释，为我国证据能力立法走向体系模式奠定了一定的基础。在全面依法治国的战略布局和以审判为中心的诉讼制度改革不断推进的背景下，在司法证明中执行证明政策和外部政策的必要性越发强烈，我国证据能力立法有必要在法典化时代以一种稳健的姿态逐步向理性化的体系模式过渡。我国证明政策规则立法表现出关联性规则的表象化、辅助证明政策规则似是而非的问题，外部政策规则表现出非法证据排除规则陷于真相理念、毒树果实原则顾此失彼和特免权证据规则全面缺位的问题。这些问题既与我国以证据属性为中心的质证传统和一元化的法庭结构有关，也与我国立法与司法对两种政策实施目的的认识不足有关。我国在向体系模式转型过程中，既要改造我国证据质证的传统和一元化的法庭，使其与“证据能力—证明力”的分析框架和“事实裁判者与不可采证据的隔离机制”接轨，也要注意区分基于不同类型的政策实施设定的证据能力规范。今后改革需在基础理论层面澄清外部政策规则与证明政策规则的区别，构建符合证据立法规律并贴合我国国情的证明政策规则，对我国的关联性规则进行具体化改造，在细化关联性的定义的基础上，明确逻辑关联性的判断要素和关联性的限制事由，整合司法解释中的证据验真条款，系统规定以验真为代表的附条件关联性规则。

在辅助证明政策规则方面，今后改革宜把保障证据可靠性的证据能力规范和探究证据真实性的证明力规则从传统的质证方式中分立开来，确立我国的传闻证据规则、完善意见证据规则和最佳证据规则。与此同时，在向体系模式转型的过程中，我国外部政策规则也需进行体系化的革新，在外部政策实施的视角下优化现有的非法证据排除规则，确立毒树果实原则及其例外，初步构建我国特免权证据规则的框架。与此同时，证据能力规范的有效运作有赖于一套较为严密的“证据排除之诉”，需要立法与司法在诉讼主体、诉讼标的、诉讼理由和审理程序等方面作出体系化的安排，以真正有效地贯彻多元化的法律政策，并把不可采证据与事实裁判者相隔离，这是证据能力研究的未完成的课题。

政策分析视角揭示了证据能力的内在逻辑，区分了证据能力与证明力的理论构造，以及证明政策规则和外部政策规则的不同根据，使各证据能力规范的运行逻辑以一种政策性的视角和理论化的表达铺展开来，这是我国证据立法需要进行的基础性工作。证据是法治的基石，而证据能力与证明力是证据理论的核心范畴，分别代表着证据的法律属性和自然属性，由于证明力的判断基本委由法官根据逻辑与经验自由心证，因此证据能力事实上为证据立法的核心。从这个意义上讲，证据能力立法的质量关乎一国法治基石的稳固与否，是判断一国法治发展程度的重要基准。与此同时，证据能力立法也代表着一国诉讼认知哲学从客观真实的本体论向正当程序的建构论转变的努力，证据法开始摆脱发现绝对真实的执念转而寻求案件事实建构的过程，通过事实建构过程的正当性确保诉讼事实的正当性和可接受性，是一种较为务实的司法证明进路。证据能力规范正是确保事实建构过程正当性的关键举措，它通过对证明政策和外部政策的执行，担保着作为事实认定媒介的证据之可靠性和正当性。因此，证据能力不能仅仅从证据进入法庭接受调查的资格这一表层去理解，其背后还代表了“法治国原则之下多元政策的执行”和“事实建构的正当程序之营造”这一深层逻辑，是法治国家在事实建构过程中调和多元政策价值的生动体现。证据能力立法只有放置在这样一种理论逻辑中才能具有改造现实的能力，事实认定才能真正摆脱绝对真实的本体论认知范式，证据于此才能真正成为法治的基石。

后　　记

江南的秋总是姗姗来迟，独坐于书桌旁忽感夜风微凉，使人顿生三伏将尽的欣慰。暑去秋来犹如白驹过隙，当年四处奔走寻找资料的时光似乎仍未远去，不觉本书的出版修订已接近尾声。2010 年“两个证据规定”之后，我国证据立法和证据实践取得了长足进步，证据能力这一概念也随着这一进步而逐渐进入司法的视野。但是，无论在证据理论还是在司法实践中，证据能力还未能完成与证明力的有效区分，由此造成诸多理论混淆和实践困惑。我国证据理论和诉讼实践还未完全摆脱事实本体论的迷惑，绝对真实的迷雾依然笼罩着这场人对人的审判；这些似是而非的理念不但妨碍诉讼效率，还在一定程度上酿成冤假错案。我国证据理论迫切需要寻求一个理论支点来改变这种受事实本体论支配的局面，从而把我国证据立法拉回正当程序建构论的现代场域。这种动因构成了本书写作的逻辑起点。如果说证据是法治的基石，那么证据能力则是现代立法对这一基石设定的规格，这一规格代表一种政策执行的立场，立法希望借助这一规格的审查来执行“以直接、可靠的方式进行举证”的证明政策和以“人权保障、秘密保护和效率促进”为代表的外部政策。这种政策执行的逻辑正与事实的正当程序建构论不谋而合，进而构成了本书的理论主线。任何理论都要回归实践并接受现实问题的检验，但旧制度和旧习惯也不会轻易退场，新旧理论的交锋不可避免；新的理论需要通过理念传播、司法适用和立法确认的方式开疆拓土，进而发挥新制度引领文化、改造现实的功用。在这一过程中，理论研究需要承担为新制度奠定根基、提出应对方案的时代使命，但愿本书不辱使命。

本书的主体部分是我 2019 年博士学位论文的延伸，其后又经历了几年的修订光景，这一撰写和修订的过程督促我不断梳理我国证据立法和现代证据理论，不断审视新兴证据学说乃至认知哲学对本书的可能价值。理论学说似阡陌交通,抽丝剥茧方会看清本质。得益于图书馆的协助和国内外同人的支持,我逐渐积累了较为丰富的学术资料。尤其是一些几经辗转才得到的绝版图书、外文资料和案例素材,成为我研究过程的宝贵素材。这些资料奠定了研究的基础,开阔了我的学术视野和研究思路;每当现实问题和调研情况困扰我时,我都会静下心来翻一翻它们,每次翻阅总能从不同视角带给我新的启发。专著的创作是一个体系思考、持续积累的过程,这对研究者的耐心和恒心有较高的要求。往来于文治楼撰文的过程就像一场和自己的赛跑,白昼求索著文章,夜归孤身走暗巷;锲而不舍、踏实向前才能有超越自己的机会。这种过程形塑了我的生活并赋予其独立的意义,但愿这种努力能对证据理论的繁荣和诉讼法治的发展有所增益。

本书的成稿要感谢导师姚莉教授的悉心指导和中肯意见。导师在学术上的提携和生活中的关心都使我在学术探索中倍感力量,也激励着我在新的学术领域不断向前探索。在本书的准备和撰写过程中,齐文远教授、徐汉明教授、陈柏峰教授、童德华教授、石晓波教授和龚举文老师等前辈从不同角度给我提出了诸多宝贵的建议,使我能够从不同理论视角审视并拓展这一论题,在此表示诚挚的感谢。诉讼法系主任陈实教授经常关心我的研究进展和工作情况,为我的研究工作提供了诸多帮助;诉讼法学系的支部会议和刑事诉讼法教研室会议是一个很好的工作交流平台,与詹建红教授、陈虎教授、郭倍倍副教授、严本道副教授、尹丽华副教授、张袁老师和郭航老师等探讨教学与科研问题,经常能给我新的启发。作为本书主体部分的博士学位论文曾获校优秀博士学位论文,与之相关的论文曾在《法商研究》《兰州大学学报》《甘肃政法大学学报》等核心期刊发表,相关文章曾受第十三届中国法学家论坛的表彰,其间本人有幸获评湖北省第五届长江学子创新奖,在此感谢业内前辈、评审专家、期刊和编辑老师的厚爱。本书是湖北省社科基金后期资助项目的最终成果,这一项目督促我再次认真审视原书稿,并对书稿的结构和内容进行全面修改。承蒙评审专家的厚爱,继拙作《排除合理怀疑的法理阐释》出版后,本书又被纳入"中南财经政法大学青年学术文库"并得以出版,特别感谢匿名评审专家的积极肯定和宝贵意见。感谢法律出版社的诸位编辑尤其是郑怡萍老师为本书的顺利出版付出的辛劳。我的研究生为本书校对付出诸多努力,在此表示感谢。此外,感谢我的亲朋好友、同门师兄弟和诸多前辈的关心和鼓励,大家的支持给了我不断前行的动力。最后,特别感谢我的家人的支持和理解。父母年事渐高仍为儿女分忧解难,妻子和女儿善解人意,默默支持我的工作,正是家人的理解与支持,本书才能顺利完成。学术研究如独上高楼,潜心向前才能更上一层,但愿每一次的前行都能带来学术的增量,带给诸君不同的视角。

张　威

2022年10月9日夜于文治楼